映画文化と現代ロシア映画

西　周成

ISBN-10: 1481842323

ISBN-13: 978-1481842327

Publisher: Alt-arts LLC.

588-1-105 Kume Tokorozawa,

Saitama, 359-1131, JAPAN

Contact:

niko@alt-arts.com

TEL: 81-4-2997-0011

FAX: 81-4-2997-0012

Official Site: http://www.alt-arts.com

目次

第二章

現代ロシアの映画文化①ペレストロイカ時代　**59**

はじめに

　本書の目的は、現代ロシアの映画文化という特殊な現象の研究を通じて、映画文化研究の方法論を提示することにある。研究の意図を読者に誤解されないために、まず、この研究対象に対する筆者の視点をはっきりさせておかねばなるまい。本書にはいかなる政治的意図もなければ、理論的前提となる政治思想もない。政治的な観点から映画作品や映画作家を評価するようなことは一切していない。それゆえ、あれこれの作品や作家が「反体制的」であるかどうかは、全く言及されていない。

　次に、映画文化の概念に関しても、一言説明しておきたい。本書で提示されている映画文化の概念モデルは、筆者がペレストロイカ以降の現代ロシア映画の研究を進める過程で、同時期におけるその衰退と再生のプロセスを記述する必要性から生まれた。だが、この概念モデル自体に対する考察を深めるうちに、このモデルが、現代の主要な映画製作国に共通する様々な傾向やプロセスを読み解く鍵となり得ることに気づいた。またそれは、観客や映画政策や映画教育や映画に関する諸言説を含む文化的制度としての映画の形成と発展をも、かなりの程度まで説明し得る。つまり、この概念モデルを用いることで、既存の方法論では捉えきれなくなっている総体としての映画という現象を、新しい視点から再考することが可能なのである。この概念モデルの有効性と応用の可能性に関しては、序論で詳しく論じている。

　本書が政治的テーマを扱っていないことで一部読者の期待を裏切ることは承知しているが、これは私の「映画文化」の理解と本書の目的、及び主要な研究対象の性格から要請されることであるから、如何ともし難い。どの国や地域や民族の映画であろうと、研究の目的次第で政治的な観点から論じることはできるし、そうしないこともできる。映画の愛好家としての関心から本書を手に取られた読者にとっては、それは自明のことであると思う。また、仮に読者が何ら

かの政治的関心から本書を手にされたとしても、少なくとも「雪解け」時代以降のソ連と現代ロシアにおける映画政策の変遷と、その映画文化への影響を知ることはできるだろう。

実際、1960年代以降、ソ連の映画政策が映画産業（及び映画文化全体）の存続と繁栄に経済的・制度的な裏づけを与えていたからこそ、当時「反体制的」或いは「反ソ的」な映画作品の出現が理論的に不可能だったのである（スターリン批判は「雪解け」時代から既に行われていたので、「反体制的」テーマではない）。本書で言及されているのは、1970年代後半以降のソ連で「非公式的」に製作や流通が行われた作品だけであり、それらの作品は政治的意図よりもむしろ「映画への愛」から創造された。映画作家達が「政治的テーマ」に強い関心を抱き、それを好んで取り上げたのは、彼らに完全な表現の自由が保証されたペレストロイカ時代であった。だが、既に当局が容認した以上、それらは「反体制的」ではあり得ない。そしてペレストロイカ末期、「反ソ的」作品が堂々と製作される頃には、もはや国営映画産業もソ連という国家も破綻し、解体が目前だった。

第二章から第四章までは、序論で示された映画文化の概念モデルに基づく、現代ロシア映画の多面的な分析である。現代ロシアの映画作品や批評的言説、映画製作者の言説を、同時代の映画政策及び映画文化全体との関係性において捉え、ソ連解体後の現在に至るまで存続する総体としての現代ロシア映画文化の特徴を明らかにした研究は、本書が初めてである。

そもそも、現代ロシア映画の研究自体が、日本ではかなり遅れている。読者は本書で参照されている英語文献の多さからそれを知ることができよう。日本では、劇場公開作品やソフト化される作品も、特定の監督か娯楽作品に限られる傾向がある。本書では現代ロシア映画を代表する映画作家に関する記述が非常に少ない一方で、日本では全く紹介されていない映画作品のタイトルや映画作家名が頻出する。そのことに読者は戸惑いや苛立ちを覚えるかも知れない。し

かし筆者としては、科学であれ批評であれ、既知の個別的現象に関する記述を重ねる前に、それらと同時に存在する他の諸現象の分析を通じて個別的現象の出現と存続を可能にした基盤や条件を確認することの方が、文化としての映画の研究には適切な方法だと思われるのである。この理由により、本研究では、既に日本でも主要な作品が公開され、ロシア本国で刊行されたモノグラフィーの邦訳を含む個別研究及び資料が数多く出版されている現代ロシアの作家達（アンドレイ・タルコフスキー及びアレクサンドル・ソクーロフ）と彼らの諸作品に関する記述を、必要最小限に留めている。

「現代ロシア映画」と言う際に私が念頭に置いている時代は、主に1985年以降である。これはソ連におけるペレストロイカ政策の本格化により、まだ国営であった映像業界にヴィデオという新しい要因が公式的に導入された年である。当時ヴィデオデッキの所有者は少なく、当局の提供するレパートリーが限定されていたとは言え、ヴィデオデッキの私有とそれによる映画鑑賞が合法化されたことにより、映画の鑑賞形態は多様化し始めた。これはやがて映画ソフト市場を生み出す契機となった。翌86年には全ソ映画人同盟の第一書記が交替し、そのイニシアチヴによってそれまで公開禁止になっていた作品が公開され始めた。1985年を起点と見なす意味は、現代ロシアの映画文化を動態的構造として見た場合、これらに代表される諸要因によって、その後の動向を予想させる変化の兆しが表面化し始めた年ということでしかない。その後の四半世紀間、ロシアの映画文化は多くの面で変化してきたが、その直接的な原因は、映画の消費形態（それは同時に流通形態でもある）の多様化や製作における表現の自由が保証されたことである。

本書はペレストロイカ以降のロシア映画史ではない。映画文化は、内部において公式的な部分と非公式的な部分とが絶えず浸透しあい、それらが時には突然交代するプロセスが進行している諸要素（或いは領域)が、相互作用する場である。それ故、映画文化の記述は厳密に年代記的なものでも、各要素が一定不変の機能を果たす構造の提示でもあり得ない。それは、時間軸上を絶えず小刻みに往復しな

がら、時には鱗状に、時には年輪のように積み重ねられてゆく構成要素の変遷を辿りつつ、それを通じて散発的で互いに無関係のように見える意味や価値の更新と交換の必然性を明らかにすることである。

　映画文化をそのような構成要素の相互作用の場と見なす立場から、本書ではペレストロイカに先行する「雪解け」時代や「停滞の時代」、すなわち1950年末から80年代初頭までのソ連における映画文化にも触れている。まさにその時代に、現代ロシアの映画文化の各構成要素は、2000年代に至るまで継続した相互関係を作り上げたからである。また、個別的現象を記述する際にも、非公式的な領域におけるその出現から公式的な領域における機能の発現に至る、時には十数年に及ぶプロセスに言及しなければならない。

　本書はこれまで述べてきたような問題意識のもとに、執筆時期の異なる幾つかの論文に加筆し、まとめたものである。それらの論文は一部、既に発表済みである。第二章と第三章は日本学術振興会科学研究補助金による個人研究（研究課題番号19510261「ペレストロイカ以降の現代ロシア文化研究」）の成果であり、2008～09年にかけて執筆した。第四章は同補助金による共同研究（研究課題番号19320100「オーラルヒストリーによる現代映画製作の研究」）の筆者担当部分の成果を利用している。第一章は、2010年初めに東京外国語大学で開催された国際ワークショップ「ポスト・スターリン時代の文化的想像力」において発表した内容に基づいている。序論はほぼ全て、新たに書き下ろした。

　本書が些かでも読書の楽しみをもたらすとすれば、それは、普遍的な方法論を目指す考察と、未知で特殊な対象の記述とが、無味乾燥な「方法」とその「応用」に終始することなく、予期せぬ展開を見せながら交替してゆくからであろう。概して文化的現象は、それを分析するための方法論の完成自体を許容しない意味の豊かさを持つ場合にのみ、その魅力を永続させ得るのである。

序論　映画文化とは何か

映画とその他の動く映像メディア

　映画文化とは何か。「映画文化」という言葉は、私の造語ではなく映画研究において初めて使われる用語でもないが、映画学における学術用語としてはこれまで明確に定義されていない [1]。後述するが、筆者が調べた限り、これまで日本における映画をめぐる言説において、「映画」と「文化」という 2 つの語の結合はむしろ例外的にしか見られなかった。

　私が「映像文化」ではなく「映画文化」という言葉に拘るのには理由がある。現在しばしば行われているように、メディアとしての映画と他の映像メディアとを混同すべきではないと思うからである [2]。動く映像と音によって情報を伝達するメディアとしての映画は、少なくとも 1990 年前半までは、一般観客にも判別できる他の映像メディアに対する優位性を保っていた。それを保証したのは、大スクリーンへの映写で確認される極めて高度な解像度や明暗のニュアンス、要するに 35mm 以上の映画フィルムだけが実現できる映像の品質、及び映画を上映できる専門施設（第一に映画館)の構造的な諸特徴である。

　百年以上の間、映画は暗闇におけるスクリーンへの映写とその集団的な鑑賞を前提として製作され続けてきた。映画に関する諸制度は、全てそのような歴史の刻印を帯びている。他の映像メディアには類似物のない、マスコミ試写、プレミア上映、首都や観光都市における映画祭といった諸制度は、映画の文化的存在形態の特殊性を示すものである。従って、他の映像メディアとの文化的存在形態の差異を踏まえた上で、文化としての映画の独自性を分析すべきであろう。また、日本における「映画文化」概念の間歇的な出現は、映画史的研究の中で僅かではあるが言及されたこともあり、日本におけるこの概念の歴史を改めて振り返る必要もあろう。

だが、最初にもっと根本的な問題に触れておかねばならない。それは、近年、「文化」概念をめぐって様々な学問領域で行なわれてきた議論のことである。

文化概念をめぐる学問的言説と映画

そもそも「文化」自体、定義の難しい概念である。それを厳密に定義しようとすることは無意味でさえあるだろう。その理由は、この概念が用いられてきた歴史の長さだけでなく、世界の各地域によって、また学問領域の違いによっても、文化を論じる文脈が異なるという事実にもよる。日本における通常の用法に倣ってこれを"culture"の訳語と考えれば、18世紀から19世紀にかけて西欧近代社会で形成された歴史的限界を持つ概念だと論じることもできる。だが、そう一言で片付けてしまっては単純化のし過ぎというものであろう。そこで、欧米の人文諸学における、ここ20年ほどの言説をいくつか参照したい。

かつては文化を、ある地域に固有のものとし、その担い手をその地域の住人（共同体)だと見なす考え方が主流だった。しかし、ローランド・ロバートソンによれば、現在では社会学者や人類学者の間で、文化を「人々を、程度の差はあるにしても結合力のある『共同体』に縛りつける、歴史的に継承された諸価値、諸信仰、および諸シンボル・パターンだと考える通説の趨勢が、大いに疑われてきている」[3]。ジェームズ・クリフォードは、ヨーロッパにおける蒐集や博物館という制度の歴史と意味を考察しつつ、1800年以降に文化と芸術が人間的「価値」の領域として相互に強化し合ってきた過程を跡づけている。彼によれば、近代の文化概念は「芸術—文化システム」の中で機能しており、そこには「長きに渡り、全体性、持続性、精髄への期待が組み込まれてきた」。このシステムは、「盲点や矛盾の地帯と同様、真実と科学的進歩のための相当な領域も示している」[4]。

現在「文化」を論じている学問は、文化人類学や社会学だけではない。「文化研究」と呼ばれる領域でも文化的諸現象に関する研究が盛

んに行なわれているが、そこで取り上げられる対象は主として近代以降、特に現代の諸現象である。要するに、最近の「文化」概念に関する学問的議論は、「近代」及びそこに起源を持つ人文諸学のあり方に対する考察と、密接に結びついている。しかし、20世紀の最も重要なメディアが映画であったことを考えるなら、映画を対象とする体系的な文化論的研究がいまだに存在しない事実は、驚くべきことである。私の言う映画の「体系的な文化論的研究」とは（哲学者や社会学者、人類学者が自らの思想の「裏づけ」や「実践」として行う映画作品分析ではなく）、文化的現象としての映画そのものに対する、具体的な諸事実に基づき理論的モデルの提示を志向する、包括的考察のことである。

　グローバリゼーションと文化の関係をめぐって展開されている議論の中で、映画は不当にも無視されている。冷戦終結後の世界では、文化の多様性を尊重すべきだとか少数民族や先住民の文化的伝統に学べなどという主張が多く見られるようになった。映画を含む現代の文化は、国境や民族の差異を超えて拡散し、影響を与え合い、その結果として自らの変化を加速させている。しかし、国境や公用語や共通の生活習慣や宗教によって他と区別され、ある程度のまとまりをもった文化圏が存在し続けていることもまた事実である。文化の多様性を尊重せよという主張は、グローバリゼーションの進行によって鎮静するどころか活性化している。「文化帝国主義」に関する議論が活性化したのもその現れだろう [5]。

　映画はグローバリゼーションの過程を顕著に反映しているだけでなく、20世紀を通じてそれを促してきたメディアでもある。映画はその発明直後から国際的商品としての側面を持っていた。エジソンのキネトスコープもリュミエール兄弟のシネマトグラフも、発明後数年を経ずして世界各地で新しい見世物として公開された。映画発明から10年も経ていない1900年代には、ジョルジュ・メリエスやシャルル・パテがアメリカや日本を含む世界各国で自社作品を公開していた。映画は最初の国際的な産業であった。現在では各種

の国際映画祭という国家や民族を超えて評価の基準が形成される制度が存在するようになって久しい。製作や配給のための多国間協定では、各国の映画文化の接点が探られる。文化としての映画は、各地域内にある程度のまとまりを持って存在しながら、国際的な諸制度の役割を意識する個人や組織によって維持され、グローバルな経済的・文化的な状況と勢力の影響にさらされている。僅か百十余年の歴史しか持たない映画の周囲には既に、利害関係をめぐって相互作用する多様な諸集団と、意味作用の場として高度な階層化や価値観の変化をもたらす諸制度が形成され、それらの制度自体もまた変化し続けている。1980年代後半から90年代にかけてのGATTのウルグアイラウンドにおけるアメリカとヨーロッパ諸国の対立や、EUを包括する映画映像産業及び映画文化の発展を目的として創設されたMEDIA及びそれを継承するMEDIA plusプログラム等を、その具体例として挙げることができる。グローバリゼーションと文化の関係についての議論が活発化する以前から、映画はその発展段階に応じて様々な「グローバル化」の実例を示すメディアであり続けてきたわけであり、現在でもそうである。

「映画文化」をめぐる日本での言説

　冒頭で触れたように、映画を文化として論じる言説が存在した事実は、日本の映画史研究で全く無視されているわけではない[6]。「映画文化」という概念は、日本において必ずしも西欧近代の人文諸学に直接関連させられてきたわけではない。しかし、映画に関する言説の中でも「映画文化」に触れているものは全体としては少数であり、大抵はこの言葉を全く定義せず用いている。しかし、そうした言説の中には、西欧近代的な芸術や文化の概念が日本において映画と関連付けられてきた経緯を示唆するものもあるので、それを幾つか検証しておくことにする。

　筆者が調べた限り、日本の定期出版物の中で映画文化という言葉が最初に用いられたのは、1932年である。同年2月、「獨立映畫画研究所」により発刊された「映畫文化」は月刊、全4頁の同研究

所「準機関紙」（第一号、1頁）であるが、この「研究所」は一般映画研究者や映画愛好家のクラブ的な存在だった（同紙、4頁）。戦前（おそらく1941年）に発刊されたもう一つの「映画文化」紙は中央大学映畫文化研究會の機関紙（12頁）であり、紙面は映画に関する各種研究を主体として劇場公開作のレヴューや広告もあるという構成になっており、映画文化の定義を行った形跡はない。これらの機関紙を読むと、1930年代初頭から40年代にかけて「文化」という語が、芸術だけでなく日常的な社会生活（社交、レジャー）とも結びついた境界の曖昧な領域を指すものとして用いられていたことが推察される。

　1941年には、『映畫文化論』なる論集が出版された。書名と同じ表題の巻頭論文を書いた斎藤晌は「文部省映画改善委員」である。斎藤は、冒頭でカントやヒューム哲学に触れ、自らも哲学学徒であると述べているものの、哲学者が晦渋な表現を好むことを茶化す彼の論調は大衆迎合的なまでに平易である。この論文は、内容的には文化政策の綱領めいた性格を持っている。その主旨は、日本映画がまだヨーロッパからの「移植藝術、移植文化」を脱しきれておらず「幼稚な處がある」から何とかしなければならないが、それには「欧羅巴文化にリードされて居る」現状を脱して新しい世界観を生み出し、それを背景として諸科学の関連を取り扱う「インターサイエンス」のようなものが出現すべきであろうと言うものである[7]。そこでは、「映画文化」概念の政治的文脈への組み込みが巧みに行われているが、言説の論理的枠組みも中心となる諸概念も、クリフォードの言う西欧近代的な「文化—芸術」システムの外には出ていない。

　同書に収められた最も長大な論考は、桑野茂（十字屋映画部員）の「映畫文化と文化映畫」である（全197頁の中で、79頁を占めている）。桑野は文部省が制定した「映画法」における「文化映画」の規定を論じることに始まりこの言葉を巡る様々な意見を検討した後に、文化映画とは「フィクションのない本來の映畫であり」、「藝術一般として、文化に貢獻する」ものだと答えている。そして、

そのような文化映画に代えて「記録映画」という言葉を用いたいと述べている[8]。だが、桑野の論考の中心は、実は「文化映画」概念ではない。斎藤とは違い、桑野は西欧の文化を乗り越える必要があるとは主張していない。「藝術といふものは、昔から自目的的である」と断じ、芸術作品は鑑賞されさえすれば目的を果たしたことになると述べる彼の考察は、終始一貫して西欧近代の芸術概念に基づいている。彼の結論は、映画という芸術に、現実を理解する「方法」としての科学を取り入れようというある種の普遍主義である[9]。映画政策によって公式化された概念に疑念を呈し、それを映画芸術論の枠内で解消しようとする彼の姿勢は、西欧的な人文諸学の概念を身につけた個人の言説が、映画政策の介入による映画文化の意味論的な硬直化に抵抗し得る可能性を示唆している。

　「映画文化」という言葉は、戦後に「文化映画」をめぐる言説を一部継承した映画の教育への活用に関する言説に現れ[10]、概念の定義や分析を経ないまま、ごく散発的に翻訳書や単行本の副題等に添えられ、1990 年代以降の文化政策関連研究ブームと共にアカデミックな言説の中に復活した。それら大学的な言説においてこの言葉は、映画産業の振興を通じた「まちづくり」や、特定の文化産業振興策（例えばフィルム・コミッション）が前提となっているか、或いは地域文化研究的な文脈の中で用いられている。定義の曖昧さ或いは不在という点でも社会的影響力の点でも、本書の課題にとって重要性を持つとは言い難いそれらの言説について、ここで詳しく述べる必要はあるまい。

方法論の問題

　既に述べたことから明らかなように、映画の歴史と現在それを取り巻いている状況は、研究者がいかなる方法論や観点を採るにせよ、映画が製作され流通する領域を文化と相関するものとして、或いはそれ自体文化として考察することを要請している。しかし、現在の文化論の活況にもかかわらず、映画という現象を文化論的観点から分析・記述するための方法論は、社会学も人類学も「文化研究」も、そして映画学も、いまだに提出していないのである。本書における

映画文化研究が、方法論的には「学際的」でしかあり得ない理由はそこにある。だが、（意識的な統合を志向した研究者は僅かだったにせよ）映画学はこれまでもかなり「学際的」だったのだから、先行研究の不在を嘆く必要はない。また、方法論的な混乱を避けるための手がかりが皆無なわけでもない。

　最初に認めなければならないのは、20 世紀における映画研究のほとんどが、「映画理論」と「映画史」の領域に属し、それらが「映画学 film studies」の主要な部分を成しており、更にこの映画学は日本に限らず欧米の多くの大学で「芸術諸学」の一つとして扱われてきたという事実である。このことを映画学の歴史的・文化的な被規定性として捉え、それを乗り越えようとしない限り、文化としての映画は研究対象として認識されることはない。なぜなら、映画を文化や芸術として成立せしめている要因は、映画に関する学問的言説やそれに影響された映画に関する諸言説だけではないからである。

　ロシアの映画学者ニコライ・イズヴォーロフは、「映画理論」と呼ばれてきた言説が、映画がその発明当初から有していた技術的、心理学的、経済的、社会的な諸機能（私はむしろ「側面」という言葉を用いたい）を捨象し、美学的機能だけを探求する「主観的詩学」の性格を持っていたと断言している。映画が常にこの多機能性を持ちながら変化し続けてきたため、「映画理論史」は様々な歴史的時期における映画芸術観の進化を反映するものになり、映画という現象の不変な諸要素を記述できる「理論」は存在したことがなかった、とイズヴォーロフは主張する [11]。この主張には、それなりの根拠がある。ヒューゴー・ミュンスターバーグの『映画劇　その心理学的研究』（1916)からドゥルーズの『シネマ』に至るまで、20 世紀全体を通じて「映画理論」と呼ばれてきた言説のほとんどは、芸術としての映画の特殊性と自律性を主張し、それを直接或いは間接的に証明するために美学、記号学、哲学の諸概念を援用してきたからである。

映画の美的機能が発揮されるための諸条件は歴史的・社会的に規定されている。その美的機能が観客に与える効果は、カントが『判断力批判』で定式化したような「無関心」な喜びなどではない。ヤン・ムカジョフスキーが既に 1930 年代半ばに述べているように、芸術作品の美的機能は、社会的・歴史的に規定され変化する規範との関連によって、また美的価値の評価基準を提供する諸制度によっても左右される [12]。映画が美的機能を発揮しつつも多機能的に現象する社会的な前提条件となるものが、他でもない映画文化であると考えられる。そこでは、映画は（他の文化的生産物が一般にそう呼ばれているように）「作品」として技術的、心理学的、経済的、社会的、美学的な諸機能を果たしている。

　心理学、経済学、社会学、人類学等は、映画の諸機能をそれぞれの学問領域内で個別に考察してきたが、その結果、映画研究における術語や方法論に不統一を生じさせてしまった。それらの研究成果を参照した戦後の映画理論が、映画の美学的機能に重きを置く「主観的詩学」と多種多様な人文諸学の混合物の如き感を呈し、術語と方法論の更なる錯綜を招いたのは、無理からぬことである。イギリスの研究者ジャネット・ハーボートは、フーコーが『言葉と物』の中で言及している（ボルヘスによって引用された）中国の百科事典の分類法に倣って、「映画理論」の錯綜ぶりに対する当惑を次のように表明している。

　　映画理論は、 (a)ロング・テイクに関するもの、 (b)会社MGMに関する研究、 (c)ホラー映画ジャンルの構造的諸特性、(d)光学的イメージの分析、 (e)ラカン派精神分析の応用、(f)ソヴィエト的モンタージュ、に分類される。驚くべきことは、このように広範な研究が存在することではなく、それが、映画学における一つの統一的分野として広く想定されているところで手がけられていることである [13]。

ハーボードはこのような問題意識のもとにドゥルーズの『シネマ』における試みを評価しているが、それについては本論の主題を離れるので詳しくは触れない。

　忘れてはならないことだが、大半の観客は必ずしも映画を芸術作品として鑑賞しているわけではない。むしろ、娯楽として消費していると言う方が正しい。だが、彼らは映画文化を構成する他の諸要素に作用を及ぼしながら、全体としても個人レベルでも自らの映画に対する評価基準を変化させている。

　1960年代以降、構造主義やその影響を受けた記号論的研究により、従来から様々な分野の研究者が「文化」や「芸術」の範疇で思考していた対象だけでなく、食品や衣服のような日用品の周囲にも、社会心理学的観点から分析可能な意味の場が存在することが明らかにされた[14]。映画を観る行為が、単に芸術作品の鑑賞であり得るだけでなく一般市民の消費生活の一部でもあり得る以上、映画に対しても同様なアプローチは可能であろう。観客が映画に対して示す多様な反応が、映画作品や映画産業に意味論的に作用するのである。映画文化における観客の役割は、一義的でもなく固定してもいない。同様に、映画に関する諸言説も、従来のように作品を擁護するための理論的「論拠」や映画史的な「証言」として引用するだけでなく、それ自体の機能の多様性や変遷を分析する必要がある。

　ピエール・ブルデューは、構造主義の経験を踏まえた社会学的研究の中で、映画を含む文化的商品の消費活動がいかに階級的な趣味の差別化を再生産しているかを示した。これは食品摂取に関するロラン・バルトの概論と違い、統計資料と無作為のアンケート調査という実証的裏づけをもっていた。ブルデューは、彼の言う「ハビトゥス」が人間の日常生活における行動様式だけでなく、芸術作品の知覚をも規定するとしている。彼によると、「芸術作品崇拝の日常的ルーティン」における「参照の戯れ」は、「たがいに照応し強めあうさまざまな疑似体験の、目のつまった網」を作り出し、それが「芸術的観想の魅惑をなすもの」である[15]。ここで問題にされているのは、芸術作品の「消費者」のことだけではない。バルトの言う「作品」と

「テクスト」の相違を超えて、近代以降の西欧社会における芸術全般に関する諸言説の社会的規定性と被規定性までもが暴露されているのである（ブルデューは後に『芸術の規則』において、「場」の概念を用いてこれを再分析している）。

　ブルデューの提示した「ハビトゥス」概念は、それが含意する歴史性と深い社会的諸関係への洞察ゆえに、本論のような文化論的映画研究においても、或る程度まで有効性をもつであろう。文化としての映画の存在条件自体がそのような歴史的観点と社会的洞察を要請しているからだ。ソ連時代のロシア映画のように、従来イデオロギー的観点からの画一化が行なわれたとされてきた対象を論じる場合には、尚更である。いかなる社会においてもイデオロギーは、文化的現象を部分的にしか規定し得ない。

映画文化の概念的モデル

　ここで私は、本研究で用いている映画文化の概念について説明したい。研究の方法論は対象の理解にかかっているからである。ここではあくまで作業仮説として提示するのだが、一般化すれば、世界の各地域の映画文化は現在、次に述べるような存在形態を持っていると考えられる。

　各地域の映画文化の主要な構成要素は、①映画作品、②映画に関する言説、③映画観客、④映画教育、⑤映画産業、⑥映画政策、である。

　映画祭は、個々の映画文化の不可欠な構成要素ではない。それは映画文化の構成要素間の結びつきを一時的に強め、それらの相互作用を促進することのできる、散発的で流動的な制度である。それは映画政策の一部を成す場合もあり、一般には映画産業の状況や映画に関する言説からも少なからぬ影響を受けている。

　映画作品は、観客がそれを受容する社会的環境だけでなく、製作者や批評家や研究者による注釈や解説（映画に関する言説）によっ

ても、様々な異なったコンテクストに置かれる。その際、映画教育
は、観客がそれらの言説を適切に理解するための共通基盤を準備し、
それぞれのコンテクストの一貫性を維持する役割を果たす。映画産
業や映画政策のあり方は、個々の作品の製作条件をかなりの程度に
おいて規定するだけでなく、一群の映画作品の製作過程やそれらの
傾向、映画に関する言説に影響されて自ら変化する可能性もある。
最後に、観客によるあれこれの作品に対する顕著な支持や不支持は、
その後に製作される映画作品や映画産業のあり方に影響を与える。
こうした相関関係を図式化すると、次のようになる。

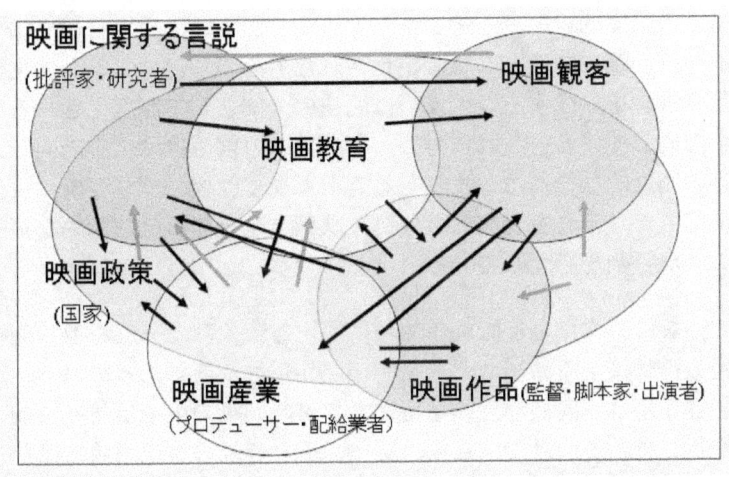

　矢印は、意味及び価値の場としての映画文化の構成要素を関係づ
けるコンテクスト生成的作用を示す。黒い矢印は現在の民主主義国
で一般的に見られる作用、灰色の矢印は、戦時中の日本やナチス政
権下のドイツ、スターリン時代のソ連など全体主義国家に特徴的な、
アノマリーな作用である。後者の場合、映画政策とその影響下にあ
る一般観客や映画業界人が、それ以外の全ての要素に対して特定の
コンテクストを押し付け、抑圧的に作用する（産業界や一般市民が、
研究者や批評家など知識人を一方的に「告発」するのも、全体主義国
家に特徴的な現象である）。現代の映画政策には映画製作に対する

助成制度も含まれるため、映画産業に対するその作用は黒の矢印になっている。

　映画文化の構成要素はそれぞれ、公式的な部分と非公式的な部分とから成っている（映画史上の「古典」とされた作品と絶えず製作され流通している「商業的」作品、アカデミックな研究と批評や「レヴュー」の類、劇場公開作の観客と海賊版やアンダーグラウンド映画の観客、教養或いは学問として映画を扱う教育と、臨機応変な実作者養成を目的とする「現場」に近い教育、メジャー製作・配給会社とインディペンデント及びアンダーグラウンドの製作者、映画行政機構内の制度的枠組みとそこから逸脱する個人的決定）。「公式的な」部分は、既に制度として固定化されたものの一部であるか、文化政策や世論を形成する要因或いは歴史の一部として制度化されることを志向している。これに対し、「非公式的」部分は変化を志向し、既存の制度的な枠には収まりきることがなく、他の構成要素の変化に反応したりそれを誘発したりし、映画文化全体の意味論的な更新に大きな役割を果たしている。

　一般に、文化と呼ばれる領域に属する現象は、それを取り囲む諸現象や隣接する諸領域と絶えず相互作用を及ぼしあっている。この相互作用は、同様な意義を持つものが時間軸の中で足並みを揃えて進行しているわけではない。更に、それぞれの文化領域には公式的な部分と非公式的な部分が存在し、変化の兆候は常に非公式的な現象の中に先行して観察される。非公式的な現象が公式的記録に現れるのは、両者の境界が引き直された後である。歴史的記述は、各種統計であれ社史類その他の資料であれ、公式的な記録文書に基づくのが通例である。しかし、文化の動態的構造にとっては、非公式的な要素が公式的な記録に現れるに至ったプロセスこそが重要なのであり、その記述を抜きにした文化的現象の研究は、不十分なものである。

　「非公式的」部分が「公式的」部分に変わった卑近な例として、日本の「オタク文化」と呼ばれるサブカルチャーがこの 30 年ほどの間に辿った変遷を挙げることができる。1980 年代初頭の段階で、一部

のテレビ放映用アニメーション番組のファンを中心に形成されたこの文化は、そこから次々に創作者が出現し、この文化に属する作品の新たな消費者＝視聴者を増やしていった結果、その意味論的領域が拡大していった。その拡大した領域は、アニメ専門誌の登場と増加により、この文化固有の言説に対する市場も拡大させた。作品、観客、言説のスパイラル的な増加と相互作用の活性化こそが、このサブカルチャーの多様化や高度化を促し、国際市場への進出を可能にしたのである。ここまでは他のサブカルチャーにも見られる傾向であり、例えば90年代末以降のロシアにおける「ゴシック」サブカルチャーにも、古くはフランスの「ヌーヴェル・バーグ」についても言えることである。ただ日本のオタク文化は、それらと違って突然、90年代末頃から政治的な力で「公式的」なものにされていった。だが、このような作為的で急激な移行は、文化の有機的発展とは矛盾している。

　日本政府が採用した「メディア芸術」なる造語の歴史的・美学的な裏づけのなさに関しては、私は以前に指摘している[16]。アニメーション製作における労働条件の劣悪さを無視した経済界からの「ジャパニメーション」への過剰な期待、そして2009年の「国立メディア芸術センター」建設をめぐる論争を想起すれば、文化政策による特定のサブカルチャー「公認」が芸術文化に与えうるマイナス面を思わずにはいられない。政府による「公認」が単に「公認」や「助成」であるうちはいいのだが、「公認」した分野から過大に経済効果を求めたりしたのでは、学問的根拠なき楽観論だけが一人歩きすることになる。テレビであれ映画であれ、インターネット以外の旧メディア向けの動く映像製作は設備投資や人件費に比して資金効率の悪いビジネスである。世界市場を制覇したハリウッド映画は単に例外中の例外であって、どの国でも映画は基幹産業になり得ないというのが事実なのである。その事実を無視した擬似「学問的」言説は、日本映画産業の衰退を隠蔽し、経済上主義的な思想の蔓延を助長する。経済至上主義的な思想は、おそらく映画産業にとって有害でさえあるだろう。そのことは本書の第四章で分析されている現代ロシアの代表的なプロデューサー達の言説からも推測できることである。

映画政策は現代の映画文化においては無視できない構成要素であると同時に、両刃の剣でもある。現代ロシアの映画文化の場合には、第二章で詳述するように、別の要因が関わっていた。ペレストロイカ時代、言論と表現の自由化が市場原理の導入と同時に行われた。この「上からの改革」によって、映画文化の「公式的」部分と「非公式的」部分との境界線が事実上、消滅した。創作者には喜ぶべき変化だったが、観客も映画産業もそのような状況に対応しきれなかった。結果的に、創作者達による需要を無視した濫作と、映画産業の崩壊や観客の映画館離れとが並行して進んだ。このような並行的プロセスも、私の提示した映画文化のモデルを基に辿ることで、相互影響関係が明らかになるであろう。

映画文化の内在的コンテクストの変遷

私の提示した映画文化のモデルは、国や地域によって、或いは映画史の段階によっては、そのまま当てはめることができない場合がある。現代の主要映画製作国における映画文化をモデル化したのでそれは無理もないが、映画文化を諸要素の意味論的な相互作用の場として捉える考え方自体は、あらゆる時代の映画文化研究に有効であろう。映画政策や映画教育という要素は、国や地域によって、それらの制度化された時期や映画文化内における影響力が大きく異なるが、映画に関する言説と映画作品に関してはそれほどではない。

映画に関する言説と映画作品の間における意味論的作用は、他の構成要素と違って社会的・政治的な環境が大きく変化した際にも断絶することなく、有機的に発展してきたと言えよう。それらは研究者にとっては、テクストの集合として現れる（これに対し、映画政策は諸制度や映画関連機構として、映画産業は主に映画技術と製作・流通の諸形態として、映画観客は嗜好や映画消費の形態に関する統計調査結果として現れる）。映画に関する言説と映画作品は、テクスト特有の身軽さをもっている。それらは実際、時代や地域を越えて引用やパロディの対象となり、絶えず相互参照を繰り返しながら観客や読者を広大な間テクスト的空間に誘い込んでいった。そ

れらは、異なったやり方で映画文化の内在的コンテクストを生成、強化、維持し続けてきた。

　映画作品の社会的被規定性の相対的な弱さは、映画がその初期から国際的商品であったこととも関係がある。主要な映画製作国において、ある程度以上の人気を得た外国映画は、製作者・創作家達と観客によって同時代的な映画体験として記憶され、その体験は映画作品の製作や受容に反映された。それは、映画作品に直接的な引用やパロディとして現れる場合もあれば、映画の登場人物や漠然たるジャンル的特徴として現れる場合もあった。

　例えば、1936年のソ連映画『サーカス』（グレゴリー・アレクサンドロフ監督)には、サーカスの芸人の一人として終始無言の「チャップリン」なる人物が登場する。この映画では、アメリカ製ミュージカルやメロドラマを意識した演出が随所に見られ、アメリカ人役のロシア人俳優達は英語でも台詞を喋り、部分的にはそれにロシア語字幕が付いている。『サーカス』は、ソ連では人種や民族による差別がないというプロパガンダを兼ねた国内の大衆向け娯楽映画だが、そこにアメリカ映画を代表するチャップリンの分身が登場するのは特徴的である。ある作品のジャンル的特徴は、時代と地域を越えて意外な作品中に出現することもある。例えば、黒澤明脚本、谷口千吉監督の『銀嶺の果て』（47)では、3人組の銀行強盗が長野の北アルプスを越えて逃亡しようとするが、物語内容には戦後の社会的状況は全く反映されておらず、1920年代後半から30年代にかけて日本で公開されたアーノルド・ファンク監督の「山岳映画」の影響が感じられる。この映画には黒澤と同世代の登山家が登場し、「20年前」の「高等学校の学生時分」にの「ローゼン・モルゲン」を見て以来、山に惹かれ続けているのだと述懐する [17]。ファンクの『聖山』（26)は1928年9月28日に邦楽座と東京館で封切られている [18]。黒澤は当時18歳、つまり年齢的には「高等学校の学生時分」だったのである。

産業的にはほとんど意味を持たないような実験映画の作者達でさえ、作品中で海外の商業映画からの影響を隠そうとしない場合がある（例えば、フェルナン・レジェの『バレエ・メカニック』（24）には、キュビズム風にデフォルメされたチャップリン像のアニメーションが登場する）。1920 年代のヨーロッパやロシアのアヴァンギャルド運動のように、映画作品や映画に関する言説が国境を越えて短期間に流通し、商業映画の表現に影響を与える場合も少なくない。

　商業的に公開される映画作品の集合は、観客の映画に対する態度をある程度まで世代的に規定していた。日本で映画が「活動写真」と呼ばれていた時代、一般観客の映画観は、1950 年代の観客のそれとも現在の映画観客のそれとも異なっていたはずである。観客による映画受容の世代的な変化は全世界的な現象であり、それぞれの時代毎に、一般観客の映画に対するイメージやそれが喚起する連想は異なっている。1910 年代から、映画産業の成長と製作技術的の高度化、そして製作費の拡大に伴って、映画作品における「スター」の意義が重視され始めた。所謂スター・システムは、大スタジオにおける映画製作と不可分の関係にある。国境を越えて映画観客を魅了した映画スターのオーラは、第二次大戦後のある時期まで映画作品の価値や意味と切り離して考えることができないものであったし、宣伝広告の類だけでなく映画理論書や研究書までもがそれに言及した [19]。映画スターのオーラに翳りが出始めたのは、イタリアのネオリアリズム映画が非職業俳優を主役に据えて世界の観客を驚かせた時であろう。

　1950 年代末から 60 年代初頭、全世界的な映画産業衰退の始まりと主要映画製作国における「新しい波」の登場は、一般観客にもそれ以前の時代とは異なる選択の基準を提供した。映画スターではなく映画作家の名前で作品を見る観客層が増えた。だが、芸術の美学的職業的な研究者や批評家は別として、1960 年代に「作家の映画」を好んで観ていた観客の選択基準は、1920 年代にアヴァンギャルド映画を観た青年達の選択基準と多くの共通性を持たなかった。前者

にとっては映画作家の革新的な思想が、後者にとっては「第七芸術」の革新的な表現が重要だったからである（1960年代は世界的に「政治の季節」であり、大学で若者の叛乱が起きた時期だった）。現在の欧米の観客にとって、これら2つの時代の「革新的」映画群は、共に「アートハウス」という一つのカテゴリーに入っている。映画に関する言説がそのためのコンテクストを供給しているからである。そもそも、一般観客ではなく映画作品の作り手側や批評家や研究者からすれば、20年代と60年代の革新的な諸作品は共に「芸術としての映画」の代表である。90年代以降の「アートハウス」商品は、彼らが作り上げた映画に関する言説の伝統を継承し、利用しているのである。

　だが、このようなカテゴリーの普及度は地域によって異なり、日本ではこの2つの時代を架橋するような独自のカテゴリーが映画に関する言説の中に生じていない。これは、日本の映画文化が、特に映画に関する言説において歴史的連続性をかなりの程度まで絶ったこととも関係があるだろう。90年代以降、「映画は最初から見世物だった」或いは「最初から娯楽だった」とする言説だけがなし崩しに一般観客の間に流布する一方で、若い世代は（研究者ですら）かつて日本の映画文化の意味論的な更新の原動力となっていた諸言説とその中心思想に気づかないという、ばかげた事態が起きている。映画作品の作り上げる映画文化の内在的コンテクストが、主に「参照の戯れ」であり、創作者と観客の間に交わされる映画愛を促進する目配せであるのに対し、映画に関する諸言説が形成するコンテクストは、必ずしも映画文化の多様性維持やその発展にとってプラスにはならない。なぜならそれは理論や批評や歴史の名のもとに、特定の映画文化的現象を忘却させることがあるからである。

映画に関する言説の触媒的作用と3様態

　映画に関する言説は、1910年代後半以降、政治的環境や映画観客の世代的な受容態度の変化にもかかわらず、アカデミックな研究や有力な批評の伝統を形成し、それを継承してきた。これらの言説

は総体としても単独でも、後続する映画作品や観客によるその解釈に影響を与えている。観客が映画作品を単に「体験」するだけでなく、テクストとして「解読」もし得るのは、映画に関する言説のそのような働きによるところが大きい。それらの言説は、大部分の情報が動く映像と非言語的な音によって伝達される（ゆえに意味の曖昧さや不確実性を常に孕む）映画作品を、読者が特定のコンテクストに従って意味づけるように促すのである。換言すれば、多くの場合、映画作品の意味はそれらの言説を媒介として観客に開示されるのだ。映画に関する言説の**触媒的**とも言うべきこの作用は、映画作品の創作と観客による受容との、2つの面で観察される。前者の顕著な例は、フランスのヌーヴェル・バーグを準備した「カイエ・デュ・シネマ」誌の批評的言説である。後者の例は、各地域或いは各国の代表的な映画雑誌における年間ランキングの「象徴的」権威に観察される。

　1910年代まで創作家以外で映画を他の諸芸術と対等と見なした者はほとんどいなかった。観客の意識を変えたのは1910年代後半から20年前後にかけて始まった映画表現技法の発達の成果たる映画作品と、それらに関する言説である。当時の創造的な若者達にとって、映画は全く新しい芸術となる可能性を秘めていた。フランスに移住したイタリア人リチオット・カニュードは「第七芸術」について語り、初めてのシネクラブ「第七芸術友の会」を組織した[20]。映画史のこの段階で既に観客の細分化は始まっていたのであり、その過程において映画に関する言説が一定の役割を果たしたことは否定できない。映画に関する言説に歴史的なパースペクティヴが導入されたのは、この時期であろう。多様化しつつ蓄積されていった映画の批評や研究は、様々な映画作品に「映画史」における意義を付与し、映画に関する言説全体の中にそれらの価値に応じた場所を割り当てていった。ある世代の観客が事実上存在をやめた時でも、過去の映画作品には、作品自体とその時代に関する諸言説が作用し続けている。過去の作品を歴史的パースペクティヴの中に配置してゆくそれらの言説を、広い意味で**映画史的な言説**と呼ぶことができよう。

だが、映画に関する言説には、創作家に影響を与えるものもある。1950 年代までの所謂「映画理論」にはそのような傾向が強かった。映画の流通に不可逆的な変化が起きた 1980 年代までは、映画文化内部における映画作品と「映画理論」との相互規定性が、主要な映画製作国において維持されていたと考えられる。映画理論家達は、地域によって程度の差はあれ同時代の映画作品を美学的・詩学的に分析し、その言説が創作者にフィードバックされるという現象が起きた（これは、理由は異なっていたにせよ、ソ連とフランスにおいて、20 年代と 50 年代に顕著だった）。**理論的言説**は、その読者としての創作家と映画作品との間で触媒作用を及ぼしていたわけである。

　かつて、フィルムという高価な媒体と観客にそれを上映するための特殊な設備から、映画作品は、一般観客の直接的な所有の対象にはなり得なかった。映画に関する**批評的言説**は、それに些かでも関心を持つほど熱心な観客にとって、フィルムと映画館を通じて集団的に「体験」するしかなかった映画作品に、歴史的・イデオロギー的・美学的等の観点から「読解」を促す契機、或いは単に信ずべき託宣でさえあった。この批評的言説は 1920 年代以降、理論的言説と活発に相互作用を及ぼし合ったが、そこでは映画を近代的な芸術諸学の概念を用いて論じることが当然のように行われた。これが欧米だけでなく日本の批評的言説についても言えることは、1920 年代から 50 年代末までに日本で刊行された映画専門誌の記事や映画関連書籍を読み返してみれば分かる。例として、「キネマ旬報」1950 年 4 月上旬号（第 79 号）における、「映畫藝術の再出發」なる巻頭特集の内容を検討してみよう。

　その冒頭を飾る論文で板垣鷹穂は、映画が「一つの文化財として考えるとしても、著しく多様に分岐して來て」おり、「数量の上から云えば日常娯樂としての生産工業」であるが、「それらを通じ映畫に固有の『審美性』を見出す」と述べて、映画の芸術としての特殊性を論じている [21]。板垣の論文に続いて、森岩雄の「第八藝術一嘯夕」なる文章が掲載されているが、その冒頭で森は、彼が 1921 年に「キネマ旬報」誌上で連載発表した「第八藝術貧燈録」のこと

に触れている。当時、「映畫青年の群に交っていた私が日本映畫の革新を一日でも早く成しとげようとあせっていた」ことを回想している。「自分では、文學、繪畫、彫刻、建築、音樂、演劇、舞踊の七種類の次ぎに人間が作ることの出來る藝術」を映画であると判断し、「映畫を一日でも早く立派な藝術に育てあげることが出來ればよい、その旗印の標語がほしかつたのである」[22]という。森はこの文章で、1910年代から同時代に至るまでの世界の主要な映画作品やアヴァンギャルド映画理論にも言及している。この時点で既に20年近く映画プロデューサーとして活動してきた森は、昔をただ懐古しているわけではなく、最後に産業と政治の圧迫から「映画芸術の自由」を守りたい考えを表明している。「映畫藝術の自由は既成藝術の隷屬から解放されることに始つたが映畫藝術は企業と政治との關連に於てはまだ解決をみていない。（中略）これからの第八藝術の問題は、そして映畫人の問題は、この藝術の自由をいかに守るか、この邊にかくされているのではあるまいか」[23]。

　このように、日本映画の「黄金時代」とされる1950年代の幕開けには、映画に関する理論的、歴史的、批評的言説が、一つの映画専門誌の中で同時代の映画産業の動向を踏まえつつ共存していた。この言説空間には、監督や脚本家も対談という形でしばしば参入し、ブルデューの言う「場」におけるゲームの規則と「イルーシオ」を共有し補強していた。だが、彼の分析による「芸術場」（等）との違いは、このイルーシオが一般市民と共有されていたらしいことである。同様な現象は、遥かに小規模ではあるが、ソ連で「停滞の時代」と言われる1970年代に「作家映画」をシネクラブで上映していた「シネフィル」達の言説についても言える（それらはペレストロイカ開始までは「地下出版」であった）。どちらの場合も、映画産業や映画政策は、映画を芸術として論じる言説を排除していなかった（ソ連の例については第一章で詳述する）。

「芸術―文化システム」と映画文化の歴史的諸段階

　映画に関する言説の中で広範囲かつ持続的な影響力を持ったもの
は、クリフォードの言う西欧近代の「芸術―文化システム」内で生
産された、理論的言説や批評的言説であった。それは、このシステ
ムを自明のものとして受け入れていたヨーロッパやアメリカだけで
なく、日本のように西欧の諸制度をモデルとして「近代化」を達成し
た国々の言説に関しても言えることである。だが、映画の発明から
それが「芸術」として認知されるまでの時期は、モダニズム芸術運動
や大衆文化の興隆により、このシステムが徐々に揺らぎ始めた時期
と一致していた。映画に関する**理論的言説**は、映画をこのシステム
内で芸術として論じる志向性とこのシステムを解体或いは再編成し
ようとする志向性の間で常に揺れ動きながら、既存の人文諸学の中
では不安定な位置を占め続けた。そのような「アウトロー」的位置づ
けは、映画に関する理論的言説に柔軟さを与え、知的好奇心の旺盛
な若い観客層や創作家に対する影響力を持続させたことも事実であ
ろう。だが、近代的な人文諸学の枠組みと「芸術―文化システム」が
経済至上主義的な思想の蔓延によって土台を失いつつある中で、映
画に関する理論的言説に以前のような影響力はなくなりつつある。

　映画に関する**批評的言説**の伝統も、明らかに歴史的な限界を持っ
ている。かつて映画作品は、フィルムという高価な媒体と観客にそ
れを上映するための特殊な設備から、一般観客の直接的な所有の対
象にはなり得なかった（1980 年代以前の 16mm 映写機の普及率は、
それ以降のヴィデオデッキ普及率に比べれば微々たるものであっ
た）。映画に関する**批評的言説**は、観客が個々の映画作品を繰り返
し詳細に検証することができないという映画体験の稀少性によって、
その価値を保証されていた。だが、映画の複製商品（ソフト)の普
及は鑑賞体験の反復や蓄積、その分析という作業を批評家の特権で
はなくしてしまった。

　映画に関する諸言説は、国境や文化を越えた相互参照により自ら
の触媒的作用を強化し、大学や知識人向け雑誌で取り上げられさえ
すればかなり容易に「公式的」になる傾向があったと言える。それら

の言説は映画産業の衰退後も 1980 年代初頭までは映画作品にオーラを付与し続けることができた。勿論、「非公式的」言説が（ペレストロイカ時代のソ連におけるように）、政治的・社会的環境の変化によって「公式的」言説に包摂されることもあったが、映画に関する言説は、依然としてある種神秘的な「権威」を保持し得たのである。公式的言説と非公式的言説との差異は、大手出版社や大学で刊行される書物と情報誌や大衆映画雑誌の批評との差異にかなり正確に対応しただけでなく、高画質なフィルム媒体とその影にすぎないヴィデオテープとの差異にも対応していた。当初、ソフトされる映画の数は少なく、公式的言説の担い手は、おそらくソフト化されることがないと思われるような作品をフィルムで見ることを自らの特権として重視したのである。

　高精度の映像記録媒体の急速な普及と映画作品自体のデジタル化は、この状況を一変させた。今や、劇場公開の有無とは無関係に、ほとんどの映画作品が意味論的な変更を被らずに様々な記録媒体に複製され、或いはテレビの専用チャンネルで放映され、一般消費者に提供されるようになっているからである。シネクラブや大学は、かつてのように映画に関する言説が活発な触媒作用を及ぼす特権的な場ではない。現在、その触媒作用が最大になるのは、公式的領域と非公式的領域が重なり合う私的な消費の空間、つまり「家」である。かつては専ら映画に関する言説が果たしていた触媒的作用の一部は、現在では映画を記録した商品である「ソフトウェア」に委ねられている。こうした現象は全て、映画文化において映画作品、映画に関する言説、観客を結ぶコンテクストに大きな（そして、おそらく不可逆的な）変化が生じたことを示している。

　以上述べたような映画文化の内在的コンテクストの歴史は、大きく三段階に区分することができるだろう。映画の学問的研究がまだ僅かで理論と批評との境界が分明でなかった時代、映画がまだ大学という公的言説の生産機関の外で論じられていた時代には、映画に関する言説は、既存の学問領域の権威者がそれを生産する例外的な場合にのみ、公式的になり得た。その他の言説はせいぜい、ジャー

ナリスティックな公的領域に属することができるだけであった。
1910 年代から第二次大戦にかけてのこの段階では、創作家による
映画理論は映画作品と歩調を合わせて、批評家による諸言説は映画
雑誌を通じて、それぞれ観客に積極的な触媒的作用を及ぼしていた。
リアリズムに向かう映画の技術的発達が進行中である一方、スター
のオーラもまだ衰えていなかった。その状況を踏まえた映画に関す
る言説は、全体として観客の映画受容と大きく乖離することはなか
った（図1）。

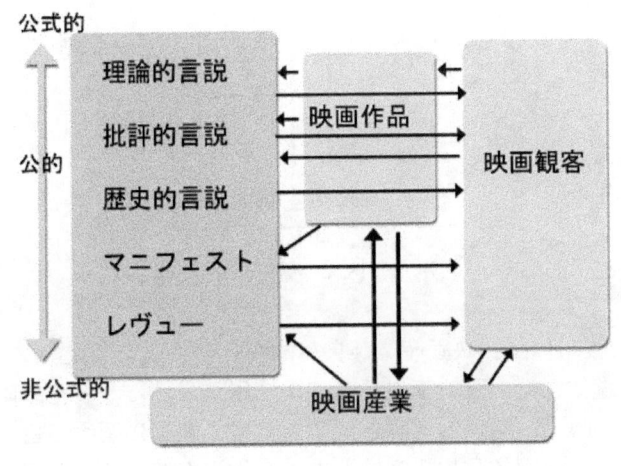

図1

　やがて映画に関する歴史的、批評的、理論的言説は、西欧近代的
な「芸術―文化システム」の内で映画を芸術の地位に高めることに成
功し、それらの言説自体に公式的性格を付与する機関としての大学
内でも流通し始めた。主要な映画製作国で第二次大戦後から 1980
年代初頭まで続くこの段階では、歴史的言説は理論的言説と共に公
式的な「映画史」とそこにおける映画作品群のヒエラルキーを観客に
押し付けることが容易になった。観客は公式的言説の影響下に映画
作品を知覚するようになったが、映画作品からは次第に技術面以外
での驚きは期待できなくなっていった（図2）。この段階で観客が

「アートハウス」映画と商業娯楽映画とに二極分化する素地は出来ていた。

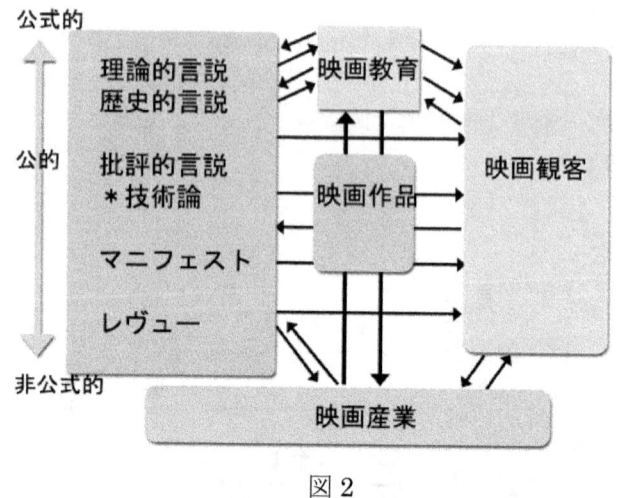

図2

　1980年代後半以降、映画産業が自律的存在の終焉を迎え、フィルム以外の媒体を用いた映画作品の二次使用が当然になった段階で、芸術としての映画に関する言説と娯楽としての映画に関する言説は、それぞれ異なる映画作品や観客層との相互作用を演じるようになる。高等教育機関はもはや占有的に映画に関する言説を公式化することがない。言説の触媒作用は、細分化した観客の趣味や映画作品の生産及び消費の形態に応じて、「アートハウス」と「商業映画」という2つの方向に差異化された（次頁の図3）。

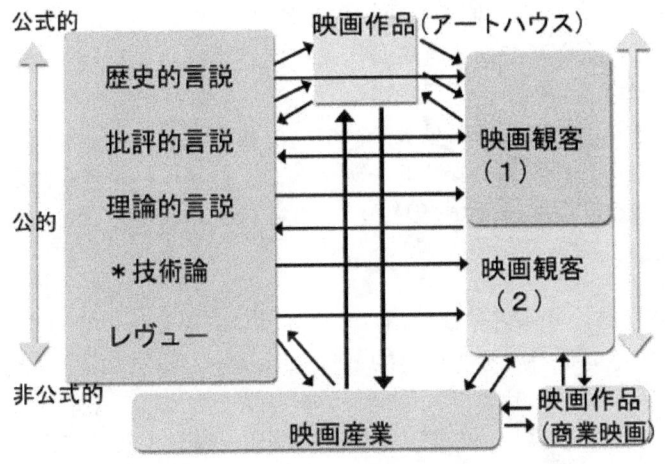

図 3

　次節では、「アートハウス」という、90 年代末以降にヨーロッパ
と北米から普及した「ソフトウェア」商品カテゴリーについての考察
を通じて、映画文化の内在的コンテクスト形成第三段階の特徴を考
察したい。

コンテクストの解体と戦略的再構成

　ロバート・スクラーによると、「アートハウス」はもともと、
1950 年代初頭にアメリカ国内で、非ハリウッド製の芸術性の高い
映画を専門に上映することで生き残った、大学町や大都市の小規模
な映画館を指す言葉だった。全国で 5、60 軒あったとされるそれら
の映画館では、フェリーニやジャック・タチ、ベルイマンなどヨー
ロッパの作家映画が上映されていた [24]。

　だが、現在の「アートハウス」映画の愛好家達は、50 年代から 80
年代初頭までのアート・フィルムの支持者達とは、ある点において
異なっている。彼らは、後者がかつて主に政治的な関心や特定の作
家への心酔から観ていた映画を、自分のライフスタイルの確証とし
て消費する傾向にある。思想への共感や美学的考察よりも「フィー

35

リング」や「センス」への同調を重視するアートハウス映画の消費者
は、鑑賞の機会が稀であった映画作品をヴィデオカセットに録画し
たマニア向け商品の出現と共に現れた。彼らの数は民生用ヴィデオ
デッキの普及と映画専用衛星チャンネルの登場によって増大し、高
品位の民生用記録媒体（レーザーディスク、ＤＶＤ）の登場により、
映画製作資金回収の重要な要因となる市場が形成されるに至ったと
考えられる。

　1980 年代に一般家庭に民生用ヴィデオデッキが普及し始めた頃
に販売よりもレンタルを主要目的として作られた商品は、品質と価
格のアンバランスのせいで大量流通が不可能であった。やがてレー
ザーディスクが登場し、劣化しない高い画質と音質、及びアナログ
ＬＰレコードを想起させるその形態によって、マニア向け商品とし
て映画ソフトに一応の完成形を与えた [25]。だが、コンパクト・ディ
スク（ＣＤ）が音楽商品市場においてＬＰレコードを駆逐したよう
に、レーザーディスクはＤＶＤによって映画ソフト市場から姿を消
すことになる。所謂「シネフィル」と「アートハウス」商品の消費
者とが、重なりはあるにせよ２つの異なる映画観客層として差異化
され、後者が映画市場の一角を占めるに至ったのは、ＤＶＤの普及
によるところが大きい。

　ＤＶＤは、コレクター向け商品としてだけでなく、ある種のステ
ータスシンボルや個性的ライフスタイルの証としても、映画を家庭
の装飾兼「所有」の対象とし得るような諸々の特徴を備えていた [26]。
それはまた、映画作品のテクストとしての側面を強調するものでも
ある。映画作品をチャプターという小部分に分け、それらの再生速
度や観る順序を変えて鑑賞することを可能にしたことで、ＤＶＤは、
個々の映画作品に固有と思われていた「上映時間」の概念を無効に
した。かつては読書に固有のものであり、映画作品に対しては研究
者だけが適用していた断続的で変速的な読解が、映画ソフトの消費
者にはごく普通の行為となった。映像記録媒体のこのような革新は、
観客の一層の細分化を促すことになる。映画に関する言説への需要
も、この過程と共に細分化された。現在では、映画作品ＤＶＤの

「音声解説」やブックレットの「作品解説」が、アカデミックな論文並みに資料的価値が高い場合さえある[27]。そこでは、映画に関する言説は、映画作品と共に所有される「商品」の一つとしてパッケージ化されているのである。

　「アートハウス」商品の登場と普及は、作家映画を「シネフィル」の秘教的な集団体験とそれを前提とした特殊な社会関係の契機から、知的で感性豊かな個性の証として所有されるブランド品に変えるために、一定の役割を果たした。そのような映画の観客＝所有者のハビトゥスが、ブルデューが分析して見せたような「卓越化」の手段としての文化や「場」における覇権を巡る闘争と相関しないとしても、それは不思議なことではない。このような観客の細分化は、民生用ヴィデオカセットに録画された映画作品が合法的或いは非合法的に流通し始めた1970年代末から80年代初頭には、既に始まっていたと考えられる。逆説的なことに、「シネフィル」や特定のカルト作品のファンが「本物の」映画体験を再現すべく個人で映画を「所有」し、繰り返し鑑賞できる技術的手段の出現自体が、彼らにとって自明であった映画体験の前提（フィルム媒体による、暗闇での集団鑑賞）を自明なものでなくしていったのである。

　その後の四半世紀におけるデジタル映像技術の発展は、観客の細分化を加速させ、観客と映画作品の相互作用を以前よりも複雑なものにした。90年代後半以降は、解像度において地上波テレビと同等な高精度ヴィデオカメラが一般観客の生活の一部になったことにより、観客と作者とを隔てていた距離は以前ほど感じられなくなった。そして、2000年代にハイヴィジョン放送と同じ解像度のHDVフォーマットによる民生用ヴィデオカメラが登場したことで、この過程は更に進行した。現在、ＤＶＤという「ソフトウェア」の中に、それに関する言説と共に閉じ込められた映画にはもはや、複製技術の産物であるにもかかわらずフィルム媒体であるが故に映画が持っていた「遠さ」の感覚はない。そして、ブルー・レイ形式による映画ソフトの登場は、フィルムという「オリジナル」と代替品であるソフト化商品との品質上の差異をほとんど消失させた。

このように、「ソフトウェア」商品カテゴリーとしての「アートハウス」の出現と普及は、映画作品及び映画に関する言説の世俗化と日用品化が、非商業的とされていた作家映画の領域にまで完全に浸透したこと、つまり「高級文化（ハイ・カルチャー）」としての作家映画の相対的な凋落を意味する。にもかかわらず、映画に関する言説や映画作品の一部は、1990年代以前に形成された映画文化のコンテクストを維持すべく機能し、流通している。それらの言説や映画作品は映画文化内部のコンテクストを再編成し、映画文化内部にブルデュー的な「芸術場」を作って特定の作品をそこに囲い込もうとしている。多くの映画作家は、その状況を受け入れることでしか創作を継続できないことを自覚しているように見える。

その一例を挙げよう。1990年代後半に写真家から映画監督に転身したトルコのヌリ・ビルゲ・セイラャンの作品は、現在の映画文化における言説、作品、観客の相互関係の変化を反映すると同時に、そこでの作家映画の位置を意識した作りになっている[20]。

彼は、90年代後半に作家映画が置かれた状況を、自作のエピソードによって雄弁に示している。『五月の雲』（"Mayis sikintisi"、99)では、映画監督の主人公が親族を被写体として民生用ヴィデオカメラで行うテスト撮影と、35mmのプロ用カメラを使って行う映画撮影との間には、その不器用さとスタッフ不足の点におて何の違いもない。『疎外』（"Uzak"、02)の主人公である写真家は既に映画作家になる夢を捨てており、自宅のソファでタルコフスキーの『ストーカー』のヴィデオを見ていても飽きてしまう（2つの映画の主人公は名前こそ違っているが、同じ俳優によって演じられた、セイラャン自身のアルター・エゴである）。セイラャンの諸作品は、彼自身とその親族を中心とするかなり固定したキャストと、最小限のスタッフによって製作されている。日本ならば、一般映画の製作態勢とは認められないであろう。

現代における作家映画の凋落を自伝的な物語内容によって提示する一方で、セイラィンは、自分の映画が作家映画の「古典」の伝統に連なることをも、かなりあからさまに示している。彼のタルコフスキーへの傾倒は、最初の長編劇映画『小さな街』（"Kasaba"、97）から『疎外』に至るまで顕著である。『五月の雲』では、映像と音楽だけでなく編集方法まで『惑星ソラリス』のホームヴィデオのエピソードを想起させるエピソードがあり、ラストショットには、『ノスタルジア』の主題曲であるベルディの『レクイエム』が重ねられている。『疎外』では『ストーカー』以外に『鏡』もテレビモニターに映っており、主人公の書斎では『アンドレイ・ルブリョフ』の音楽が流れている。物語内容はトルコの田舎町やイスタンブールで展開されるインテリの日常生活でしかない。セイラィンの映画の中で流れる音楽は、タルコフスキーからグリーナウェイに至るまでのヨーロッパの映画作家達が使用した、バッハ、モーツァルト、ヘンデル等、所謂「クラシック」音楽である（もっとも、セイラィンは多くの場合、それらの楽曲を「映画音楽」ではなく、主人公の日常生活の一部として、例えば喫茶店のＢＧＭやカーラジオの放送としてサウンドトラックに導入している）。

　セイラィンの諸作品がカンヌを中心とするヨーロッパの映画祭で高く評価され、最終的に欧米の「アートハウス」ＤＶＤ市場にも受け入れられたことは、彼固有のテーマ性（中産階級の疎外感、「愛の不毛」）やスタイル的特徴によるだけでなく、作家映画の伝統への意識的な接続によっても、説明できるだろう。彼の低予算自主製作映画に世界的な作家映画としての価値を与えたのは、映画祭の審査員達をその担い手として含む、ヨーロッパの批評的言説だからである。

＊　＊＊

以上、映画文化に関する私の作業仮説（概念モデル）を念頭において、映画初期から現在に至るまで主要な映画製作国に共通すると思われる映画文化内コンテクストの生成と変遷を素描してみた。映

画に関する言説と映画作品の観客への作用に限ってみても、これまでの映画研究にない興味深い視点が得られたのではないだろうか。本来ならば更に進んで各国の映画文化に関するより実証的な比較研究が望まれるところであろうが、それは本書の範囲を越えている。次章からは、現代ロシアの映画文化を私のモデルに基づいて分析してゆくことにする。その過程で、ここで述べたような映画文化内部的コンテクスト変遷の具体例がふんだんに得られるであろう。

注

[1] Janet Harbord,は、「映画文化」を、映画上映の空間とその場所が担っている文化的役割に結び付けて3つに分類している。彼女によれば、それらは映画史初期以来、美術館、シネマコンプレックス、アートハウスといった異なる空間を中心として発展してきた。これは通常使用されている「文化」の概念からは、かなり外れた定義である。彼女が美学、社会学、哲学といった異なる学問領域の古典的文献を参照し、映画学の刷新を志向しつつも、ヨーロッパとアメリカとの軋轢、シネマコンプレックスの普及、多国籍企業による寡占といった「グローバリゼーション」の具現化である諸現象に関する最近の言説を分析していることは興味深い。Harbord,J.,"Film Cultures",SAGE publications,2004.

[2] 増成隆志は、1993年に国立民族博物館で行われた「映像文化」をテーマとしたシンポジウムの報告において、日本の学術文化がジャーナリズムの強い影響下にあることを指摘した上で、「映像文化」も「ポストモダン」も「そのような文脈の中で乱舞している言葉である」ことに注意すべきだと述べている（増成「『映像の時代』の映像のステイタス」、大森康宏編『二〇世紀における諸民族文化の伝統と変容2　映像文化』、ドメス出版、2000年に所収、41頁）。増成はまた、報告後の討論において、「映像文化」は「日本語としてかなり定着してきて」おり、この言葉からはまず映画が、「少し広げて写真だとか」が連想されるとも述べている（前掲書、157頁）。

[3] ローランド・ロバートソン『グローバリゼーション』、阿部美哉訳、東京大学出版会、1997年、10頁。

4 次の文献を参照。Clifford,J., "The Predicament of Culture", Harvard University Press,1988,pp.230-236.

日本の人類学においても、文化概念の起源に遡り、それが持つ政治的意味合いを明らかにする試みが活発化している。次の諸論文を参照。

関本照夫「文化概念の用法と効果」、米山リサ「文化という罪―「多文化主義」の問題点と人類学的知―」、田村克己「政治のなかの文化―文化政策の背景を考える―」（以上、全て『岩波講座　文化人類学　第一三巻　文化という課題』に所収、岩波書店、1998年）

5 現在の文化の相対主義への関心について、ロバートソンは「一部は、縮小されグローバル化された文化的異質性の現れであることは、疑いえない」と述べているロバートソン、前掲書、86頁。

6 例えば次の論文が挙げられる。藤井仁子「文化する映画―昭和十年代における文化映画の言説分析」、「映像学」第66号、2001年、2－55頁。ただし、藤井の観点も着目点も、本研究とは共通点がない。

7 『映畫文化論』、第一藝文社、1941年、1〜26頁。特に2〜10、20〜22、24〜26頁。

8 前掲書、46〜69頁。

9 同、48〜54、117〜125頁

10 1950年代初頭の日本では、映画の学校教育への活用が盛んに議論され、映画専門誌でも大きく特集された。次の文献を参照。「キネマ旬報」1950年4月上旬号（第79号）、47〜63頁。同特集で、日本映画教育協会の宮永次雄は、（主に米軍が貸与する）16ミリ映写機を用いた「映画教室」運動の現状と将来を報告しているが、その記事名が「映畫文化の浸透―映画教育普及の現状―」となっている（58〜61頁）。

11 Изволов, Н., ФЕНОМЕН КИНО История и теория. 2-й изд., М., "Материк", 2005,ст.11-15.

12 次の論文を参照。ムカジョフスキー「社会的事実としての美的機能、規範および価値」（平井正・千野栄一訳『チェコ構造美学論集』、せりか書房、1975年、105〜225頁）。ムカジョフスキーは、成立年代の異な

るさまざまな美的規範が同一集団の中で併存しつつ競り合っており、それ自体同質的でないさまざまな社会階層の中で（必ずしも支配的階層とは限らない）高級芸術の担い手たる階級だけが、美的規範を革新するとしている（156〜164頁）。彼はこの論文を発表した時点で、６０年代の構造主義者達よりも、その批判的な乗り越えを行ったピエール・ブルデューの社会学にはるかに近い立場にいたように思われる。

13 Harbord,J.,"The Evolution of Film",Polity,Cambridge,2007, pp.14-15.

14 　次の論文を参照。ロラン・バルト「現代における食品摂取の社会心理学のために」（『物語の構造分析』、花輪光訳、みすず書房、1979 年に所収）。

15 ブルデュー『ディスタンクシオン〔社会的判断力批判〕Ⅰ』、石井洋二郎訳、藤原書店、1990 年、82 頁。ブルデューによると、「ハビトゥス」とは「持続性をもち移調が可能な心的諸傾向のシステムであり、（中略）実践と表象の産出・組織の原理として機能する素性をもった構造化された構造」である（ブルデュー『実践感覚　1』、今村仁司・港道隆　訳、みすず書房、1988 年、83 頁）。「芸術作品のいわゆる美的な知覚のしかた（その達成度はもちろんさまざまであろうが）は、特定の性格をもたない知覚のしかたとは異なって、社会的に形成され獲得されたひとつの関与性の原理をそなえている」（『ディスタンクシオン〔社会的判断力批判〕Ⅰ』、77 頁）。

16 2010 年 1 月に開催された、日本文化政策学会第 3 次年次大会における発表「現代映画政策の国際比較から見た日本の問題点」等(同大会予稿集50〜53 頁)。

17 黒澤明による脚本『山小屋の三悪人』を参照（『全集　黒澤明』第二巻、岩波書店、1987 年に所収、253〜254 頁）。

18 『聖山』の日本初公開に関しては、次の文献を参照。『国際映画新聞第 4 巻　第 20〜第 22 号』、ゆまに書房、2005 年、49 頁。

19 　映画スターのオーラに関心を示したのは、一般観客だけではなかった。映画理論家や研究者達は、映画が他の諸芸術と異なる独自性との関連でそれに言及している(早い例では 1920 年代のベラ・バラージュにも見ら

れる。バラージュ『視覚的人間』、佐々木基一・高村宏訳、岩波書店、1986年、187〜199頁）。ルドルフ・アルンハイムにとって、スクリーンに現れるほとんどの顔は「崇高で、美しく、自然の創造物としてでなく、芸術創造としての印象を与える」ものであり、それは高度なメーキャップや照明の技術のお陰だった（アルンハイム『芸術としての映画』、志賀信夫訳、みすず書房、1960年、63頁）。

また、エドガール・モランは、彼が十代だった1930年代に映画スター達が喚起した特別な印象について述懐している（モラン『映画　あるいは想像上の人間〔第2版〕』、渡邉淳訳、法政大学出版局、1983年、2〜3頁）。モランはまた『映画』と同時期に執筆された『スター』の中で、アルンハイムの言葉を繰り返すかのように、スターを「超個性化」してその顔に「マスクの神聖なおごそかさ」を与えるメーキャップや照明、カメラアングル等について述べている(モラン『スター』、渡辺淳・山崎正巳訳、法政大学出版局、1976年、43〜47頁）。

彼らの言説は、ほとんど全てスタジオ・システムによる映画製作を前提したものである。

[20] カニュードの先駆的な活動に関しては、次の文献を参照。グイド・アリスタルコ『映画理論史』、吉村信次郎・松尾朗訳、みすず書房、1962年、63〜68頁。

[21] 板垣鷹穂「映畫の『眼と耳』―發達史的考察の序章―」、「キネマ旬報」1950年4月上旬号（第79号）、24頁

[22] 森岩雄「第八藝術一噺夕」、前掲誌、28頁。

[23] 同上、31頁。

[24] 次の文献を参照。R・スクラー『映画がつくったアメリカ』、鈴木主税訳、平凡社、1980年、369〜370頁。

[25] 1980年代の映画ソフトをめぐる状況は、日本でもその他の主要映画消費国でも、同様であったと思われる。映画ソフトがヴィデオカセットのみであった当時のイギリスとアメリカの状況に関しては次の文献を参照。Stevens, B., From art-house to our house in ”International Film Guide

2008" ed. By Ian Hayden Smith, Wallflower Press, London & New York,pp.74-75.

26　ＤＶＤに代表されるデジタル映像記録媒体の普及が映画文化にもたらした影響に関しては、ジャネット・ハーボードの的確な総括を参照。Harbord, J., "Film Cultures",SAGE Publications, London/Thousand Oaks/New Delhi,2002,pp.155-157.

27 Stevens, B.の記事からは、ヨーロッパ及び北米での「アートハウス」映画ソフトが資料的価値を高めてきた過程が伺える。それはＤＶＤレーベルの差異化戦略でもあったようだ。「アートハウス」映画ソフトの品質を競い合うＤＶＤレーベル間の熾烈なレースは、現在既に国境を越えている（Stevens,B.,op.cit,pp.75-79.）。

　英語圏のレーベルの間には提携関係も見られる。筆者が知っている具体例として、例えばアメリカの Image Entertainment から発売されたエフゲニー・バウエル作品集"Mad Love. The films of Evgeni Bauer"(2003)が挙げられる。このＤＶＤは、イギリスの BFI Video が前年に発売したものと内容的には同じであり、特典としてロシアの映画史家ユーリィ・ツィヴィヤンによる 37 分の英語音声解説が収録されている。

28 本章執筆時に日本未公開であったセイリャンの諸作品は、以下のイギリスロシア、及びアメリカ製ＤＶＤによって分析している。"Nuri Bilge Seilyan: The Early Works", Artificial Eye, ART 297DVD.

«Отчуждение(UZAK)», DVD land,DL-003,2005.

"CLIMET",Zeitgeist Films, Z10990,2007.

第一章 「雪解け」時代の再考

　映画を一つの文化領域として考察する際には、政治的・経済的・社会的環境を含む外的諸要因、個々の作品の製作・配給・興行に関わる産業内部的諸要因、映画全般及び個々の作品の価値や意味を規定する諸言説、及びそれらの価値や意味を受容する観客との、意味論的な相互作用を念頭に置く必要がある（序論を参照）。あれこれの映画文化の形成過程や構造の分析、各地域の映画文化の比較研究には、これら構成要素間の相互作用の、質的・量的変化を追跡せねばなるまい。本格的な映画文化研究には、各種統計や観客の意識を調査し、映画政策の変遷や映画産業内部の構造的・組織的変化も辿らなければならない。それは学際的な研究にならざるを得ないが、最終的には、映画文化を独自の価値体系と意味生成作用を持つ意味論的な場として提示することになろう。

　映画文化の変化が具体的な形で最も早く発現する場所は、生産と消費が—或いは創作と鑑賞が—リアルタイムに行われる場、つまり映画スタジオ或いは製作会社と、映画館である。個々の映画作品にはその変化の兆候が刻印されているが、それを読み解くためには同時代の様々なコンテクストを再構成する必要がある。映画作品はそれら異質なコンテクストの交差点であり、また映画というメディア自体も質的に多様な情報の蓄積と伝達を可能にするヘテロジェニックな特性を持つ。それゆえ、マイヤ・トゥロフスカヤが指摘するように、「最もプリミティヴな映画でさえも、変化する社会・政治的及び心理学的なコンテクストとの相互作用においてのみ発現する潜在的情報を含む、多様な情報の階層を内包した多層的構造」であり、いかに客観的観点を採用しても映画作品の完全な記述は困難なのである[1]。ここでは、当該期間のソ連における映画作品と観客との相互

作用に焦点を当てて歴史的に概観し、他の構成要素に関してはそれに
関わる範囲でのみ、言及したい。

映画政策の転換と映画産業の隆盛

　スターリン独裁の末期に当る 1940 年代後半から 50 年代初頭、ソ連の
映画製作本数は極端に減少した。長編劇映画の年間公開本数は平均
16、51 年には僅か 6 本であり、"戦利品"としてもたらされた外国映画の
公開を考慮しても、観客には選択の余地は僅かしかなかった。
"Малокартинье"と呼ばれるこの時期の、映画政策と映画産業との完全な
融合は、観客の需要を無視したものだった。それは映画人の世代交代を
阻害しただけでなく、国産映画からの観客離れを引き起こしかねなかっ
た [2]。そのため 1952 年には、イデオロギー的な動機からだけでなく、商業
的な観点からも製作本数増大の必要性が語られ始めた。スターリンの死
後この増産計画が本格化すると、それまで検閲のために長期化していた
映画製作過程の短縮が課題となり、各映画スタジオにある程度まで創作
面での自律性が許容されていった [3]。1954 年には入場料の引き下げが
行われ、農村部での興行収入と観客動員は改善された。映画館やそれ
に類した上映施設の増設も課題とされたが、観客の嗜好は当局の意のま
まにはならなかった。計画通りの収益を挙げるために各地域の映画興行
担当部門はレパートリーに「ブルジョワ的」外国映画を含めざるを得ず、50
年代末にはプリント数ではそれらが国産映画を上回ることも稀でなかっ
た [4]。

　「雪解け」による文化全般の相対的な自由化は、ソ連当局がイデオロギ
ー的及び商業的な目的で自ら行った映画政策の転換と、時期的に一致
していた。商業性を考慮するようになったソ連の映画当局は、観客を国産
映画に引き寄せるために政治宣伝や思想教育という公式的枠組みから
映画産業を解放せざるを得なかった。その結果、「雪解け」期のソ連映画
には、他国に見られない特殊な環境がもたらされた。多様な「商業」映画
の製作とそれに伴う検閲プロセスの簡略化により、映画は大衆の支持を

得て娯楽産業として繁栄し始めると同時に、知識人や若い観客からは人生上の問題を探求する芸術として支持を集めたのである。フランスのヌーヴェル・バーグやそれより遅れて登場したアメリカン・ニューシネマが規範化された「古典的」スタイルから脱却して美学的革新を実現できた最大の理由は、既にスタジオ・システムが崩壊しつつある中で作られた低予算映画だったからである。だが同時期のソ連映画は、大スタジオを維持しつつ映画美学上の革新と映画観客の増大とを同時に実現した。

　50年代後半以降に「新しい波」の出現を見た主要映画製作国の映画文化と同様、ソ連の映画文化にも、構成要素間の活発な相互作用により、創作・需要両面での多様性が生じた。そのような相互作用から生じた新しい意味や価値は、政府当局の観点から見れば余剰物又は危険物でしかなかったであろうが、「ポスト冷戦型」映画文化の形成につながる更なる発展には必要であった。

映画作品における「非公式的」諸要素の出現と増大

　国家主導で行われた映画産業の効率化は、1960年代半ばまでに長編劇映画製作本数の顕著な増大をもたらした。産業的内部的にも政治状況の点でも、この頃のソ連映画には、時代の空気に敏感な若者が監督や脚本家としてデビューし、それまでの画一化した表現からの脱却を試みることのできる条件がそろっていた。「雪解け」期を通して映画作品中に「非公式的」な諸要素が目立って増えたのは、そうした環境のお陰である。

　『トラクター運転手達』(39)、『ベルリン陥落』(49)、『エルベ河での出会い』(49)或いは歴史上の偉人の伝記映画といったスターリン独裁時代後期の「社会主義リアリズム」映画は、今日、映画美学的にそれほど興味を引かない。そこに見られるのは、同時代のハリウッド映画とも共通する出来事の見かけ上の自然さに加え、イデオロギーの代弁者・具現者としての登場人物達の平板さ、ドラマツルギー的観点から見た彼らの対立図式の単純さ、多くの場合は観客の目を映像に引き付けるには凡庸過ぎる画面の構図である。同時期のハリウッド映画との比較からは、両者の映像ス

タイル上の類似性が浮かび上がってくる（次頁図2を参照。左はW. ワイラ
ー監督の 1946 年作品『我等の生涯の最良の年』から。右はI. プィリエフ
監督の『トラクター運転手達』から）。G.アレクサンドロフの『エルベ河での
出会い』の映像的な完成度は同時代の最良のハリウッド映画に劣らない
が、エイゼンシュテイン、オーソン・ウェルズやヒッチコックの諸作品のよう
に個性的でも特異でもない（下の図 3 を参照。左の列はセシル・B・デミ
ル監督の 1947 年作品『征服されざる人々』から、右の列は『エルベ河で
の出会い』から、それぞれフル、ウェスト、バスト各サイズのショット）。映画

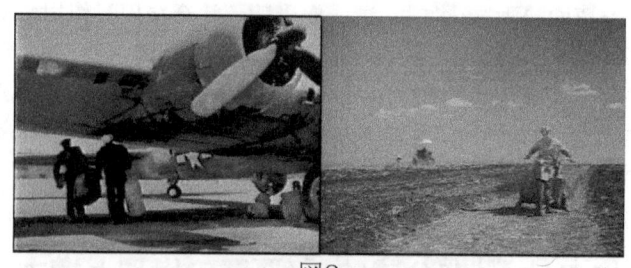

図2

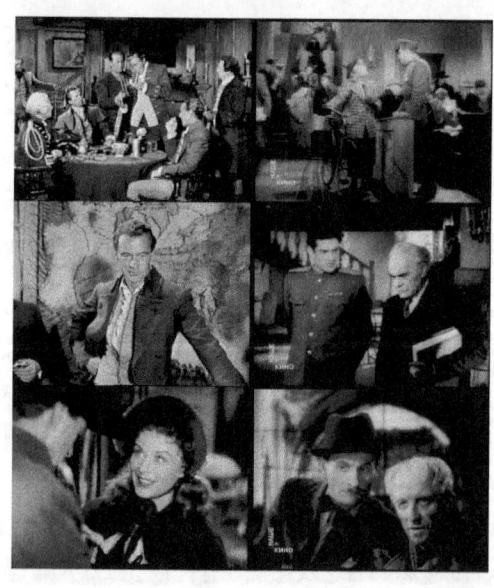

図 3

は、創作家の個性が発現する「芸術」でも非日常的な（祝祭的）時空間でもなく、規範化された「日常生活」、又は公式的に理解された歴史的事実の再現として、観客に示された [5]。「自然さ」を捏造しているがゆえに深く大衆の意識に作用するスターリン時代のスクリーン上の日常生活は、生の現実との対比による支配的イデオロギーの相対化を許容しないほどに堅固だった。だが、「雪解け」時代の代表的な映画作品は、この公式的なスクリーン上の日常を、組織的に無効化した。

　「古典的スタイル」の見かけ上の自然さは、M. カラトーゾフとS. ウルセフスキーの『鶴は翔んでゆく』(57)やA. タルコフスキーの『僕の村は戦場だった』(62)における1920年代アヴァンギャルドへの部分的回帰と「長回し」の技法を用いた移動撮影により、劇的に打ち破られた。前者における「ラクルス」撮影の多用や後者における映像や音への主観性の付与は、登場人物の唯一無二の内的ヴィジョンを提示しただけでなく、一般観客の注意を、作者の個性の発現としての映画表現自体に向かわせたはずである [6]。40年代後半までに規範化された「古典的」叙述スタイルは、年代記的に明瞭な叙事詩的時空間を提示していたが、今やそれらは個人的ヴィジョンの断続的挿入によって分断され、個性化した（下の図4参照。『鶴は翔んでゆく』から、「ラクルス撮影」や主観ヴィジョンを表現するショット）。

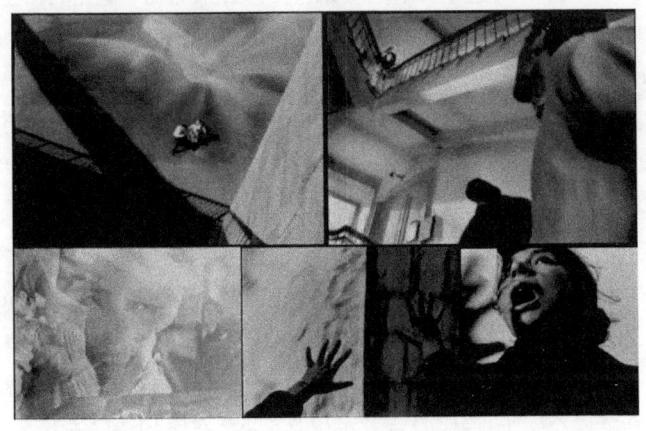

図4

音と音楽、人物から独立した声（オフの声）、映像によって人間の複雑で流動的な内面的生を描くこうした傾向は、他の主要映画製作国の先駆的諸作品——『羅生門』(50)、『スリ』(59)、『二十四時間の情事』(59)、『8 1/2』(63)等——とも共通していた。

スターリン時代の「日常」を支配していた公式主義と官僚主義は、エリダル・リャザーノフの『カーニヴァルの夜』(56)によって嘲笑され、威光を失った。イデオロギーの代弁者としての登場人物はこの映画ではむしろ滑稽で不恰好であり、風刺の対象になっている。当時を生きた知識人の一人が、バフチンのカーニヴァル論に触れながらリャザーノフの映画を想起しているのは偶然ではない[7]。もう一人のコメディ映画監督レオニード・ガイダイは、その作品の徹底した非政治性とサイレント時代のスラップスティック・コメディーを想起させる軽快さにより観客から絶大な支持を受け、ソ連映画産業の「黄金時代」を支えた。彼のナンセンス・コメディは社会問題に一切触れず、非公式的要素に満ちていた。リャザーノフもガイダイも、映画を重苦しいイデオロギーから解き放ち、非政治化されたスクリーン上の映画的「非日常」を観客に提示した。

「雪解け」期にそれまでの公式的な日常の図式に取って代わったのは、カーニヴァルやスラップスティックの非日常性だけではなかった。この時期には、1970年代以降ソ連映画にも継承されることになる、個性的に生きられた同時代の「日常」描写がスクリーン上に展開され始めた。ゲンナジー・シパリコフの脚本による2本の映画、マルレン・フツィーエフ監督の『私は20歳』とゲオルギー・ダネーリヤ監督の『私はモスクワを歩く』(63)には、戦後のイタリアやフランス映画とも呼応する都市生活の詳細かつリアルな描写[8]や、脚本家自身もその一人であった若者特有の抒情性に、楽天的で反権威主義的な精神が融合していた。重要なのは、『私はモスクワを歩く』のような「軽い」青春映画にさえも、映画的手段による時空間の個性化がはっきりと現れていることである。この作品における撮影監督ワジーム・ユーソフの長回しは、もはやアヴァンギャルドへの回帰や撮影術における革新ではなく、同時代の若者が生きていた空気とリズムを伝える

ための有機的手段になっている。それは、オフの声（アイロニーに満ちたナレーションの場合も、歌の場合もある）と共に、若い世代の映画人が観客との共犯関係を結ぶために選んだ表現手段の一つだった。

嗜好の分化と観客層の多様化

　映画作品における硬直した公式的「日常」の無効化と非公式的部分の拡大は、観客がスクリーン上の出来事を以前より身近なものとして、ある場合には「世界への窓」や「人生の教科書」としてさえ受け容れる契機になった。そのことは同時代を生きた知識人も証言しており、当時実施された一般観客に対するアンケート調査からも見て取れる[9]。若者向け映画やコメディを始めとする各種「ジャンル」映画の増産は、元々は当局による映画産業振興の一環であったが、それによって映画人と観客との間に幅広い相互作用の可能性が開かれたのも事実であろう。

　次世代の批評家や映画作家は、常に観客の中から現れる。彼らは映画館で受けた観客としての感動から出発する。60年代後半までに僅か10年余で形成された世界的に見て巨大で安定した映画市場は、次世代の映画人に多彩な映画体験を用意した。同時に、農村から都市への人口流入、大都市における生活水準の向上や市民の消費活動の活発化、西側の文化や生活への関心の増大という社会的要因が、観客と映画作品との相互作用を多様化させた事実も無視できない。映画はそうした観客の新しい関心や欲求を反映した。それは、前述した『私はモスクワを歩く』のエピソードにもはっきりと刻印されている（アルバート街のカフェの主人は朝からレコードで英語を学んでおり、ГУМ（グム、赤の広場に隣接する国営百貨店）のレコード売場には年齢も職業も様々な客が訪れる。市民は夜になるとラテン音楽のコンサートやダンスホールで余暇を過ごす、等）。

　消費生活の活発化は一般に嗜好の細分化を伴うが、「雪解け」以降、映画観客の嗜好も多様化し分化していった。後に述べるように、映画産業はそれに応える多様な映画作品を提供し得た。更に、両者の相互作

用が活性化した理由の一つとして、西欧で「シネフィル」と呼ばれる熱心な映画ファンを含む様々な映画観客が参加しうる言説空間の登場も挙げられる。大衆向け映画雑誌「ソヴィエト・スクリーン"Советский экран"」の隔週定期発行（1957 年以降）や、職場及び学校におけるシネクラブの組織がそれである。映画をそれ自体として愛好する観客層の拡大と、彼らが人気投票によって主体的に参加できる言説空間の登場は、専門家（批評家及び映画学者。ソ連において彼らの受けた専門教育はしばしば同一だった）と観客との関係を、ある程度まで双方向的なものにした [10]。「停滞の時代」が始まるまでには、知識人観客と「作家映画」との間にも同様の双方向的関係が築かれていた。実際、オタール・イオセリアーニの寓話的な現代もの『歌つぐみが生きていた』(70)やタルコフスキーの『惑星ソラリス』(72)は、「作家映画」としては非常に多くの観客を動員した [11]。観客動員数等から判断して、70〜80 年代のソ連には、作家映画への嗜好を持つ観客が少なくとも 200 万人以上いたと推定される。

映画産業の構造的変化と言説の多様化

「停滞の時代」、映画作品に対する検閲は再び強化された。「個人主義的」な映画的表現は統制の対象となり、映画作家の多くが古典文学の映画化やコメディという安全領域で創作した [12]。一方、70 年代に入ってテレビが普及し徐々に映画観客が減少し始めると、当局はまたしても商業的観点から産業振興策を採った。映画省に当たる国家映画委員会（略称 ГОСКИНО、ゴスキノ）は、72 年に議長に就任したフィリップ・エルマシの下で、冒険映画やコメディ、メロドラマ、大掛かりな災害映画等「ジャンル映画」製作を推進した。それらの収益が作家映画の赤字分を相殺し、全体として採算の取れる産業構造が確立された [13]。この状況は、前任者アレクセイ・ロマーノフよりも映画に対する理解が深かったエルマシの裁量と合わせて、「難解な」作家映画の製作や公開すら可能にした。タルコフスキーやキラ・ムラートワが寡作ながら創作活動を続け、ラリーサ・シェピチコやワジーム・アブドラシートフ、セルゲイ・ソロヴィヨフらが非公式的部分

を潜在的に含む諸作品を創作できたのもそのためである。だが、あからさまに「個人主義な」表現はともかく、個々の映画作品に非公式的な諸要素を許容するような映画産業内部の構造的変化や言説の変化は、60年代半ばまでには既に生じていた。

　「雪解け」以降、「モスフィルム」や「レンフィルム」、「ゴーリキー映画スタジオ」といった大規模、中規模の映画スタジオ内部では、幾つもの「創作班（художественные объединения）」が、それぞれジャンルやテーマ的な差別化を伴う製作を並行して行い、映画作品の多様性を保つ役割を果たしていた。また、10年間の準備期間をへて1965年に創設された同業者組合「全ソ映画人同盟」は、国家映画委員会と映画人との緩衝地帯としての役割を果たしたが、それは映画に関する言説にも影響を与えた。前出の「ソヴィエト・スクリーン」及び1931年創刊の「映画芸術」誌は、これ以降、映画人同盟が国家映画委員会と共同で刊行する形になった[14]。後者には、70年代から80年代前半にかけて創作家のインタヴューや映画学者による映画批評、海外の映画理論の紹介等が掲載され、「作家映画」を中心とする言説を豊かにした。この雑誌自体は非公式的なものではないが、そこに掲載される専門家の言説の多くは形式的に政治的文脈に触れるだけであり、西欧の映画学の影響や同時代の創作家が直面した映画美学上、ドラマツルギー上の諸問題も論じられた[15]。政治より映画そのものへの関心が重視されているという意味では、1980年代前半に現れたアマチュア映画作家たちの「非公式」的な同人誌と、基本的にそれほど違いはない。

冷戦終結に先んじた映画文化の変容

　「雪解け」時代以降のソ連では、映画文化の構成要素のそれぞれが内部に「公式的」部分と「非公式的」部分とをもち、両者が対立しながらも影響を与え合って並存していた。後者は70年代末から80年代前半にかけて、観客と映画作品との創造的な相互作用を可能にした。それは、映

画マニアによる自主上映・自主製作や、職業的映画人のサークルによる「棚上げ」映画の秘密上映会、教育機関や映画スタジオ内での半合法的な実験映画製作、更には35mmフィルムによる全く非合法的な個人映画製作といった形で顕在化した[16]。映画の作り手と観客が主導した、この「非公式」的部分の拡大は、映画文化の構成要素間の相互作用を水面下で更に多様化させ、活発化させた。

　興味深いのは、このような活発な相互作用のための環境を、「雪解け」期のソ連国家当局が、意図せずして準備したという事実である。当時の映画政策自体は勿論、強い統制的性格も持っていた。だが、映画文化は、当局の思惑を外れて多様な価値と意味を内包し、それらを創出するものへと変容していた。それは観客、創作者、批評家が、映画政策や映画産業と同等かそれ以上に大きな役割を演じることのできる意味論的な場の形成だった。「雪解け」期から「停滞の時代」にかけて形成されたその映画文化のあり方は、検閲を始めとする映画政策の統制的側面を除けば、既にポスト冷戦時代の西欧型であったと言える。実際、両者の大きな構造的差異は、映画政策の重点が「統制」にあるか「助成」にあるか、それが他の構成要素を「被っている」か「下支えしている」かだけである（図5の概念図を参照）。

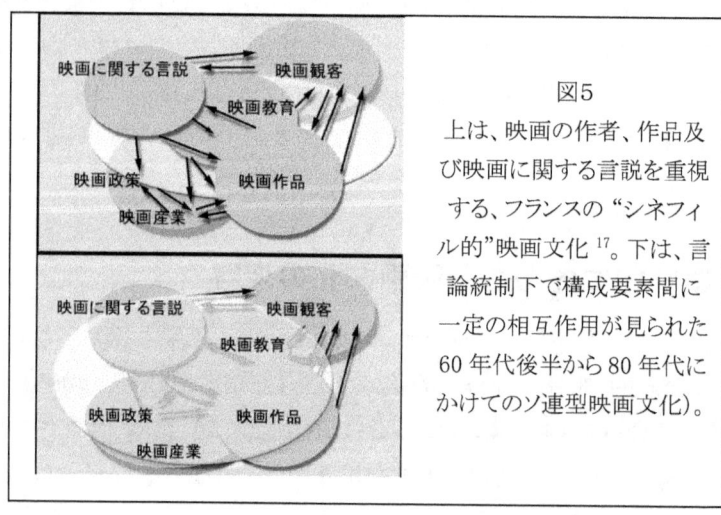

図5
上は、映画の作者、作品及び映画に関する言説を重視する、フランスの"シネフィル的"映画文化[17]。下は、言論統制下で構成要素間に一定の相互作用が見られた60年代後半から80年代にかけてのソ連型映画文化）。

1990 年代の経済危機を経て映画政策が「助成」の方向を鮮明にした時、若い世代のロシア人映画作家達が西欧の映画祭で注目されたのは、偶然ではない。いずれの映画文化も、冷戦終結以前から、映画が娯楽としてだけでなく独自の美学的可能性をもつ芸術としても享受され、嗜好も映画への感受性も多様な観客の中から次世代の映画人が現れるために不可欠な条件を備えていたからである。かつてヴェーバーが述べたように、文化が「実在のうち、価値理念への関係づけによってわれわれに意義あるものとなる、その構成部分」のみを包摂する[18]ものであるとすれば、「雪解け」以降のソ連における映画は、狭い専門家集団や文化官僚に限定されず、映画作品と一般観客との関係において文化であった。そうした映画文化のあり方は、数百から数千万人の観客によって映画自体に結び付けられた非功利主義的な価値と意味に多くを負っていたと言えよう[19]。

注

[1] См.:Туровская,М., Фильмы"холодной войны"как документ эмоции времени--в кн. «История страны/
История кино»,Знак, М.,С.203.

[2] 見世物性の強い『ターザン』シリーズのような「戦利品」映画は、スターリンを称える国産映画よりも観客受けが良かった。См.: Кудрявцев,С., «Свое кино», Дубль-Д,М.,1998,С.410.

[3] См.:Зезина,М.,Кинопрокат и массовый эритель в годы «оттепели»--в кн. «История страны/История кино»,Знак, М.,С.390-392.

[4] Там же.С.401-404.　資本主義国製の映画公開は、党中央委員会と文化省との衝突の原因となった。前者は、プリント数の多い「ブルジョワ的生活様式」を美化した外国映画として、『ローマの休日』(53)等を挙げていた。

[5] Т.ダシコワは、1930～50 年代のソ連映画に描かれた「日常生活」が如何にイデオロギー的な「規範」に従っていたかを映画的テクストの文化社会学

的・記号学分析により明らかにしている。См.:Дашкова,Т,Любовь и быт в кинофильмах 1930- начала 1950-х годов--в кн. «История страны/История кино»,Знак,М.,С.218-235.

6 『鶴は翔んでゆく』は 2830 万人、『僕の村は戦場だった』は 1670 万人の観客を動員した。См.:Кудрявцев,С., «Свое кино», Дубль-Д,М.,1998,С.74,426.

7 См.:Волобуев,О.,После XX съезда: «Карнавальная ночь» --в кн. «История страны/История кино»,Знак, М.,С.236.

8 戦後のフランスやイタリアで出現した現実主義的な映画（「シネマ・ヴェリテ」、ネオ・レアリスモ））は、50 年代後半にモスクワの映画観客にも公開された。See; Beumers, B. "A History of Russian Cinema", Oxford-New York, 2009, p.116.

9 マリヤ・ゼージナは複数の社会学的調査や映画誌によるアンケートの結果を引きながら、映画から人生や世界を学ぼうとする観客の姿勢に、当時のソ連社会における行動規範が影響していたと論じている。彼女はまた、同一作品に対して観客側から正反対の評価が生じた原因として、映画批評の影響や年齢、高等教育の有無等を挙げている。それらの事例もまた、映画が当時ソ連の一般観客にとって単なる娯楽であっただけでなく、個人的な人生観と公式的な社会規範との関係を考え直す契機となっていた事を示している。См.: Зезина,М., Кинопрокат и массовый эритель в годы «оттепели»--в кн. «История страны/История кино»,Знак, М.,С.408-412.

10 タチヤーナ・ディモーニは 1964 年のアレクセイ・サルティコフ監督作品『議長』を分析した興味深い論文の中で、この映画が「ソヴィエト・スクリーン」誌の読者アンケートで 65 年度最良の映画に選ばれた事実と、同誌 65 年 1 月号巻頭に掲載された映画学者セミョーン・フレイリフの映画評とに言及している。См.: Димони, Т.,«Председатель»:судбы послевоенной деревни в кинокартине первой половины 1960-х годов--в кн. «История страны/История кино»,Знак, М.,С.282,291.

映画俳優の写真入り葉書まで発行したという大衆向け映画誌に、諸芸術史研究所の研究員であった映画学者の批評が掲載される言説環境は、

それだけでもかなり特異だと言えよう。「ソヴィエト・スクリーン」誌の発行部数は 1984 年には 190 万部に達した。См.:«КИНО Энциклопедический словарь»,Советская энциклопедия,М.,1987,С.394.

[11] アンドレイ・プラーホフによると、60 年代後半から作家映画を観ることが一種のモードになり、国産映画に限らず『8 1/2』のような外国映画でもそうだったという。彼によれば、イオセリアーニ監督『歌つぐみが生きていた』がソ連全体で 320 本のプリントによって公開され、260 万人の観客を動員した。See;Plakhov, A., "IKO SHASHVI MGALOBELI/ LIVED ONCE A SONG-THRUSH" in "The Cinema of Russia and The Former Soviet Union" ed. by Birgit Beumers, Wallflower Press:London,2007,pp.151-152.

また、セルゲイ・クドリャフツェフによると、タルコフスキーの『惑星ソラリス』(72)は 593 本のプリントで 1050 万人、『鏡』(74)は僅か 84 本のプリントで 220 万人の観客を、それぞれ動員した。См.:Кудрявцев,С.,«Свое Кино», Дубль-Д,М.,1998,С.72,С.176.

これらは「作家映画」の観客動員数としては極めて多い（現在日本では数万人の動員でも「ヒット」とされる）。

[12] See; Beumers, B., Op.cit.,p.160,164.

[13] これに関連して、エルマシ自身が生前のインタヴューで次のように語っている。「年に 10〜15 本の優れた作品があれば、映画は繁栄する。それだけのことだ。天才的な作品ばかりということはありえない」。См.:«Новейшая История Отечественного Кино, Часть 2. КИНО И КОНТЕКСТ том 6. 1992-1996», СЕАНС,СПб.,2004,С.41.

[14] См.: «КИНО Энциклопедический словарь»,Советская энциклопедия,1987,М.,С.404.

[15] 大衆読者向けの「ソヴィエト・スクリーン」誌上の言説に関しては十分に調査できなかったが、ペレストロイカ時代に若手批評家M．レヴィーチンが編集長を説得してオデッサの大衆向け映画祭における民主主義化へのアピールを全文掲載させた事実が知られている。この雑誌も映画文化の発展過程で単なる映画産業振興の道具ではなくなっていったのであろ

うと思われる。См.:Сулькин, О.,И другие долгие дела—в ки
«Молодые pro кино», Эльф ИПР,М.,2008,С.8-10.

[16] ペレストロイカ以前の非合法的 35mm 映画製作の例は、セルゲイ・セリ
ヤノフ監督の『名の日』("День ангела") とニキータ・ミハルコフ監
督の個人的ドキュメンタリー『6歳から 18歳までのアンナ』("Анна.От
6 до 18")の２本だけである。前者は 1980 年に撮影・編集され、88 年に
「レンフィルム」スタジオで完成された。後者は 80 年代初頭から毎年一
日ずつ撮影され、93 年になってようやくフランスとの合作として完成し
た。

[17] フランスの "シネフィル" 的映画文化における批評的言説と創作の相互
関係についてはブルデューが『芸術の規則』の中で、「純粋」小説を産出
し得る（批評家と作家の境界線が廃棄される傾向にあるような）「場」と
の類似を指摘している（ブルデュー『芸術の規則　Ⅱ』、石井洋二郎訳、
藤原書店、1996 年、102〜103、267 頁）。

[18] ヴェーバー「社会科学と社会政策にかかわる認識の『客観性』」、富永祐
治・立野保男訳、折原浩補訳、岩波文庫、1998 年、83 頁。

[19] 現代ロシアを代表する映画プロデューサーでもあるセリヤノフは、2009
年 6 月に私とのインタヴューの中で、13 歳の時(1968 年)に地元の地方都市
で観たチャップリンの映画が彼を映画の道に進ませ、その後はタルコフス
キーの諸作品が大いに彼の創作に影響を与えたと語った。本書第四章を参
照。

第二章
現代ロシアの映画文化①ペレストロイカ時代

概況

　現代の映画文化は、各地域や国家に自閉しているわけではない。その境界は見る者の視点によってかなりの幅を持ち、隣接する諸国家との境界である国境とは一致しない。現代ロシア映画の場合でも同じである。例えば、1980年代後半から90年代前半にかけて現れたカザフスタン映画の「ニュー・ウェーヴ」は、全ソ国立映画大学 (ВГИК)で教鞭を取っていたセルゲイ・ソロヴィヨフ監督がカザフ映画再生のために同共和国で学生を募った実験的なクラスに端を発している。ソロヴィヨフはこの間、現地で『白い鳩』（86)を監督し、後に「カザフ・ニュー・ウェーヴ」として国際映画祭で注目される若手監督達を育てた[1]。また、CIS諸国においては現在でもロシア製の映画が公開・テレビ放映されているばかりか、事実上の公用語であるロシア語による合作映画製作も少なくない。現在のロシア映画を取り巻く状況は、日本人の多くが今なお抱いているソ連時代のイメージ、特に各民族共和国のスタジオが本格的活動を始めておらず、スターリン主義によって映画を含む文化全般が画一化され、外部からの影響関係が極少化されていた1930〜50年代前半とは、全く対照的である。

　ソ連時代にも、映画官僚や研究者や一部の映画作家達には、西側で作られた様々な映画に接する機会があった。一般観客もアメリカを含む西側の映画に触れる機会は皆無ではなく、第二次大戦終結直後には国内映画産業が復興するまでの間、アメリカ製娯楽映画が上映されていたこともある。スターリン死後の「雪どけ」以降は、フラ

ンスのコメディ映画や黒澤明作品やインド、エジプト、メキシコの
娯楽映画にさえ接する機会があった。その影響は「作家の映画」ばかり
りでなく、コメディやメロドラマなどの大衆向け娯楽映画にも見られ
れる。1970年代には党による検閲が再び強まる一方で、国内で大
ヒットする「ジャンル映画」も少なからず現れた[2]。映画政策が映画
産業をほぼ全面的に規定していたとは言え、冷戦時代に西側諸国で
考えられていたほどにプロパガンダと芸術映画に偏っていたわけで
はない。

　ソ連時代を通じて一般観客の外国映画、特に西側の作品に対する
関心は大きく、外国映画の興行が映画産業の危機を救ったことさえ
何度かあった。テレビの普及により観客の映画鑑賞回数が減少傾向
を見せ始めた70年代からは、映画政策において商業映画の製作が
重視された[3]。一般観客の中にあった西側諸国の生活への関心は、
国産映画の中心的なテーマにはなり得なかったが、大衆向け映画作
品の中では様々な形で反映されていた。ソ連の選手が西欧のラリー
に参加したり、諜報員が西欧の保養地でネオ・ナチ的な集団の陰謀
を暴いたりといった非日常的な設定の作品から、一般市民の日常生
活を描いた作品に至るまで、西側の文化や生活への広範な関心を見
て取ることができる[4]。また、西側の作家映画、大衆文化及びサブ
カルチャーの影響は、ペレストロイカ直前の1980年代前半には、
個人製作のアンダーグラウンド映画や実験的なドキュメンタリー映
画の中にも見られた。ペレストロイカ以降の90年代前半、西側の
映画文化の影響は顕著になり、若い世代の批評家達はジャンル映画
とポストモダニズム的な作家映画を擁護した。その一方で、1920
年代以来のソ連で公式的・非公式的に映画芸術の主流と見なされて
いたモダニズムの系統に属するアレクサンドル・ソクーロフのよう
な作家に対する評価は、賛否両論に分かれた。

興味深いことに、80年代半ばまでにソ連の映画製作者の間で西側の映画文化や非公式的な文化思想が普及していた背景には、一部の教育機関や国営スタジオにおける、「脱落者」の講義や、「非公式な」創作活動への協力があった。つまり、それら公的な機関は、必ずしも国家が押し付けた方針を忠実に実行していたわけではない。教師やスタジオ所長の中には、未来の映画作家に独自の人文的教養を授けたり、危険を冒して才能ある映画作家に自由な創作を許したり、彼らの作品を保管した人々がいた[5]。公的組織の中で活動する映画人のハビトゥスと、公式的な諸制度との間には乖離があった。次世代を担うことになる若い映画人達は、それらの機関に所属することで古典的な人文教育を受けたり、職業的な訓練を積んだりしながら、多少なりとも権威ある教師の支持を当てにしたり、自分の作家としての個性を伸ばして非公式的な創作活動をすることも不可能ではなかった（勿論、当局に露見すれば映画人としてのキャリアを失うという、相応のリスクがあった）。

　現代ロシア映画を考える上で、帝政ロシア時代からソ連時代、そして現在に至るまで様々な形で映画に影響を与え続けてきた民族文化の諸特徴を無視するわけにはいかない。また、民族固有の文化的伝統は、映画作品だけでなく、研究論文や批評やレヴューなど映画に関する言説にも影響を与えている。現代ロシアの映画学や映画批評に、大衆文化を含む民族的伝統がどう反映され、映画作品や観客に対してどのような影響を与えてきたかという問題はこれまで取り上げられることが少なかったが、ペレストロイカ以降のロシア映画の多様性と近年の芸術的な成果、及び観客の嗜好の変化を理解する上で無視できないように思われる。この点で興味深いのは、ソ連時代を通じて一般大衆の嗜好が映画学者や批評家のそれとは全く乖離していたという、ネーヤ・ゾールカヤの指摘である[6]。また、帝政

ロシア時代から現代に至るまで、映画作品や映画に関する言説において間歇的に現れる宗教的或いは宗教哲学的な要素にも、注目すべきであろう。

　以上の概観からも分かるように、現代ロシアの映画文化の変遷は、国営映画産業の衰退とその資本主義的な再編という経済学的な枠組や、社会関係に基づく技術や価値観の伝承或いは変化といった社会学図式の中でのみ理解することはできず、映画学者や映画批評家のような専門家が作り出す言説空間におけるモードの交替に基づいて記述するわけにもいかない。必要なのは、余りにも自明でありながら、映画の「本質」とは無関係だとして映画学で取り上げられることの少なかった、各地域における映画文化の特殊性という事実に目を向け、その構成要素の役割や機能を明らかにし、それらの相互影響関係と全体の発展過程を分析する作業であろう。

　その際に注意すべきことは、こうした映画文化の地域的なあり方が、今後、様々な諸要因によって急速に変容し得るということである。冷戦終結後の経済のグローバリゼーションは、ロシアの様々な文化領域に影響を及ぼし始めている。旧ソ連地域におけるシネマコンプレックスや高速インターネットの普及は、ロシア、特にモスクワやペテルブルグで 2000 年代に進行した。ソ連時代には非合法的手段でしか入手できなかった外国の文化的生産物は、今や一般市民でも容易に購入できるようになっている。また、インターネット技術の進歩は、内外の稀少なソフトの通信販売やテレビ放映済み作品の「アーカイヴ」化によって鑑賞機会の増加をもたらしただけでなく、ファイル交換ソフトによる違法ダウンロード等の方法による、鑑賞の機会が極めて少なかった作品の流通すら可能にしている。

こうした情報の流通は文化的生産物としての映画に対する市民の需要に根ざしたものであり、文化政策上の方針や映画製作者達の意図を越えて、所謂「ポストモダニズム」的な文化状況をもたらしている。この状況にあっては、国家による映画政策の如何に関わらず、映画文化の担い手の中でマスメディアを情報発信元として利用できる人々が「ロシア映画の独自性」を強調したり、逆に「ハリウッド・スタンダード」を理想化したりすることにより、映画に関する公式的言説の総体にバイアスをかける可能性がある（「愛国的」映画の賞賛や、2000年代の「ブロックバスター」概念の濫用を、その徴候と見なすこともできよう）。その一方で、最近の新たな傾向として無視できないのは一般市民や映画製作者・配給業者によるインターネットの創造的活用である。この傾向が今後も進めば、製作者、批評家、観客が、従来とは異なった相互関係に置かれることもあり得る[7]。

　映画文化をめぐるこうした変化は、ソ連時代に活動を始めた映画人達の映画界からの退場と並行して起きている。世代交代と社会の急速な変化との相乗効果が、様々な形で映画に関わる人々のハビトゥスを、1990年代までとは本質的に異なったものにしてしまう可能性、つまり文化史的な断絶の可能性さえ、否定できない。そうなれば、ロシア内外の研究者達は、僅か20年前の映画文化の理解に困難を覚えるようになるであろう。ブルデューが言うように、「ハビトゥスが同じひとつの歴史の—より正確には、ハビトゥスと構造とに客観化された同じひとつの歴史の—体内化である限りにおいて、またその限りでのみ、ハビトゥスの産み出す実践は相互に理解可能で、（……）主観的意図と、個人的、集合的とを問わず意識的な投企とを超越した客観的意味、統一的でも体系的でもある意味を備え

ることになる」[8]とすれば、歴史的断絶は過去の映画文化の体系的理解を困難にするはずだからである（この問題は 1990 年代以降を考察する際に、詳しく考察しなければならない）。

映画政策と映画産業① 「停滞の時代」末期

ペレストロイカ以前、映画産業の構造は全面的に国家の映画政策によって規定されていた。そのため、映画産業内部において非公式的な部分（インディペンデント、アンダーグラウンド）の存在する余地はほとんどなかった（16mm によるアマチュア映画製作と、80 年代初頭にようやく生まれた「アンダーグラウンド」映画に関しては別項で述べる）。1970 年代は、レオニード・ブレジネフ政権の下で米ソの緊張緩和（デタント)が実現する一方、国内経済の停滞、特に地方や農村部におけるそれが顕著になっていた時代である。「停滞の時代（времена застоя）」と呼ばれるこの時期、ソ連映画もある面においては袋小路に陥っていった。だがこの過程は、計画経済に基づく国営映画産業の破綻や、官僚主義の弊害と社会主義リアリズムの美学的行き詰まりによる創造的ポテンシャルの低下などという単純な図式では説明できない複雑さを持っている。

ソ連の映画政策にはしばしば、映画産業と映画技術の発展を可能にしたある種の柔軟さが見られた。1920 年代後半には『戦艦ポチョムキン』（25)が、30 年代には『チャパーエフ』（34)がモデル的な作品とされた一方で、大衆受けするコメディや音楽映画の製作も続けられていた。だが、自国技術による映画のトーキー化やカラーフィルムの開発を成功させた 1930 年代前半でさえ、計画経済的な発想によってハリウッドと肩を並べることは不可能だった。だが、スターリン時代末期に映画製作の実情に疎い官僚がスターリンにおもねり、結果的に製作本数が極端に落ち込んだ事実は、ソ連時代の映画政策と映画産業を全体として振り返って見た場合には、決して典型的な状況ではない[9]。実際に、1950 年代末以降のソ連の映画産

業は、コメディや音楽映画、青春映画、歴史映画、ファンタジー映画といった、大衆受けするジャンル映画の増加によって徐々に発展した。

　その後、ペレストロイカが本格化し始める 1980 年代後半まで、ソ連では 1000〜4000 万人以上の観客動員数を記録するヒット作は珍しくなかった。映画のチケットは極めて廉価であり、映画上映は全国に 15 万以上あったとされる映画館だけでなく文化会館その他でも行われ、一般市民の映画鑑賞回数は平均して年十数回にも及んでいた [10]。テレビの普及や 70 年代末頃から始まったと思われる外国映画の海賊ヴィデオの流通は映画館での売り上げに影響したが、映画館の数は依然として非常に多かった [11]。映画製作技術の継承と人材育成の場としてのスタジオ・システムは、正常に機能していた。テレビ放映用の映画も製作されたが、それらはレンフィルムやオデッサ映画スタジオといった映画スタジオ内で劇場公開用映画と同じ 35mm フィルムを使用して製作された。別項で詳述するが、スタジオ内での作品の多様性の確保も体系的に行われていた。だが、ソ連時代の映画政策を、映画産業の安定要因としてではなく映画文化の構成要素として捉えた場合、それが公式的に許容した表現や言説の領域が、時期によってかなり異なっていたことも確かである。

　50 年代後半から 60 年代前半まで一定の表現の自由が許容される中で、ソヴィエト映画は世界的に評価される傑作を次々に生み出していた。それは、映画における個人の比重が以前よりも高まり、政治体制を超えた普遍性を持ったドラマが多くなったことと、20 年代を髣髴とさせる前衛的表現や西欧映画の影響によるドキュメンタリータッチの撮影が受け入れられ、映画的表現自体に広がりが出たことによる。しかし、ニキータ・フルシチョフの失脚とブレジネフの権力掌握によって「雪解け」が終わりを告げると、物語内容の点でも映画表現の点でも、国家による規制が厳しくなってゆく。党が要求した「輝かしい未来」や「肯定的主人公（положительный

герой）」の提示は、60年代組（шестидесятники）が開拓してき
た複雑で現実的な人間描写からはかけ離れたものだった。「寓話的
（イソップ的な）」と言われる間接的な表現が発達し、映画作家と
観客との間に一種の黙契ができたが、中には亡命を強いられたり投
獄されたりする作家もいた

　「停滞の時代」に実際の映画政策を決定、実行していたのは、ソ連
邦国家映画委員会（ゴスキノ）である。ゴスキノは1963年の設立
以来、個々の映画作品の製作決定、完成までの各段階における検閲、
作品公開の可否の決定、そのランク付けとプリント本数の決定等を
行ない、ソ連の映画産業全体を統制していた。また、「映画芸術」や
「ソヴィエト・スクリーン」のような映画雑誌を全ソ映画人同盟（映
画人の職能組合、別項で詳述）と共同で刊行し、各種映画教育機関
や研究機関も管轄していた。まだ「雪どけ」時代であったにもかかわ
らず、初代議長アレクセイ・ロマーノフは、最大で年間10本もの
映画作品を公開禁止（所謂「棚上げ」）にした。彼は当局の意見に忠
実で、「芸術としての映画には心から無関心で、敵意を抱いてさえ
いた」[12]。

　1970年代には、ゴスキノの映画政策が映画文化の発展をそれほ
ど阻害せず、映画産業の安定的発展を可能にさえした。これは
1972年から86年まで二代目のゴスキノ議長であった、フィリッ
プ・エルマシの施策による所が大きい。彼は、映画観客数が減少に
転じたことを踏まえ、ハリウッドに対抗できる「商業的な」映画の製
作を目指した。彼自身、アメリカ製娯楽映画を評価しており、多く
の作品が彼の時代に「棚上げ」されたにもかかわらず、一部の前衛的
な作家映画の製作・公開を許可した。キルギスやグルジア、ラトヴ
ィアなど各民族共和国のスタジオで特色ある映画が製作できたのは、
大衆向け娯楽映画の製作と輸入によって映画産業が全体としてうま
く機能していたからである。現在でもエルマシのプロデューサー的

な資質は、総じて肯定的に評価されている [13]。映画政策のあり方は、彼の時代にある程度、改革されていたと言える。

　エルマシが製作を推奨した「商業的な」映画とは、ジャンル映画のことだった。この方針は、彼自身が映画製作への理解が深かったことも与って、かなりの成果をもたらした。ソ連解体を経て 2000 年代に至るまで一般観客に支持されたジャンル映画は、80 年代を迎えるまでに代表的な作品がほぼ出揃っている。国内で大ヒットしただけでなくアカデミー賞外国語映画賞も受賞したウラジーミル・メンショフ監督の『モスクワは涙を信じない』（79）を始め、スタニスラフ・ゴヴォルーヒンのテレビシリーズ『待ち合わせ場所、変えるべからず』、イーゴリ・マスレンニコフによる「シャーロック・ホームズ」の連作（テレビ放映用映画）、エリダル・リャザーノフの一連のメロドラマ等である。70 年代のテレビ放映用映画の中には現在に至るまで大衆的な人気を誇るものがあるが、同時代の劇場公開用映画でもジャンル映画の優勢は明らかである。それに対し「作家映画」（現在は、欧米に倣ってアートハウス映画と呼ばれている）は、それが流行していた 60 年代後半から 70 年代前半でも、せいぜい数百万人の観客動員しかなかった [14]。だが、ジャンル映画の大衆的な人気は、70 年代以前に開花していた作家映画の発展を完全に妨げることはなかった。

　欧米の研究者は指摘することが少ないが、ソ連時代の検閲による映画統制には、映画文化にとってプラスの面も存在した。作品のディテールに暗喩的な意味を込めたり映像と音の構成を複雑化させて物語内容を多義的に読解させたりする「寓話的」映画表現は、映画作家、批評家、観客がそれを映画鑑賞の前提とし続けることによって、映画文化全体の水準を高度に保つ役割を果たした [15]。暗示や寓話的表現の一般化は、作品の創作と読解に際して意味論的な濃縮と

流動性をもたらし、3つの構成要素間に創造的な影響関係を生じやすくさせるからである。

　映画政策内部の非公式的要因は、ゴスキノ議長エルマシの「商業的」映画の製作奨励や一部の作家擁護のような、映画文化にとって肯定的なものだけではなかった。セルゲイ・ボンダルチュク、ユーリィ・オーゼロフ、スタニスラフ・ロストツキーといった監督達は、党との繋がりが強く映画界で特権を享受し、政治的な力さえも持っていた [16]。アンドレイ・タルコフスキーやセルゲイ・パラジャーノフに代表される、特異な芸術的個性と才能を持つ映画作家は、官僚による抑圧よりもむしろ同業者の嫉妬によって被害を受けていたとも言われる。

　映画政策における非公式的な部分は、ソ連に15あった民族共和国の国家映画委員会が採用した方針の差異としても現れた。各民族共和国の国家映画委員会は　例えば、保守的なウクライナ・ソヴィエト社会主義共和国のゴスキノは、ロシア・ソヴィエト連邦社会主義共和国で上映が許可されていたタルコフスキーの『鏡』（74)やオタール・イオセリアーニの『田園詩』（75)の上映を許可しなかった。また、ラトヴィア・ソヴィエト社会主義共和国のゴスキノは比較的リベラルであり、首都リガではタルコフスキーの諸作品も普通に劇場にかかっていた。こうした差異は、民族性の違いよりも各共和国のゴスキノ議長の個性によって生じたと思われる [17]。

　1970年代以降、映画産業の維持発展のためにジャンル映画が重視されたことによって、ペレストロイカ時代以降の市場経済への適応は、ある程度まで準備されていたと見なすことができる。だが、障害が無かったわけではない。80年代前半やペレストロイカ時代にもジャンル映画のヒット作は生まれたが、後に述べるように、そ

の多くは当時の変転する社会情勢を反映し、構成も複雑になっている。70年代後半のジャンル映画が、全体としては現実の社会問題を避け、共産党によって神話化された過去のイメージや物語世界の制約性（условность）に依存していたのに対し、「停滞の時代」末期の80年代前半には、そうした姿勢を貫くには問題が深刻化し過ぎていたと考えられる [18]。

映画教育

　映画文化の構成要素として、映画教育を映画政策とは別個の構成要素として挙げたのは、一般的に言って国家による映画教育の完全な支配は、映画文化の存続条件としては考えられないからである。教育や創作の現場には、若い人材を常に受け入れつつ時代の要請にこたえる必要があることから不確定要因が多く、芸術的課題や技術的な問題の解決は、多くの場合、教師や実作者の直観や経験に依存している。更にもう一つの理由として、「雪どけ」以降に創設された幾つかの団体や機関が、「停滞の時代」においても相対的な自主独立性を保っていたことを指摘できる。

　例えば、1964年にモスクワで設立された2年制の高等脚本家・監督コース（ВКСР)では、他の大学で教えることが許されなかった人文学者や映画人が教鞭を取ることができた。グルジア生まれの哲学者メラブ・ママルダシヴィリ、粛清された詩人の息子で歴史学者レフ・グミリョーフ、ВГИКで教鞭を取れなかったアンドレイ・タルコフスキー等である。彼らの講義はいずれも、学生達によって熱心に聴講された。他でもないこの学校で、ペレストロイカ時代に注目された若い映画作家達（ウラジーミル・ホチネンコ、コンスタンチン・ロプシャンスキー、アレクサンドル・カイダノフスキー、イワン・ディホヴィチヌィ、ユーリィ・マミン）は学んでいたのである。ВКСРは、既に別の分野で大学レヴェルの専門教育を受け、なおかつ映画に関する一定以上の教養と才能を有する35歳までの

人間のみを受け入れていた。同じモスクワのВГИКにおけるアカデミックな教育とは違い、自由な人文教育と高度な専門技能とを同時に教えていた [19]。ВКСРが、2年制でありながら高度な職業教育を行ってきたことは、現在その卒業生の多くがロシア映画界で創作者・教育者として活躍している事実だけでなく、卒業製作のレヴェルの高さからも推察できる。例えば、タルコフスキーの『ストーカー』（80)で主人公を演じた俳優カイダノフスキーは、監督に転身するためにВКСРに学び、卒業製作としてレフ・トルストイの中編小説「イワン・イリイチの死」を脚色し、64分の長編映画『単純な死』（85)として監督している。この作品は、指導教官がВГИКでも教鞭を取っていたセルゲイ・ソロヴィヨフ、カメラマンはパラジャーノフやソロヴィヨフの映画も撮影したユーリィ・クリメンコ、主演はディナラ・アサーノワの諸作品で脚本家や俳優として活躍したヴァレーリー・プリョームィホフ、そして製作母体は「レンフィルム」スタジオという、本格的な製作態勢で作られた。国産白黒フィルムの使用によって製作費が抑えられたことを考慮しても、当時の新人の製作条件としては相当に良い。

　1919年に創立された **ВГИК**（全ソ国立映画大学、現在は全ロシア国立映画大学だが、略称は同じ）では、「雪どけ」時代に有能な監督達を輩出したミハイル・ロンム監督のクラスが有名である。この大学は教育実習用の撮影スタジオや35mm用の映画カメラ、編集室、現像所を持っており、俳優科や映画美術科もあるため、学内だけで本格的な映画製作を行うことができた（本論の私が留学していた1995年から99年にかけては製作実習用にＤＶカメラが導入された時期だったが、35mmフィルムによる製作もまだ行なわれていた）。ВГИКのもう一つの特徴として、実作者だけでなく研究者も養成していることが挙げられる。この大学では大学院レヴェルの教育も行っており、修士（кандидат、欧米のph.Dに相当する)の学位を取得することができる。ここの卒業生が、より高度な研究機関である全ロシア映画芸術研究所（ВНИИК。1973年創立。現在はНИИК)で国内外の映画を分析し、理論と映画史の双方で研究を行うことも少なくない。

ペレストロイカ時代には、「公式的な」映画教育を受けていない民間の映画製作者や批評家も活躍し始めた。しかし、90年代以降にロシア映画が陥った困難な状況下で最も意義ある仕事をした人々は、そのほとんどが高等脚本家・監督コースや映画大学、或いはかつての国営スタジオで映画製作や映画学を学んだ人々だった。

映画に関する言説① 研究・批評・レヴュー

　ペレストロイカに先行する「停滞の時代」、一般観客が接することのできる映画に関する言説は公式的なものだけであったが、多様性がなかったわけではない。最も代表的な雑誌は、1931年創刊の月刊誌「映画芸術」と、1925年創刊で月2回発行の大衆向け映画雑誌「ソヴィエト・スクリーン」である。発行部数は1984年時点で前者は5万2千、後者は約190万だった[20]。「映画芸術」の70年代から80年代前半にかけてのバックナンバーをひも解いて見ると、しばしば高度な学術論文や映画人達による創造的な対談を見出すことができる。映画に関する学術出版は、「雪どけ」以降に20年代のアヴァンギャルドが多少再評価されたこともあって、かなり充実していた。セルゲイ・エイゼンシュテイン、フセヴォロド・プドフキン、レフ・クレショフといった巨匠達の全集が刊行される一方で、発行部数は少ないながらも西欧の影響を受けた理論的研究や、社会学的観点から映画におけるジャンルの問題を扱った論文集などが刊行された[21]。また、国外向けに英語とロシア語で刊行された「ソヴィエト・フィルム」という雑誌もあったが、これは公式的言説の枠内で自国映画のプロモーション的な役割を果たしていた。

　「停滞の時代」に映画に関する公式的言説を担っていたこれら出版物は、編集部又はソ連共産党による検閲を受けていた。記事掲載の認可が下りるまでの手続きは煩瑣で、テーマや表現には厳しい制限があった。ヴァレーリー・ゴロフスコイによると、ペレストロイカ以前には「映画芸術」誌の掲載記事の認可は六段階に及ぶ検討を

経て決定された[22]。その一方で、映画を芸術として論じる伝統自体は党の公式的見解とは矛盾しなかったので、70年代に「映画芸術」誌に掲載された若い映画人へのインタヴューや西欧映画理論の翻訳などは、形式的な文飾として以外はほとんど政治的な傾向性を感じさせない[23]。同時代の国産映画に対して、公式的言説の枠を遵守しつつも職業的良心に忠実であろうとした批評家達もいた。例えば、1980年に「映画芸術」誌で2号に渡り計40ページに掲載された『オブローモフの生涯より』（80、ニキータ・ミハルコフ監督)をめぐる論争には、古典文学の「映画化」を行った作者達が原作を自由かつ現代的に脚色したことを擁護した発言も見られる。だが、同特集に付記された匿名の「ソヴィエト劇映画局の解説」は、19世紀の唯物論者ニコライ・ドブロリューボフが公式化した「オブローモフ主義」の概念切捨てや、「オブローモフを育てた社会的基盤の過小評価」、「形象の社会的コンテクストに対する無関心」を批判している[24]。映画に関する公式的言説内部における、公式的部分と非公式的部分との隠微な対立は、「停滞の時代」にも続いていたのである。

　観客に関する調査結果は、60年代には「映画芸術」や「ソヴィエト・スクリーン」にさえ掲載されたが、70年代に入ると映写技師向けの月刊誌「映写技師」にしか掲載されなくなった[25]。これは、次項で述べるように、観客に関するソ連共産党の「公式的」見解と観客側の嗜好との乖離が、統計の上でも顕著に表れたためと思われる。観客の研究は、大部数の映画雑誌に公表されなくなった70年代以降も続けられていた。チケットの売り上げに基づく統計と一般観客を対象とする試写による調査の他に、コンピューターを用いて膨大な作品の物語内容と興行成績の相関を分析する試みも行われた。これらの研究は、配給方針の決定や個々の映画の評価に反映された[26]。

　ペレストロイカ時代の1988年には、ВНИИКで「映画学紀要」が創刊されたが、この雑誌は90年代の困難な時期にも継続的に発行

され、当初は年二回発行だったものが 2001 年以降は隔月刊になった。「映画学紀要」の海外同人にはユーリィ・ツィヴィヤン、アネット・マイクルソン、ベルナール・エイゼンシッツ、ハンス＝ヨアヒム・シュレーゲルなど国際的に活躍するロシア映画研究の第一人者達が名を連ねており、名実ともに現代ロシアの映画学を代表する学術誌になっている。

映画観客

既に述べたように、「停滞の時代」からペレストロイカ期にかけてのソ連における一般観客の映画鑑賞回数は年間十数回であり、同時代の主要な映画製作国の中でも際立って多かった。観客の需要にはかなりの幅があったが、これは「雪どけ」時代以降に国産映画のレパートリーが増えていたことや、様々な外国映画がそれなりに公開されていたことと無関係ではない。

当時のソ連の大衆は、西側の映画祭で評価されていた作家映画よりも、海外ではほとんど知られていない国産娯楽映画や、ソ連以外の外国では公開すらされなかったであろうインド、メキシコなどの娯楽作品を好んで見ていた。ゾールカヤによれば、1975 年にはメキシコ製メロドラマ『エセニヤ』（71、アルフレード・B・クレヴェンナ監督)が宣伝もなしに観客動員数 9200 百万人という空前のヒットを記録し、エルマシを落胆させた [27]。1960 年代後半から 70 年代前半のヒット作として海外の研究者が言及することの多いのは、ウラジーミル・モティル監督の『荒野の白い太陽』（69）やワシーリー・シュクシーン監督の『赤いカリーナ』（74)である。前者は冒険アクション映画の要素が強いとはいえ国内戦末期における赤軍兵士の武勇伝であり、後者は刑期を終えて出所した元犯罪者の、失敗に終わる人生再建の物語である。両者とも、ペレストロイカ以前の国内外向け公式的言説において「社会主義リアリズム」や「ヒューマニズム」の文脈に収めることが可能だったのであり、観客動員

数を発表することにより、ソヴィエト映画の順調な発展を強調することもできたであろう。しかし、同時代的に観客動員数でこれらの作品と同等以上だったのが、レオニード・ガイダイの『コーカサスの女囚、或いはシューリクの新たな冒険』（66）、本国でも監督があまり言及されない『トレンビータ』（68）や『マリノフカでの婚礼』（67)といった、軽いタッチの喜劇作品である [28]。外国製、自国製を問わず、これらのヒット作は実際に国営映画産業を十分採算の取れる事業として成立させていたばかりか、国家の重要な収入源にさえしていた [29]。

　一般公開作品以外で観客が目にすることのできた外国映画は、大都市で開催される映画祭の上映作品に限られていた。しかし、「映画芸術」誌その他の公式的言説が映画を芸術として論じ続けたことによって、熱狂的な観客層（欧米ではシネフィルと呼ばれる）や、クラブ及びアマチュア映画製作に関わる若い観客層の平均的な知的水準と教養が引き上げられ、映画文化圏内で全体として需要の多様性を維持していたと考えられる。ソ連からアメリカに亡命した元映画雑誌編集者Ｖ・ゴロフスコイによると、1960年代に熱心な観客によるシネクラブが現れ、ゴスキノからフィルムをレンタルして上映していた。だが、それらがフェリーニ作品など外国映画を偶像化しているというイデオロギー的な批判がなされ、70年代にはその多くが姿を消した。しかし、タリン、ハリコフ、モスクワ、ウラジーミルといった大きな都市ではシネクラブ活動が継続され、東欧の大使館やВГИКのフィルム・アーカイヴからフィルムを借りて上映した [30]。後述する「パラレル・キノ」のようなアンダーグラウンド映画運動が起きる素地は、ペレストロイカのずっと以前から存在したのである。

映画作品① 改革前の閉塞感

　79年に始まったアフガニスタンへの侵攻は、軍事支出の増大によって経済の疲弊を加速させた。世代間の断絶はサブカルチャーへの抑圧によって一層深まり、十代の若者は親の世代にとって理解不能になった。共産党政府が国民に示し続けてきた「輝かしい未来」のイメージは現実味を失っていた。1980年から84年にかけての興味深い映画の大半は、袋小路に来てしまった社会の暗い雰囲気を反映している。

　ヴィターリー・カネフスキーの『田舎の物語』（81）、ワジーム・アブドラシートフの『列車は止まった』（82）、ゲオルギー・ダネーリヤの『涙がこぼれた』（82）、アレクサンドル・ソクーロフの『降格者』（80）、ロマン・バラヤンの『夢と現での飛翔』（82）、ディナラ・アサーノワの『愛しい、大切な、最愛の、ただ一人の』（84）は、それぞれの作家の個性がまったく異なるにもかかわらず、共通して同様な閉塞感とモラル面における方向感の喪失を示している。

　『田舎の物語』の舞台は、実在するコルホーズ、アリョーシキナである。プロットは単純であり、現代の農村における社会と個人との葛藤および両者の最終的和解を描いている。これは1930年代末から70年代に至るまでのソヴィエト映画にしばしば見られる図式的なプロットであり、「教養小説」的な要素を含む。保守的な社会で最初は「異質さ」を示す若い主人公が数々の試練を経て成長するうちに社会正義の代弁者であることが分かり、最後は社会が彼の正しさを認めて受け入れるという構造である。『田舎の物語』も一見してこの図式を繰り返しているように見えるが、詳細に見ると、社会的要請と主人公の意志・行動との間に亀裂が生じていることが分かる。

主人公の青年グリーシャは、社会の「共有財産」であり中央又は地方政府の要請によって用途を決められるべき土地に、農民としてのアイデンティティーと父子相続的な思想から、自分の耕地として以外の用途を認めようとしない。グリーシャは、民芸品を売って暮らす未亡人ダーシャ（エレーナ・ソロヴェイ)に惹かれており、ある日彼女と一緒にオートバイで見に行った「雌牛の住む場所（коровий угол)」を耕地に変えようとする。彼はコルホーズ議長の許可を得てその計画を実行し、ダーシャとの関係も親密になってゆく。しかし、その土地は採砂場予定地であることが判明する。議長はそれをグリーシャから隠しているが、最後は政府の要請を受けてグリーシャの計画を頓挫させようとする。グリーシャは彼が村の広場で演説している時に割り込んでその不誠実さを村民全員の前で暴く。青年はダーシャと一緒に村を離れようと決意するが、議長は彼の熱意に負けて政府の要請を拒否し、「雌牛の住む場所」はグリーシャの耕地として残ることになる。

　ドラマツルギー的に見ると、グリーシャの行動は議長の不正直さを暴くことによって正当化され、彼の個人主義的・父権主義的な側面は、青年らしい理想主義と純真な恋愛感情によって隠されてしまっている。グリーシャは外見的にも性格的にも決して、30〜40年代の映画で賞賛された「労働英雄」ではない。その容姿は柔弱な印象すら与えるが、年長の議長に対する果敢な抗議や、周囲の目を気にせずダーシャに積極的にアプローチすることからも分かるように、権威への反抗心と自主独立の精神を持つ農民である。この人物像は、60年代から70年代のヴァシーリー・シュクシーンの主人公を想起させる。シュクシーンの影響は、主人公の人物像以外に、ソ連政府が押し付けたロシアの農民像をややパロディ的に再現している幾つかのディテールにも見られる。シュクシーンの『赤いカリーナ』で刑務所や公民館のステージ背景に描かれているキッチュなほどに素朴な農村風景は、グリーシャがダーシャと愛を交わす場面で壁にかかっている同様にキッチュな農村の絵や、ダーシャが製作した民芸

品風の道路標識に反響している。カネフスキーの映画は、シュクシーンの映画ほど強く個人と社会との対立を提示することもできず、前者の 60〜70 年代の諸作品から継承した類型を提示するだけに終わっている。グリーシャは勿論、当局の求めるような非の打ち所のない肯定的主人公ではない。彼の価値観は自営農民のものであり、彼は自分の価値観を権威筋から承認してもらう必要性を感じていない。彼には、『赤いカリーナ』の主人公エゴールと違って贖罪の感情も悲劇的な死も用意されていない。カネフスキーがそのワイドスクリーンの作品でグリーシャに与えたのは、当時のソ連では現実にあり得たとは思われない、個人主義者と当局との和解である。

　『田舎の物語』の主人公はまだ、人生に対する前向きな姿勢と公正を求める意志の強さという点において、それ以前のソヴィエト映画における「肯定的主人公」のイメージを継承している。しかし、アブドラシートフ、ダネーリヤ、ソクーロフ、バラヤン、アサーノワの主人公達は、もはや「肯定的」ではなくはっきりと「否定的」という形容が相応しいほど、精神的に混乱或いは疲弊し、自分自身にも周囲の人々にも解決困難な難題を提出してしまう。

　『列車は止まった』の主人公は、運転手一人が犠牲者になった夜行急行列車の事故が縁で知り合った 2 人の中年男性―事件の調査に来た予審判事エルマコフと地元の新聞記者―である。2 人はそれぞれ自分なりに「社会正義」のために働いていると確信しているが、列車事故に関しては全く正反対の態度を取る。エルマコフはあくまでも事故の責任者を見つけ出そうと捜査を続け、その結果、現在入院中のブレーキ取り付け責任者を自殺に追い込み、運転手ティモーニンの未亡人を含む地域の人々の反感を買う。記者（アナトリー・ソロニーツィン）の方は新聞でティモーニンを、列車に乗っていた他の人々を救うために犠牲になることを選んだ英雄として称える。彼の論理では、懲罰によって「犠牲者をこれ以上増やすことには意味がない」のである。彼の記事は世論を作り出し、ティモーニンの

記念碑を作るために寄付金が集まる。エルマコフは「お前のような人間こそ社会悪だ」と記者を責めるが、相手は「まだ罰することが必要なのか？」と切り返す。エルマコフは事故の原因がスピードメーターの故障にあったことをつきとめ、それを見過ごした停車場の責任者に詰め寄るが、地元住民はもはや彼を敵視するようになっており、厳粛な面持ちで記念碑の除幕式に集う。

　この映画に登場する主要な人物は、エルマコフも記者も、そして地方都市の住達も、真実や正義の観念を惰性的にしか理解できない人間として描かれている。法よりも寛容の精神を重視する知識人（インテリゲンツィヤ）である記者は、事故死した運転手から英雄を捏造することに腐心する。法と秩序を最優先する予審判事は、罪人を罰することでしか社会は改革できないと説く。隣人との人間関係維持を重視する地域住民は街から偉人を出すことで郷土愛を再確認したがっている。この三者は、価値観の共有も相互理解もできず、他者に対する対話の姿勢も持っていない。それぞれが自分の殻に閉じこもり、19世紀以来の伝統的な知識人、官憲、民衆（ナロード）の役割を惰性で演じ続けているだけである。彼らは、表面的には他者に対する働きかけを行っているように見えて、実際には自分の世界観を防衛することに専念している。記念碑の除幕式で皮肉な眼差しで集まった人々を観察している記者は、苦労の末に見つけた「罪人」に向かって「法が甘すぎる」と叫ぶ予審判事と比べて、倫理的に高い位置にいるわけではない。

　ダネーリヤ、ソクーロフ、バラヤン、アサーノワの主人公達は、『列車は止まった』の記者や予審判事よりも更に内向的であり、退行的でさえある。彼らの関心事は自分の個人的な欲望やコンプレックスだけであり、他人に対してもそのことを隠そうとしない。その自己中心的な行動の結果として他人が傷ついたり、自分自身が袋小路に追い込まれたりすることに対しては、非常に鈍感である。70

年代のタルコフスキーやミハルコフの映画では、主人公の欲望やコンプレックスは社会や肉親に対する罪悪感や哲学的な思索を伴っており、ある程度 19 世紀ロシア文学に登場する「余計者」タイプのイメージを受け継いでいた。80 年代に入ると、映画の主人公は類型的であるか否定的であるかする場合が多くなり、しばしば性格的に破綻している。

　『涙がこぼれた』の主人公は中年の地方官吏である。映画の冒頭に御伽噺風のヴォイス・オーヴァー・ナレーションを伴った鏡の映像が現れ、後で登場する主人公が突然不機嫌な人間に変貌する理由を予め説明する。「魔法の鏡」の破片が目に入った人間は突然性格が悪くなるというのだ。だが、ダネーリヤがこうした単純素朴な「動機付け」によって全てを説明しようとしなかったことは明白である。主人公の不機嫌さは尋常ではなく、彼の職場でトラブルを引き起こすのみならず、彼自身の家庭を崩壊させ、強い自己嫌悪から自殺未遂にまで追い込むほどである。このプロットの深刻さは、寒々とした冬の地方都市の生活を虚飾なく描き出した映像スタイルと相まって、御伽噺風のプロローグの意味を完全に無効化している。主人公の憂鬱の真因は、官僚主義と経済の疲弊によって停滞しきった地方都市における、道徳の荒廃であろう[31]。

　『降格者』は、最初の長編劇映画が廃棄命令を受けたソクーロフが、レニングラードの若手及び実験映画製作スタジオで製作した中篇劇映画である。主人公は、ダネーリヤの映画の場合と同様に、精神的支柱を失った中年男性である。彼は以前の職を何らかの理由で失い、現在はタクシー運転手をしている。妻に対する無意識の憎悪や大学進学に失敗した娘への不満が、大学生らしい乗客との会話や非現実的な夢の中に暴力的な形で現れるが、現実を変えることも自分自身を変えることもできない。早朝にマラソンをしている若い軍

人が彼に「勤務中かい？」と挨拶をするが、彼にとってはもはや「勤務」という言葉は意味を失ってしまっている。

　バラヤンの『夢と現での飛翔』の主人公セルゲイも、自分の仕事にも家庭生活にも意味を見出せなくなった中年男性である。地方都市の建築事務所に勤める彼は、４０歳の誕生日を数日後に控えて、職場と家庭でのトラブルの原因を作る。セルゲイを演じるオレーグ・ヤンコフスキーは、70〜80年代の代表的な人気男優の一人だが、ここで彼が演じているセルゲイは他の映画からは想像ができないほど自己中心的で幼児的な人物である。仕事には全く身が入らず、妻子がありながら若い中央アジア系の愛人アリサと密会を重ね、その時間をつくるため職場では「母親が病気になったので見舞いに行く」と嘘をつく。愛人との待ち合わせの場所で偶然、彼女と妻が鉢合わせすることになっても、冗談に紛らわせて乗り切ろうとする。セルゲイは、妻子のいる家庭に帰るのか、愛人と結婚するのかという選択さえ、その場の気分と都合次第で変える。妻には「あなたは動物よ」と非難され、愛人も別の青年に心を移し始めるが、セルゲイの軽薄さは変わらない。彼は、年上の女友達ラリーサ（リュドミラ・グルチェンコ）が彼を愛していることを、職場の上司（オレーグ・タバコフ）から知らされる。実はその上司はラリーサを愛していたのである。ロシア的な地域社会の寛容さは、セルゲイに更正のための最後のチャンスを与える。職場の仲間やラリーサ、アリサとその若い男友達も集まった40歳の誕生パーティーで、彼はもう嘘はつかないと宣言させられる。だが、皆の関心が自分から離れ始めると、彼はまたしても悪ふざけをする。川岸に立つ大木にかけられたブランコから落ちて溺れたと思わせて、自分は木の陰から集まってきた皆を驚かせるのである。しかし、彼の意に反してその場にいた全員が彼に背を向けて去ってゆく。アリサはついに青年を新しい

恋人に選ぶ。一人残ったセルゲイは、自転車に乗った少年達としば
し戯れた後、孤独と失意をかみ締めながら干草に埋もれて泣く。

　『夢と現での飛翔』には、80年代前半までソ連の映画作家に少
なからぬ影響を与え続けていたフェリーニの諸作品からの影響が顕
著である。セルゲイの女性遍歴と軽薄な行動は『甘い生活』を、夜
の街中で行われている映画のロケ（ニキータ・ミハルコフが監督を
演じている)や主要な登場人物が集合する誕生パーティーのシーン
は『8　1/2』を、主人公が号泣するラストシーンは『道』を、そ
れぞれ参照させる。従って、この映画を単に「停滞の時代」の世相を
反映した作品として見ることはできない。だが、セルゲイには、マ
ルチェロ・マストロヤンニの演じたフェリーニの主人公達と違って、
弱者に対する病的な攻撃性があることも見逃せない。映画の最初の
方で、職場で自分の嘘を見破って笑った娘に対して、彼は年長者の
特権を利用して言葉を畳み掛けるように詰め寄り、ついには泣かせ
てしまうのである。この、突然噴出する他者への憎悪は、『夢と現
での飛翔』を60年代のフェリーニ作品よりも『涙がこぼれた』や
『降格者』に近い場所に位置づけている。

　『愛しい、大切な、最愛の、ただ一人の』は、長編デビュー作
『きつつきの頭は痛まない』から青少年を主人公にした作品を撮り
続けてきたキルギス出身の女性監督の遺作である。十代の非行とい
う問題は、彼女の前作『パッツァーニ』（83）でも扱われていたが、
そこでは具体的な解決策は示されていないにせよ、集団生活を通し
ての精神的な成長に希望が託されていた（ラストシーンでは少年達
が林の中の道を走り続ける姿を正面から見せている）。だが、ここ
で若者の代表として登場する19歳の娘アンナは、上の世代には理
解することも共感することもできない異質な存在として描かれてい

る。舞台は大晦日のレニングラードであり、上の世代の代表として登場するのは四十がらみの中年男性ワジームである。ワジームは突然自分に助けを求めて走ってきたアンナを車に乗せる。アンナは赤ん坊を抱えていて、それが自分の子供だと言う。彼女にはゲルマンという恋人がいて、彼は結婚している。後で判明するのだが、アンナはゲルマンの心を自分に引き止めておくために、赤ん坊ができたと嘘をつき、その嘘を本当らしく見せるために性別すら知らない他人の子供を盗んだのである。空港で自分の嘘が露見しそうになると、アンナは自ら警察に連絡して連行される。ワジームとそれほど年齢が離れているように見えないゲルマンが彼女を引き取りに現れると、彼女は「愛しい、大切な、最愛の、ただ一人の人！」と叫んで彼に飛びつく。ワジームは勿論のこと、どうやらゲルマン自身も、彼女が何故これほど年長の恋人を信頼しているのか理解できない。アンナは、点滴を受けて入院している赤ん坊の実の母親に会った後で初めて、自分の行動を反省し始める。釈放された彼女は、ロック・バンドの迎春コンサートで今回の共犯者である女友達と出会うが、相手が全く反省していないのに気づいて突然その場から走り去り、暗闇に向かって絶叫する。

　この作品で、アサーノワと脚本家のヴァレーリー・プリョームィホフ（ワジーム役で出演もしている）は、自分達の世代が青少年の非行に対して何の解決策も提示できないことを率直に認めている。彼らにできるのは、若者達の中に道徳観念が芽生えるまで待つことだけである。「誰が今時、自分の子供を育てる？」とアンナやその女友達は言う。ワジームはこの問いに対して答えない。彼には自分達の世代の理想と願望しか分からず、非行に走る若者達が今どんな状況に置かれているのか、何を望んでいるのか、判断する術がないのである。

アブドラシートフ、ダネーリヤ、ソクーロフ、バラヤン、アサーノワの主人公達は、「雪解け」時代にソ連映画が世界に提示した「ヒューマニズム」の具現でもなければ、70年代にタルコフスキーやその他の作家達が暗示的に提示した「苦悩する知識人」や「民衆に希望を与える受難者」でもない。彼らは、社会の停滞とモラルの喪失に直面して全く無力な、観察者或いは被害者兼加害者である。映画を、それが製作された社会の諸問題について考察する資料と見なすことには、勿論ある程度限界があるだろう。しかし、80年代前半のソ連で製作された現代ものの劇映画にこれほど顕著な共通性が見られるからには、その背景として現実の社会や文化に行き詰まりがあったと見る方が自然である [32]。

　1980年代前半、ミハイル・ゴルバチョフが政権の座につく以前の数年間は、ブレジネフ時代に隠蔽され解決を先送りされてきた諸問題が、もはや一刻の猶予もできないほどに悪化していた。中央アジアやバルト諸国では環境破壊が深刻化していた。西側映画の海賊ヴィデオが闇市で出回る一方で、60年代から若者の間で広がったロック音楽は抑圧されていた。こうした事実は、ペレストロイカが始まってドキュメンタリー映画で暴露されるまで、国民に広く知られることがなかった [33]。

映画作品②　ジャンル映画の限界

　これまで分析した諸作品は、単に物語面で希望がないだけでなく、映像面でも荒涼としている。さびれた地方都市や深夜の大都市を映し出す映像には、60年代の大衆的コメディ映画や70年代にヒットしたレトロ映画の特徴であった楽天的な明るさや端正な美しさが欠けている。それは深刻な「作家映画」だからというわけではない。ダネーリヤはタルコフスキーなどに比べれば遥かに大衆的な喜劇映

画の監督であり、グルジア人の情熱的な気質をユーモラスに描いた『ミミノ』（77）のようなヒット作の作者である。アサーノワはテレビ放映用の映画も演出したりした一般映画の監督である。80年代前半のヒット作には、『戦場のロマンス』（83、ピョートル・トドロフスキー監督)のような「レトロ」調メロドラマでさえ、人生の悲哀が色濃く現れている。主人公も、60年代から70年代前半の冗談好きだったり情熱的であったりした若者は姿を消し、生活に疲れ人生に虚しさを感じる中年が多くなっている。時代の閉塞感は、映画の物語内容にも映像にも明らかに反映していた。

　「モスフィルム」スタジオのカレン・シャフナザーロフ監督は、長編デビュー作『ジャズメン』（83）で1920年代のソ連に生まれたジャズ・バンドを描いているが、主人公の若者達が物質的窮乏や弾圧に直面したであろう30年代半ば以降から50年代初めまでは省略し、「雪解け」時代のコンサート・シーンで映画を終えている。『ジャズメン』は、大衆向けの音楽映画の枠内で若者の創作活動への官僚主義的な抑圧を批判している点で、「雪解け」の初期に製作されたエリダル・リャザーノフの長編デビュー作『カーニヴァルの夜』（56）を想起させる。どちらの映画でも若者達は、彼らがコンサートや新年のカーニヴァルを開く文化会館の管理者等に体現された当局の文化統制に叛旗を翻す。しかし、シャフナザーロフの映画には、『カーニヴァルの夜』のような未来への明るい展望が感じられない。ラストシーンで主人公達は白髪の老人になっており、最後に現れる青年時代の白黒写真は過ぎ去った時代への郷愁を誘うのみである。そこには、ニキータ・ミハルコフが『愛の奴隷』（76)のフィナーレで見せた、ヒロインを見知らぬ未来に向けて運んでゆく黄色い路面電車のような詩的イメージもない。『ジャズメン』は楽天的な若者達を主人公とする青春映画として始まり、「古き良き時代」を懐古するレトロ映画として終わる。主人公達も物語世界も制

約的だが、ジャンル的な一貫性には欠け、文化における官僚主義批判はジャンル的な制約性と社会的現実との間で宙吊りになっている。シャフナザーロフは次の長編劇映画『ガーグラの冬の晩』（85)において、ロシア語で「エストラーダ（эстрада)」と呼ばれるヴァラエティーショーの世界を描いているが、時代が現代であるにもかかわらず、全く生活感のないドラマになっている。

　ウラジーミル・ボルツコ監督のコメディ映画『街角のブロンド女』（84)は、西側の消費社会への批判として作られたジャンル映画が、逆に当時のソ連における価値観の揺れを露呈してしまっている例である。映画のプロットは、地球外の知的生命体とのコンタクトを取る計画に15年長間携わってきた科学者ニコライ（アンドレイ・ミローノフ）が、おそらくは計画の中断により失業し、楽天的なデパートの売り子ナージャ（タチヤーナ・ドギーレワ)に恋するものの、彼女とその兄ゲーナが法を犯してまで豊かな消費生活に執着していることを知って婚礼から逃げ出すというものである。プロット進行を中断しつつ所々に挿入されるミローノフによるヴァラエティーショー的なピアノの弾き語りは、歌詞が政府の公式見解を代弁する内容であるにも拘わらず、結果的には批判の矛先を、ナージャという「人民の敵」ではなく一般観客自身に向けるものになっている。当時非合法の物品流通は社会的地位の如何に関係なくソ連市民によってごく普通に行われており、一般観客の共感はニコライではなくナージャの方に寄せられたであろうからである [34]。

　『街角のブロンド女』のスタイルやプロットは、明らかに先行するリャザーノフやメンショフの現代ものメロドラマやコメディを踏まえているが、彼らの作品の人気自体がそもそも資本主義国の都市中心型消費社会への大衆の憧憬を反映していたと考えられる。本来ならば「悪役」であるはずのナージャは、明るく人生肯定的な、「雪解け」時代の映画から抜け出してきたような人物である。彼女はソ連製人形アニメ『チェブラーシカ』のファンであり、ニコライ

に勧めるスポーツは「カラテ」という、典型的な都市の大衆の一人である。だが、1980年代前半には、彼女のような楽天性は道徳心の麻痺によってしか維持できなくなっていた。

　この時期には、エリダル・リャザーノフのように大衆的人気を得たヒット映画の作者達までが、官僚主義を始めとする社会問題を扱った比較的重い作品を撮っている。この点で典型的な例は、リャザーノフの『ふたりの駅』（82）である。この作品では闇市場のブローカーが主人公の恋敵として否定的に描かれている一方で、物品の非合法流通を全く罪の意識もなく利用している人々も登場する。ノンナ・モルジュコワ演じるエピソード的な登場人物に至っては、主人公達に外国製ヴィデオデッキとヴィデオテープを自慢し、テープの価格やアメリカ映画の海賊ソフトの解説までしている（この映画は当局に禁止されるどころか、83年のソ連邦映画祭で最優秀監督賞と最優秀女優賞を授与され、「ソヴィエト・スクリーン」誌による観客アンケートでも年間の最優秀映画に選ばれた）。

　かつてジャンルの制約性を利用することで軽快なトーンを醸し出していたコメディ映画やレトロ映画の名手達は、社会的現実を物語やエピソードの構成要素として導入すればするほど、逃避的な娯楽としての映画から離れて作家性や社会的テーマを打ち出すことになった。観客の方もはや単純なイデオロギー的図式を受け入れなくなっていた。計画経済の欠点である労働とその精神的及び金銭的な報酬との乖離はもはや誰の目にも明らかであり、観客の支持を得たのは『街角のブロンド女』ではなく『ふたりの駅』だったのである。

映画作品③　スタイルの多様化と新時代の予感

　時の権力者や官僚による「承認」を必要とした「社会主義リアリズム」が、美学的に見れば空疎な概念であったことは今となっては明らかである。この美学的原理は、芸術家から「迫真的で、歴史的

な具体性をもった、革命的発展過程における現実の描写」を要求する「基本的な方法」として 1934 年の第一回ソ連邦作家大会で定義され、その後あらゆる芸術に強要された。この教義にはその後の数十年間に、「民衆的であること」や「ヒューマニズム」、「美学的に開かれたシステム」といった追加的要素が加わり、ペレストロイカが始まる直前にはスタイル的にも内容的にも極めて多様な諸作品を包括せざるを得なくなった結果、当初の定義の抽象性を暴露しただけでなく、創作の指針としての重みを完全に失ってもいた 35。

　ソ連政府公認で外国に輸出されていた諸作品と、ペレストロイカ時代まで封印されていた作品群を比較すると、テーマの面だけでなく形式の面でもある種の対照性が見出される。ペレストロイカ以前に当局が評価し、海外の研究者によって今でも各時代の代表作とみなされている幾つかの作品、例えば『チャパーエフ』（34）、『鶴は翔んでゆく』（57）、『赤いカリーナ』の間に、映画美学的な意味で一貫性のある発展の形跡を見出すことは不可能であろう。せいぜい、人生に対する肯定的姿勢や一般観客が共感できる主人公、それに加えて複雑過ぎない時間と空間の再現形式といった共通点だけである。これらは全世界の商業劇映画における、言わば暗黙の了解事項に過ぎない。政府公認の諸作品は、基本的に現実の物理的な時間と空間を再現し、直線的なプロットの展開を通じて登場人物達の心理的な葛藤を描き出している。ファンタジーやＳＦのような特殊なジャンル以外では、叙情的な作品でもコメディでも歴史映画でも、それは同じであった（ソ連でも他の国々と同様、ファンタジー及びＳＦは通常、アクションや幻想的な異世界のヴィジョン、未来のテクノロジー等を矢継ぎ早に見せる娯楽作品がほとんどであり、タルコフスキーの『惑星ソラリス』のような芸術性の高い作品は例外だった）。物語世界外的な音楽は頻繁に使用されたが、主にハリウッドの「古典時代」の映画と同じく一般大衆の共感を呼び起こすための常套手段としてであった。

つまり、「社会主義リアリズム」の映画と見なされていたのは、その大半が形式の面ではそれほど個性的でない大衆向け劇映画だった。60年代後半に「雪解け」が終わると、形式上の革新はそれが「反体制的」な内容と結びついていなくとも、公開禁止や作者への個人攻撃のきっかけになった。「難解な」映画は、運良く禁止されなかった場合でも、プリント数は限られ、三流館でしか公開しかされなかった。つまり、「停滞の時代」には、現在の資本主義国のマスメディアや多国籍企業が劇場を寡占するために一般観客に吹き込んでいる「エンターテイメント」概念と同様、「社会主義リアリズム」の概念は支配層の安寧のために利用される道具に過ぎなくなっていた。ペーター・ケネツが指摘するように、「中程度以下の芸術は、ソ連に限らず、どこでも公式的になる傾向をもつ」のである（ケネツによると、ヴェーラ・ダナムはスターリン主義者の小説の本質を「中産階級的な価値の勝利つまり粗野さ(vulgarity)」に見出しており、カテリーナ・クラークは、社会主義リアリズムの作品を文学の古典ではなく三文小説やハリウッド映画と比較するのが最適だと述べている）[36]。

　公式的にはレーニン以来の伝統を受け継いで映画を「最も重要な芸術」としながら、高い芸術的成果を挙げた監督達を「社会主義リアリズム」の名のもとに映画界から排除したりその周辺部に追いやったりした「停滞の時代」は、芸術的探求よりも凡庸な監督の「事なかれ主義」を重んじた時代だった。マルク・ザハーロフやエリダル・リャザーノフの一部の作品では商業映画の枠内での日和見主義や官僚主義の批判が見られたが、彼らは形式上の探求を行わなかった[37]。没個性的な「社会主義リアリズム」のスタイルを採用することは、彼らにとって、内容面でのささやかな異議申し立てができるための条件だった。

　映画作家達は、公式的な「古典的」スタイルを社会や政府に対する仮面として用い、それを覆してしまうほどには刺激の強くないディテールを通じて婉曲的に作者の真意を伝える手法を、しばしば用

いた。30〜40年代の映画でレーニンやスターリンの肖像が主人公達の部屋に架かっていたのとは対照的に、70年代〜80年代の映画では主人公達の身の周りには、「ブルジョワ的な」クラムスコイやヴルーベリの小さな複製画があった（『赤いカリーナ』、『モスクワは涙を信じない』）。社会主義リアリズムの概念の曖昧さは、物語内容が党の方針に沿っていればリアリズムの解釈はかなり広げられるという、映画美学上の抜け道をもたらした。それ故にラリーサ・シェピチコが『処刑の丘』（76)で、ナチスの捕虜になり命を脅かされながら信念を曲げないソヴィエト兵士と裏切り者になって命乞いをする別の兵士を対照させるために、社会主義とは無関係なキリストとユダのイメージを借りたり、リアリズム概念から逸脱した映像と音の結合を行ったりすることも、許容されたのだった [38]。

「停滞の時代」の映画官僚達は、ジャンル映画は認めても、複雑な構成や実験的な表現を嫌った。この時代、新しい映画的表現を見せたのは、ジャンル映画に接近しつつも個性を失わず（おそらくはエルマシの庇護により）、暗澹たる現実を無視して自分の空想が赴くままに創作することのできた一握りの映画作家だけだった。70年代に青春映画『思い出の夏休み』（75)で国際的名声を得たセルゲイ・ソロヴィヨフ、ジャンル映画の連作で職人的な巧みさを見せたイーゴリ・マスレンニコフ、民話的なタッチを映画的手法で再現する才能を持つ新人セルゲイ・オフチャロフが、その代表である。彼らの探究は、ペレストロイカ開始後のロシア映画における目覚しい美学的多様化を準備した側面を持っていた。ここでは、ソロヴィヨフとオフチャロフのこの時期の作品を取り上げたい。彼らの作品には、既に80年代末の「ポストモダニズム」的なロシア映画の傾向を先取りしたかのような要素が見られる。

セルゲイ・ソロヴィヨフの『直系の後継者』（82）はオデッサを舞台とする現代劇で、自分がプーシキンの私生児の子孫だと信じている 13 歳の少女エフゲーニヤと、18 歳になる彼女の親戚ヴァロージャとの、ほのかな恋愛感情を描いている。ここでは、ペレストロイカ時代に本格的に展開される、十代の若者と大人が作り出した社会悪との対決という構造が素描されているが、それはまだ『アッサ』（87)に見られるような明確な形をとっていない。『直系の後継者』ではむしろ、ソロヴィヨフが愛好する 19 世紀の叙情的で典雅な芸術の世界（主にプーシキン、ツルゲーネフ、チェーホフの文学に代表される)への逃避的傾倒の方が優勢である。しかし、彼と同様に 19 世紀ロシアの文学作品の映画化が多いニキータ・ミハルコフと違い、ソロヴィヨフは一つの作品の中で過去への回帰と未来志向とを同程度に強く見せる。

　ソロヴィヨフがそのために用いるのは、時制の意図的な混乱や、作者である彼自身の登場といったアイロニーに満ちた「手法の露出」、総じてポストモダニズム的なスタイルである。『直系の後継者』で、愛人への手紙がヴォイス・オーヴァー・ナレーションで引用されるプーシキンは、最初は海岸で空き缶を蹴っており、映画の最後にはエフゲーニヤや彼女の隣人の子供やヴァロージャと同じ空間に登場する（文字通り、彼らの隣に座っている)。近代ロシア文学の始祖プーシキンを現代の空間に登場させる構想は、これが初めてではない [39]。

　ソロヴィヨフは後にチェーホフ原作の『3 人姉妹』（94)や 19 世紀末ロシアを舞台とする『愛について』（03)を作っているが、両作品とも耽美的で自己充足的な映像を特徴としている。『直系の後継者』や『アッサ』のような現代劇でも、同時代の一般市民には手が届かないであろう非常に豪華なレストランやホテルに主人公達を配している。「停滞の時代」でもマフィア的な組織や不労収入を得るならず者がいたという設定があるにせよ、そうしたシーンでさえ、

1920年代のプロパガンダ映画におけるカリカチュアとは正反対に
繊細さをもって演出され、しばしば華美なディテールを愛でるかの
ように撮影されている。ソロヴィヨフは、コロンビアで撮影された
『選良達』（83）において、前作までの叙情的な作風から一転して、
不条理で残酷なドラマを見せた。この映画は第二次大戦の諜報戦が
背景となっている。主人公の中年男と 若い恋人とのロマンス、彼
の神への感謝から少年による彼の殺害へと急転して悲劇に変わる結
末は、どこか不気味でさえある。ここには、『アッサ』に始まるペ
レストロイカ時代のキッチュで残酷な三部作の予感がある。

　ペレストロイカ以前に、ある種の屈折した貴族趣味を映画で示し
ていたのは、ソロヴィヨフだけではない。既に70年代に、『愛の
奴隷』を監督する予定だったが降板させられたルスタム・ハムダー
モフが、1910年代のエフゲニー・バウエルによるサイレント映画
の美学を発展させたかのような耽美的な短編『思いがけぬ喜び』を
撮っている。ハムダーモフはペレストロイカが始まるまで長編劇映
画を全く撮れなかったが、ソロヴィヨフは彼と親交があったらしく、
90年にはハムダーモフ監督の露仏合作映画『アンナ・カラマーゾ
フ』でロシア側のプロデューサーになった（実際にはソ連時代のス
タジオにおける「芸術監督」に近い役割だったにせよ）。ソロヴィ
ヨフの叙情的・折衷主義的な耽美主義は、80年代後半にロマン・
バラヤンや新人のイワン・ディホヴィチヌィにも影響を与えた（バ
ラヤンの『魔除けよ、私を守ってくれ』（86）はプーシキン縁の地
ボルジノで展開される、虚実入り混じったメロドラマである。ディ
ホヴィチヌィの『テスト・パイロット』（87）はスターリン時代の
軍人一家を描いた27分の短編だが、台詞がほとんどなく、絶えず
19世紀ロマン派の音楽がバックに流れている。そして両作品とも、
ソロヴィヨフの妻で女優のタチヤーナ・ドゥービチが重要な役で登
場する）。

1955 年生まれのセルゲイ・オフチャロフは、モスクワ文化大学でゲオルギー・ロシャーリに映画を学んだ後、2 年制の高等脚本家・監督コースに進んでグレープ・パンフィーロフの指導を受けた [40]。彼が「レンフィルム」スタジオで作った最初の長編劇映画『嘘のような話』（83）は、既に彼独自のスタイルの確立を示している。映画の最初にヴォイス・オーヴァー・ナレーションによって物語が「昔々、どこかの王国で」起きた出来事だと語られる。主人公は少し頭の弱い若者であり、結婚しても子供ができない。彼は道で出会った兵士に「ミルクの川が流れ、教会が糖蜜菓子で飾られている所」へ行くところだと聞いて、彼に同行することに決める。一方、村には人力飛行機や牡牛型の熱気球や樽製のロケットで空を飛ぼうと試みては失敗している男もおり、失敗のたびに村人に袋叩きにされたり役人に鞭打たれたりしているが、彼も桃源郷行きの旅に加わる。彼らは道中、エイゼンシュテインの『アレクサンドル・ネフスキー』における「チェドスコエ湖の戦い」のパロディを演じたり、道の途中に開いている穴から地獄に落ちたりする。村に帰った彼らは、故郷こそが桃源郷であると感じる。主人公と妻の間には、何人もの娘ができる。しかし冬のカーニヴァルで手品によって赤ん坊に変えられた彼は、家族に目もくれずに雪原を走り去っていく。

　ルボークと呼ばれる民衆版画や昔話を思わせる、このような徹底した反リアリズムのスタイルは、ロシア映画史ではアレクサンドル・メドヴェトキン監督『幸福』（35）に先例が見られるのみであり、オフチャロフ以降には現れていない（アルカジー・ティガイの91 年監督作品『鮭—水の勝利者』における、民間伝承の語り部的なヴォイス・オーヴァー・ナレーションがかろうじて挙げられるのみだ）。彼の長編劇映画では、登場人物の動きがコマ落としや逆回転の手法によって非現実的に誇張され、類型性や人工性を誇張したセットや衣装と相俟って、物語世界を非常に制約的なものに見せる事に成功している。更に、しばしば通常の因果関係では説明のつか

ないプロット展開を正当化するような民話的「語り手」の導入も行われる。『嘘のような話』はフセヴォロド・シシコフの短編「潜水夫」の他、ロシアの伝説や民話やチャストゥーシカをモチーフにしているが、オフチャロフが後にニコライ・レスコフやサルトィコフ＝シチェドリンを映画化した場合と同様、それらのテクストを画面外の「語り手」が朗読することにより、大胆に誇張され戯画化された映像と奇想天外な展開が幾分かは正当化されているように感じられる。

　『嘘のような話』は80年代後半以降のオフチャロフの作品に比べるとまだ映像の人工性が目立たない。後の『左利き』（86）に見られるようなフィルムの逆回転による運動の逆転も、『太鼓物語』（93）のような人間のコマ撮りも、『ファラオ』（99）に見られるようなＣＧを用いた映像の加工もなく、農村の風景は黄色いフィルターを通して撮影されただけの自然なものである。メドヴェトキンの『幸福』と同様、民話的で反リアリズムの世界を提示するために、オフチャロフにそれほど多くの手段は必要ではなかった。この作品では、主人公達が奇想天外な旅の果てに出発点に帰るというプロットの単純さによって、民話的な語り手による画面外からのナレーションと戯画的な映像の結合を特徴とする彼のスタイルが、より純粋な形で現れているのだとも言える[41]。彼はペレストロイカ時代に作風の変化をほとんど経験しなかった珍しい作家だが、技術的にもテーマ的にも制限があった「停滞の時代」の方がかえってスタイルの純粋さを見せていたのは興味深い。

　オフチャロフほど極端な反リアリズムではないものの、ペレストロイカが本格化し始めた80年代半ばにやはり民話的な要素を多分に含むコメディでデビューした作家に、ユーリイ・マミンがいる。彼の『ネプチューン祭』（86）は44分の中篇ながら、外国人に対して「ロシアの伝統文化」を披露しようとする地方都市住民の奮闘を、『アレクサンドル・ネフスキー』のパロディを盛り込みつつ、やや

「ルボーク」的なタッチで描いている。ラジオで蔵ウディオ・アバド指揮ロンドン交響楽団演奏の「アレクサンドル・ネフスキー」が鳴り響く中、スウェーデンの「セイウチ・クラブ」を乗せたバスが到着し、それを迎え撃つかのごとく丘の上から見守る住民達は、中世ロシアのコスチュームを着ている。彼らが大急ぎで「復活」させた祭りのメイン・イベントは、氷の張った川での水浴である。マミンは続く長編劇映画『泉』（88)や『頬髭たち』（90)でもコミカルに誇張された設定や人物を多数登場させているが、その作風には次第に政治風刺の要素が強くなり、ナショナリズムの台頭を警告した『頬髭たち』では喜劇的要素は後退している [42]。

　これまでの欧米の研究によれば、ペレストロイカ時代にはそれまで禁じられていたテーマを映画や文学が扱うことが可能になり、社会や歴史の暗部を批判した新旧の作品が一挙に現れたというのが定説である。しかし、「表現の自由」の範囲をテーマや題材だけではなく表現技法やスタイルの探求にまで広げるなら、それは政治的な変化を待つまでもなく作者達自らが実行していたといえる。ソロヴィヨフやオフチャロフの例を見ても分かる通り、ペレストロイカ時代に開花した映画的表現の多様性は、その数年前から映画人達が自ら探求し続けた成果である。レニングラードで実験的なドキュメンタリーや劇映画を非公式に作り続けていたソクーロフは、決して孤立していたわけではない。彼らはそれぞれ自分自身の道を探ることを通じて、映画の芸術的な可能性を開拓していたのである。

映画作品④　サブカルチャーと映画

　ソロヴィヨフの『直系の後継者』には、タチヤーナ・ドゥービチが演じるポップ・シンガーの野外コンサートや、十代後半以上の若者だけが入場を許される夜のダンス・パーティーのシーンがある。

ソ連において西側諸国、特にアメリカから影響を受けた若者文化が禁止されていたわけではないことは、1960年代〜70年代の幾つかの映画を思い出せば分かる。『私は20歳』（64、マルレン・フツィーエフ監督）、『私はモスクワを歩く』（63、ゲオルギー・ダネーリヤ監督）、『恋人たちのロマンス』（74、アンドレイ・コンチャロフスキー監督)といった作品である。70年代後半から80年代には、一種の民族主義的な傾向が現れて西側の新しい文化は否定的に描かれることがあった一方で、フランス語のシャンソンや英語のポップスがごく普通に劇中で聞こえたりもした[43]。

　西欧の古典は、文学作品ならば普通に映画化され、音楽ならばドラマの重要な転換点を示す一種の記号を兼ねた伴奏音楽として使用されることが多かった。「古典」文学の映画化は必ずしも芸術作品を目指したものとは限らなかった。既に言及した「シャーロック・ホームズ」シリーズの他、フェリクス・ロッペ・デ・ヴェーガの戯曲に基づく『干草の上の犬』（77、ヤン・フリード監督）やルドルフ・エーリッヒ・ラスペの小説をモチーフとする『これがあのミュンヒハウゼン』（79、マルク・ザハーロフ監督）といったテレビ放映用映画は、マルガリータ・テレホワやオレーグ・ヤンコフスキーのような人気俳優を起用し、原作通り舞台を過去の外国に設定して異国情緒を醸し出した、ヴァラエティーショー的な大衆娯楽作品である。一方、劇場公開を想定した作品でベートーベンやバッハなどの音楽が使用される場合、それは大衆向けの「ジャンル映画」よりも高級な「作家映画」であることを意味した（ＳＦ映画でクラシックを大々的に使用したスタンリー・キューブリックの諸作品、その影響を受けた70年代の幾つかの西側作品からの影響とも考えられる）。タルコフスキーの70年代の諸作品では効果音を含むサウンドトラックへの有機的な組み入れの試みが見られるが、イリヤ・アヴェルバフの『声』（83）やアブドラシートフの『惑星直列』（84）で引用されたベートーベンやショスタコーヴィチの交響曲は、不自然で取ってつけたような違和感を与える。

文学や音楽の古典を引用することによる大衆文化との差異化は、体制にとって無害な、文化面での保守性が映画作家側にあることを意味し得た。「雪解け」の後に来た「停滞の時代」に禁止されたのは、20年代のアヴァンギャルドを思わせる実験的な試み（パラジャーノフ、ソクーロフらの作品)や、サブカルチャーにおける過激な反権威主義（パンク・ロック、ソッツ・リアリズム、アンダーグラウンド映画)である。アサーノワの『愛しい、大切な、最愛の、ただ一人の』における新年のロック・コンサートがヒロインの精神的な混乱と絶望を強調するかのように提示されていたこと、ソロヴィヨフの『直系の後継者』がプーシキンの恋文の引用で始まりそれによって終わることを想起するなら、ペレストロイカ直前の映画に許されていたサブカルチャーへの言及の条件を推察できる。明らかに、それは青少年の非行や道徳観念の喪失といった問題の元凶或いは兆候として扱われなければならなかったのである。

　青春映画（молодежное кино)におけるサブカルチャーの扱いは、ペレストロイカが始まってすぐに変化を見せた。カレン・シャフナザーロフの『メッセンジャー・ボーイ』（86)は、十代後半の若者を予測不可能な行動をする大人にとって異質な存在として描いている点で、アサーノワの『愛しい、大切な、最愛の、ただ一人の』を髣髴とさせる。両者には、若者を取り巻く様々な現象を冷静に観察する態度も共通している。だが、アサーノワの視点が大人の世界から若者達を見ていたのに対し、シャフナザーロフは若者自身の視点から彼らの不安定な状態を観察している。『メッセンジャー・ボーイ』の主人公イワンにとって、少年達がブレイク・ダンスを踊る郊外の空き地やロックの鳴り響くカフェは、大人達の倦怠感や焦燥に満ちた社交の空間よりも望ましいわけではない。『ジャズメン』で描かれた過去の若者達と違い、ここではサブカルチャーは若者の情熱や理想をかきたてることがない。それは絶えず変化する社会環境の一部分であり、主人公にとってはニュートラルな「外界」でしかない。

ソロヴィヨフの『アッサ』は、同時代ではなく、ペレストロイカ直前の文化状況を反映している。この映画は「停滞の時代」末期のクリミアを舞台にしている。最後のシーンに登場するロック・グループ「ＫＩＮＯ」のヴォーカル、ヴィクトル・ツォイが、映画の主人公バナナンも彼を殺した地下経済の顔役クルィモフも死んだ後、次の時代を担うかのように、最後のコンサート・シーンで歌う。「僕らは変化を待っている」というその歌は、実際に映画が撮影された際に初めて聴衆の前で歌われたものだった。『惑星ソラリス』のホームヴィデオのエピソードをパロディ化するなどポストモダニズム的な遊びがあるにもかかわらず、全体としては重苦しい本編の雰囲気が、このフィナーレによって突然打ち破られる。バナナンが歌っていた避暑地のレストランに彼の代わりとしてツォイが現れると同時に、まだバンドの演奏も始まっていない映像に先行して歌の前奏が聞こえ始める。レストランでの昼のリハーサルは、彼の歌声と共に夜のコンサート会場の映像に移行する。会場では聴衆が熱狂して無数の蝋燭を左右に振っている。犯罪王クルィモフ自身が、宮廷内クーデターで暗殺された悪帝パーヴェル一世の物語を読みながら予感していたように、一つの時代が終わり、「変化」が始まったのである。映画のオリジナル音楽を担当した「アクアリウム」のボリス・グレベンシコフと同様、ツォイは80年代前半にロック・バンドでの創作活動を始めている。

　ペレストロイカ時代に、ツォイは3本の劇映画と1本のドキュメンタリー映画に出演し、90年にラトヴィアで事故死した。カザフスタンで製作された『僕の無事を祈ってくれ』（88、ラシッド・ヌグマノフ監督）は、彼の唯一の主演作となったが、そのラストシーンで彼は、重傷を負ったままで雪の降りしきる一本道を歩き去ってゆく。『アッサ』とこの映画に定着されたツォイのイメージは、まるでペレストロイカの慌しいテンポに乗って消えていった希望の象徴のようでもある。実際、2000年代に現れた『塵』（05、セルゲイ・ロバン監督）において、彼が残した改革を希求する若者のイメ

ージは想起され継承されている（本国で実存主義的なコメディと呼ばれたこの映画のエンド・クレジットには、ツォイの「僕らは変化を待っている」が鳴り響くが、彼本人ではなく手話で歌詞を説明する若者が登場する）。

　ペレストロイカ時代になると、「高尚」で「人道的」古典文化と「不道徳」で「危険」なサブカルチャーといった対立図式はなくなったものの、そうした図式を作り出した官僚主義的な文化政策の残滓は、劇映画の中で批判され続けた。アマチュア演劇への文化官僚の恣意的な介入が描かれている『フルートのための忘れられたメロディ』（87、エリダル・リャザーノフ監督)や、美術における個人主義者の追放と日和見主義者の成功を批判した『一度嘘をついて』（87、ウラジーミル・ボルツコ監督）では、古典的なドラマツルギーに即して主人公個人の性格や過ちに問題を帰しているが、ウラジーミル・ホチネンコの『主人公のための鏡』（87)やヴァレーリー・オゴロドニコフの『強盗』（87)では、ドラマツルギーとは別のレヴェルで文化に対する2つの思想・観点が対置されている。

　1952年生まれのホチネンコは、自分と同じ30代の主人公セルゲイを1949年にタイムトラベルさせ、現代におけるサブカルチャー（非公式的文化）と、父親世代の世界観が形成されたスターリン時代における公式的文化との、社会的機能の差を際立たせている。主人公が自分の生れた街でタイムトラベルし若い両親に接することができるという状況設定は、『バック・トゥ・ザ・フューチャー』（85)の影響を思わせる。だが、ロバート・ゼメキスと違ってホチネンコはＳＦ的ディテールそのものには全く関心を払っていない（セルゲイが偶然知り合った鉱山技師アンドレイと一緒に時間を超えるのは、地面から突き出た針金に躓いた瞬間である。セルゲイは、アメリカ人ＳＦ作家レイ・ブラッドベリの短編を思い出すが、真の原因が解明されるわけではない。しばしば唐突に挿入される太陽の

プロミネンスの映像は、それが何か神秘的な力によるものであることを暗示している）。

　セルゲイは冒頭のシーンで、自分の学位論文が「社会的要請」に応えていないと父親に批判されるが、その父親は「どの世代も子供達に理想を示す必要がある」と言って自作の「社会主義リアリズム風」の小説を朗読して聞かせる。一方、街の文化会館では、ロック・グループ、Nautilus pompilius が「グッバイ、アメリカ」と歌っている。「俺が決して行くことのない」アメリカの文化を「禁断の果実」と呼び、それへの決別を詩的に述べたその歌詞は、四九年の村人達がそれに合わせて踊る素朴な民謡や感傷的な流行歌、セルゲイを胎内に宿す母親がラジオで聞くアニメーション映画の主題歌とは対照的に、文化創造の主導権を握ることのできる個人の自由意志を示している（ヴォーカルのヴァチェスラフ・ブトゥーソフ自身の作詞による『最後の手紙』と題されたこの歌は、2000 年代になって再び映画やテレビシリーズで引用されることになるが、ホチネンコの映画が製作された時点ではコンサートで演奏されていただけだった）。だが、ホチネンコはサブカルチャーの創造性を無条件に肯定しているわけではない。ラストシーンでは、タルコフスキーの『惑星ソラリス』を想起させる父親との和解のヴィジョン（「放蕩息子の帰還」のイメージ)を見せているが、そこで鳴り響くのはロシア正教の聖歌に似た合唱曲である。

　『強盗』において、パンク・ロックのヴォーカリストとしてステージに立つ青年コースチャとその弟が直面する悲劇的状況は、かなり単純なプロットや彼らの内面描写によってその原因が説明されているわけではない。オゴロドニコフは多様なエピソードや異質な映像素材によるモンタージュを駆使し、サブカルチャーと公式的な「古典」文化とを無条件に対置して前者を後者よりも「劣悪なもの」、「不道徳なもの」だと決めつける人々（警察、テレビに代表されるマスメディア、ポップスのコンクールの審査員や管理委員会

等)が、若者達の社会的存在を脅かしてゆく構造を示している。

『強盗』の映画的テクストは、パンク、ゴシック、テクノ、フォークから、古典的なバレエやクラシック音楽に至る、非常に多様な素材から織り成されている。その多様な素材を導入するための動機付けとして、白黒の記録映画のテレビ放映、街頭でのパフォーマンス、アマチュアを対象とするコンクールの審査、コースチャやその他バンドのライヴ・コンサートのエピソードがある。これらの動機付けのお陰で、映画は抽象的実験に陥ることなく、ペレストロイカ時代の一種カーニヴァル的な文化状況を伝えることにも成功している。51年生まれのオゴロドニコフは、同世代の映画作家の中では、ロック・サブカルチャーに対して最も好意的な態度を示していると言える。

1936年生まれのサーヴァ・クリシは、『ロック・スタイルの悲劇』（88)において、サブカルチャーに関する保守派の見解を示している。この作品では、ロックが麻薬やオカルト的新興宗教と並んで、青少年を道徳的に退廃させる要因になり得ることが暗示されている。この映画のスタイルは、題名に反して時代遅れである。オゴロドニコフが巧みなモンタージュによって多義的に示したロックと若者の行動との関係が、ここでは「社会主義リアリズム」的なドラマツルギーによって、冗長かつ一義的にしか示されていない。

主人公ヴィクトルは、セルゲイ・クリョーヒンと「ポップ・メハニカ」の音楽を愛好し友人とバイクを乗り回すことに喜びを見出す、普通の青年である。彼の父親ドミトリーは豪華なマンションに住み、自分の誕生日に学生時代の友人達を呼ぶ。15年ぶりに顔を合わせた彼らの会話は、ヴィクトルには理解も共感もできない。成功者であるドミトリーへの嫉妬や、スターリン時代の恐怖の思い出や偽善的な日和見主義や若者への不信感を隠さずに語る彼らに対して、ヴィクトルは「偉大な人間になりたい」と言う。親友のゲンリッヒと一緒に、古代ローマとペレストロイカ進行中の現代を混在させた設定

の素人演劇を練習している彼にとって、ロックを聴くことは親の世代への異議申し立ての一形式でしかない。

　2時間40分を超えるこの映画の後半では、ドミトリーの逮捕とその直後に現れたカシウスと名乗る男の策謀による家庭崩壊が描かれる。ヴィクトルとその異母妹、そしてゲンリッヒまでもが、怪しげな終末論的オカルト宗教の師を装ったカシウスの誘導によって麻薬中毒患者にされてしまうのだが、その契機となっているのは、ヴィクトルが喧嘩騒ぎを起こす夜のロック・コンサートのシーンである。麻薬による幻覚や乱交のエピソードは、非常に長い悪夢のような印象を与える。ヴィクトルは堕落してゆきながらも父の無実を信じているが、カシウスはドミトリーが自分の立場を利用して党の資金や財産を不当に得た「合法的泥棒」だと断罪する。彼の真の目的が自分達を麻薬で操り父の財産を奪うことだと知ったヴィクトルは、カシウスを自動車事故の道連れにしようとする。だが、カシウスは事故の直前に車から脱出し、仲間に救われる。息子の葬式に参列するため一時釈放されたドミトリーは、ヴィクトルがゲンリッヒと演じた素人演劇の録音を聞きながら、廃車置場にある自分の車を探す。そのトランクからは彼が隠していた大金入りのスーツケースが出てくるが、ドミトリーはカシウスの一団が近づく前にガソリンタンクに火のついた紙幣を投げ込み、焼死する。一人残された異母妹は、再び麻薬に溺れてゆく。

　クリシの映画では、ペレストロイカ以前のアサーノワ作品と同様、ロックは自壊してゆく社会の徴候として扱われているに過ぎない。80年代以前の古典的な劇映画のドラマツルギー、特にイデオロギー的な曖昧さや多義性を嫌ったソ連当局公認のドラマツルギーでは、現実のサブカルチャーが持つ多面性を十分には捉えきれないのである。ペレストロイカ時代における若者サブカルチャーの急激な浸透は、当局が公認してきた美学的モデルに基づいてしか映画を作ることを知らない古い世代の監督達にとって扱いにくい文化状況をもた

らした。「停滞の時代」からサブカルチャーを「引用」的に映画の
テクストに導入していたソロヴィヨフは、そのような文化状況に直
面しても、それほど困惑しなかった。彼は 89 年に『黒バラは悲し
みの印、赤バラは愛の印』を発表するが、これは多幸症的な陽気さ
と不条理なプロット展開を伴う、サブカルチャー総覧的な作品であ
る。

映画政策と映画産業②　「公式的」スタイルへの試練

　ソ連の映画界では、ペレストロイカの初期に改革を主導するよう
な動きがあった。1986 年 5 月 13 日から 15 日にかけて開かれた第
五回全ソ映画人同盟大会でレフ・クリジャーノフに代わってエレ
ム・クリモフが第一書記に選出され、書記局のメンバーが 60%以
上も刷新された。同 17 日には、過去に上映禁止となった作品の名
誉回復と一般公開を目的として、映画人同盟内に「創造的諸問題に
関する争議調停委員会」が創設された。当初、対象となる映画は 20
〜30 本程度だと思われていたが、最終的には 4 年間で 250 本の作
品が再評価されることになった [44]。

　映画人同盟は、1965 年 11 月、イワン・プィリエフやミハイル・
ロンムといった当時中堅以上の監督達からの、長年に渡る要請を受
けて設立された。他の諸芸術に携わる人々には作家同盟や美術家同
盟のような職能団体が存在したのに、映画人だけは自分の職能団体
を持たなかった事実は、1930 年代以降の国家による映画統制の厳
しさを物語っている [45]。「停滞の時代」を通じて、映画人同盟には
「映画芸術」誌をゴスキノと共同で刊行するなど、映画に関する言説
に多少の幅を持たせる程度のことしかできなかった。だが、グリゴ
リー・チュフライやセルゲイ・ゲラーシモフ等の映画人は、エルマ
シが個人的判断で行った程度には、個々の若手作家を擁護していた。
ペレストロイカ時代前半に映画人同盟が映画界「改革」の中心になっ
たことは、映画人達の官僚主義との闘いという、言わば「雪どけ」時

代の古いテーマを政策転換に乗じて大々的に展開したものだとも言える。後述するが、そこには「60年代人」的な高揚した理想主義はあっても映画産業の現実を踏まえた戦略はなく、4年後には破綻が明らかになった。

　既に述べたように、美学的に定義不可能な社会主義リアリズムの概念が、ある程度まで作家が安全に使用できる、或いは当局を欺く仮面として利用できる標準的スタイルをもたらしていたのが、「停滞の時代」におけるソ連映画の逆説だった。全体として見ればそれは没個性的で生彩はないものの、国営スタジオが一定以上の技術的水準を満たしながら維持していたスタンダードなスタイルだった。

　ペレストロイカ時代から90年代初めにかけては、この「スタンダード」に対する映画作家の姿勢の違いが顕著に現れた時代だった。国営スタジオ・システムが徐々に崩壊していく中で、標準的スタイルとしての「社会主義リアリズム」への依存度によって、ソ連解体後10年間の作家の運命がある程度決まってしまったのである。つまり、製作費がかかるこのスタイルへの依存度が高い監督ほど、1990年代には創作上の停滞に陥ってしまったのである。

　ソ連最大のスタジオ「モスフィルム」で脚本家のアレクサンドル・ミンダーゼとコンビを組んで創作していたワジーム・アブドラシートフは、『下僕』（88）で重厚な寓話的スタイルを完成させて国際的評価を得たが、その後は次第に寡作になっていった。『下僕』は、キリスト教的な寓意を、人物設定や音楽、ロケ地の風景や建築様式、主人公クリューエフが指揮する交響楽団の合唱隊の衣装にまで広げている。それら、作品の美学的一貫性のためだけに用意された要素が、それ自体として何の様式化も被らず、誇張も戯画化もなく物語世界の現実的な構成要素として見えるためには、ソ連時代のスタジオ・システムにおけるような潤沢な予算が不可欠である。アブドラシートフはソ連解体の年に製作された『アルマヴィール』

(91)において豪華客船の難破シーンを簡潔かつ効果的に演出しているが、それ以外のシーンはほとんどロケセットで簡素に撮影している。次の『乗客たちのための戯曲』(95)になると上映時間の点でもスケールの点でも前2作より小粒であり、もはやスタイル上の個性はほとんど感じられない。

　アブドラシートフほど「スタンダード」への依存度は高くなくとも、やはりスタジオ・システムに馴染んでいたレンフィルムやゴーリキー映画スタジオ（ゴーリキー名称中央児童青年映画スタジオ）、オデッサ映画スタジオのベテラン監督達の多くは、映画産業の急速な再編成によって創作の継続が困難になった。ペレストロイカ以前からスタジオに依存しない独自の創作方法を模索していたソクーロフやキラ・ムラートワは例外として、国営スタジオ・システムの中で生きてきた監督達の多くは、世代に関係なく寡作になっていった。

　反対に、80年代初めから活動を開始していた「アンダーグラウンド」作家達は、最初から低予算での製作に慣れていた。ペレストロイカ前後に彼らの活動は活発化し、モスクワとレニングラードで新しい映画ムーヴメントを起こした。だが、彼らは通常、16mmフィルムやヴィデオカメラによって製作し、自分達で上映会を開いていただけで、産業的には存在しないも同然だった。

　35mmフィルムによる映画製作は、ペレストロイカ以前には国営映画産業のプランの枠内で行われていたため個人での製作は違法だったが、セルゲイ・セリヤノフやニキータ・ミハルコフは、敢えてそれを行った。1955年生まれのセリヤノフは、75年から78年まで学んでいたトゥーラ工業大学でアマチュア映画スタジオを主催していた。彼は、ВГИКにも学び、自分と同じ脚本科のミハイル・コノヴァリチュクの脚本により『名の日』(80／88)を監督しているが、これは習作という名目で大学の機材を利用した自主製作だった。セリヤノフは監督を目指して87年に高等脚本家・監督コースに入学したが、その入学試験の際に『名の日』の存在を明るみに出し、最

終的にはレンフィルムでの仕上げを経て一般公開にまでこぎつけた[46]。ミハルコフは、1980年以降、自分の娘アンナに毎年一度、決まった質問をし、それに答える彼女の映像を35mmフィルムに記録したが、撮影もフィルムの現像も彼の知人達がリスクを冒して行っていた。その素材が長編ドキュメンタリー『六歳から18歳までのアンナ』（93）という形で完成されるだろうとは、当初彼自身も予想していなかった[47]。アレクサンドル・ソクーロフは、1978年にВГИКの卒業製作という公式的な枠の中で『孤独な声』（78／87）を製作したが、当時ドキュメンタリー映画のクラスに在籍していたにもかかわらず、長編劇映画として完成させた。この映画は一部の教員から支持されたものの大学の事務局からは卒業製作と認められず、廃棄命令さえ下された[48]。

　早い段階で製作における「別の道」を模索した彼らは、他の映画作家よりも速く市場原理に適応することができた。セリヤノフは、90年代に入って2本の意欲的な長編劇映画を監督する傍ら、プロデューサーとして活動し始め、民間製作会社の草分けであるＳＴＶを創設する。ミハルコフも自分の会社「トリテ」を設立し、後には自分の作品以外の映画もプロデュースしている。ソクーロフは非商業的な映画を作り続けたが、公式的スタイルの作家達と違って低予算でも柔軟に製作し、国内外の映画祭で評価された。

映画に関する言説②　「シネ・ファントム」とパラレル・キノ

　ペレストロイカの進行は、若者サブカルチャーの映画文化への侵入を加速する一方で、映画文化内部にあった非公式的な要因、とりわけ実験的なアンダーグランド映画の影響力を増大させた。

　モスクワのアンダーグラウンド映画運動「パラレル・キノ」の創始者アレイニコフ兄弟は、80年代前半から16mmフィルムによる自主製作を始め、86年初めから90年までの間、小部数のコラージュ的映画雑誌「シネ・ファントム」を発行していた。これは当初、映画に

関する非公式的な言説の中でも映画文化への影響力は皆無に等しいものだった。第 1 号はイーゴリ・アレイニコフ一人が執筆していたが、やがて編集部には、後に若手批評家の代表となるセルゲイ・ドブロトヴォルスキーやミハイル・トロフィメンコフが加わった。自主映画作家では、エフゲニー・コンドラチェフやレニングラードの「ネクロリアリズム」の代表者であるエフゲニー・ユフィトが参加した。この雑誌の内容は、「カイエ・デュ・シネマ」編集長のインタヴューから、フランスの「ヌーヴェル・バーグ」やドイツの「ニュー・ジャーマン・シネマ」、ジョナス・メカスやセルゲイ・エイゼンシュテインとソヴィエト・アヴァンギャルドに関する論考などだった [49]。

　ペレストロイカ時代には、それまで表面に出ることのなかった彼らの活動が公認され、1987 年 11 月 14 日にモスクワで第一回「パラレル・キノ」祭（Cine Fantom Fest 87）が開催された。この催しに先行して、既にエレム・クリモフやアンドレイ・スミルノフといった「停滞の時代」に検閲で苦労した監督達が彼らの映画を見て支持を約束し、セルゲイ・セリヤノフやアレクサンドル・ソクーロフも彼らに期待をかけた [50]。

　彼らの非公式的な言説は、時代の転換期にあって、これまでとは違う映画のあり方を示唆するものと見なされた。ソクーロフの『日陽はしづかに発酵し・・・』（88)には、映画における「アンダーグラウンド」運動への小さな言及がある。主人公とその姉が、家に入り込んだ大蛇を発見するシーンで、アレイニコフ兄弟の実験的短編「モンストルス・エクゾシス」に触れているのである。ソクーロフと「アンダーグラウンド」映画運動の接近は、88 年の 5 月に、映画学校の開校という形での展開を見る。ソクーロフは、自分の映画スタッフや親交のあった映画学者ミハイル・ヤンポリスキーを講師に招き、「パラレル・キノ」の若者達をプロフェッショナルな映画監督に養成しようと試みた。映画に関する公式的な言説を代表する一人が、非公式的言説の担い手であった若者達と創造的な成果を求めて接触したのである。しかし、学生のアマチュア的な美学は、職業的技能

を重視するソクーロフの意図と食い違い、エフゲニー・ユフィト以外は長編劇映画へ進むことはなかった。そのため、映画学校は予定より早く閉鎖された[51]。

アレイニコフ兄弟は、モスフィルムで35mmによる中編『ここに誰かがいた』(89)を監督し、90年代には初の長編劇映画『トラクター運転手達 2』(92)を作っている。一方、「シネ・ファントム」と同じアンダーグラウンドから出たドブロトヴォルスキーやトロフィメンコフは、90年代の混沌としたロシア映画界で主導的な批評家として活動することになった。「映画芸術」以外で彼らがしばしば執筆活動を行った雑誌として、レンフィルムの広報誌的な形で始まった「セアンス」(90年創刊)が挙げられる。

広報誌とは言え、リュボーフィ・アルクスを編集長とする「セアンス」は、官僚主義と無縁であり、早い時期から若手監督達の作品を海外に紹介することに積極的だった。成果がどれほどのものだったにせよ、91年秋には、「文明化された」西欧世界を多分に意識した構成を採っていた。第四号では、同年10月にレンフィルムの旧作特集上映が予定されていた「ナント3大陸映画祭」を含むナント市の文化祭 Les allumées 開催に合わせて、ナント市の「文化発展のための探究センター (CRDC)所長ジャン・ブレーズからの挨拶文を巻頭に掲載しただけでなく、フランスの批評家達の協力を得て同号の計48ページを全てフランス語対訳付きにした。そこには、当時、ソ連・東欧との合作に特化した基金を持っていたフランスへの配慮が見られ、また「レニングラード派」に対する海外からの注目や発刊を支援したレンフィルムの半官半民的な態勢も反映されているように思われる。だが、ドブロトヴォルスキーら若い批評家達は、単に非公式的な言説から公式的言説への移行を行ったわけではなかった。90年代という、ロシアの映画文化に再構築が求められた時代には、両者が互いの欠点を補い合い映画に関する言説全体の活性化を促すために、境界を取り払う必要があったのである。第三章で

詳述することになるが、映画文化の大変動に当って批評家達からは、それまでとは違った新しい役割を果たすことが要請され始めていた。

映画政策と映画産業③　市場経済への適応

　ペレストロイカ期には、国営スタジオの中でも独立採算制（хозрасчет）を採用する機運が高まったが、これは市場原理を一部採用しようとする政府の主導によるものだった。本格的な映画民営化の第一歩は 1988 年 7 月、最初の映画協同組合（кинокооператив）、「フォーラ・フィルム」の設立に始まる。これは、それまで国営であった製作・配給の一貫システムを覆すものだった。創立者アンドレイ・ラズモフスキーの考案したシステムは、国営映画スタジオから映画のプリントを買付け、映画館主達と直に配給契約を結び、興行収入の半分を共同組合が手にするというものだった。やがてフォーラ・フィルムは、配給で得た収益を元手に映画を製作・配給した。しかし、ラズモフスキー自身が監督した『あの顔』（90)を除き、商業的にはあまり成功しなかった [52]。

　ペレストロイカの開始と共にデビューした若手監督の中には、市場経済への移行によって映画製作者に要求される厳しい条件を考慮して創作することができた者もいた。ヴァシーリー・ピチュル監督の低予算現代劇『小さなヴェーラ』（88)は、青少年向けの比較的低予算な映画を作ってきたゴーリキー映画スタジオで製作され、国内で大ヒットしただけでなく、ヴェネチア映画祭で受賞するなど国際的な評価も得た成功例である。

　「ジャンル映画」と総称される分野で 70 年代後半からテレビ放映用映画を演出して成功を収めていたマスレンニコフやゴヴォルーヒンは、ペレストロイカ時代になってもジャンル映画を作り続けた（メロドラマ『冬のチェリー』（85)、アガサ・クリスティー原作の『そして誰もいなくなった』（87)）。彼らと同じ道を選んだ新人が、『翌日戦争が始まった』（87)でスターリン時代の青春群像を描いてデビューしたユーリィ・カラである。彼の『合法的泥棒』（88)は、アメリカの犯罪映画の影響を受けた大衆向けの娯楽作品

だが、ブレジネフ時代の組織犯罪と警察を含む腐敗の構造を暴きつつ、プロットの縦軸としてメリメの『カルメン』を用いてビゼーの同名歌曲に基づく組曲を頻繁に使用するなど、ジャンル映画としては高度な技巧を見せている。『翌日戦争が始まった』におけるシンプルな物語とヴィヴァルディの『四季』の結合からも分かるように、カラの作風は、工場労働者から高等教育を受けたホワイトカラーまで広範な観客にアピールし得るものである。『合法的泥棒』の後、カラは再びスターリン時代を舞台にした原作もの『バルタザールの饗宴、或いはスターリンとの一夜』（89)を手がけたが、スタイルは前作同様に平易で、スターリン批判がある一方で観客はアブハジアやグルジアの民族芸能を堪能できる構成になっていた。

　カラと同じ 1954 年生まれのオレーグ・テプツォフは、レンフィルム製作の『ミスター・デザイナー』（88)において、20 世紀初頭のロシア・西欧の芸術作品をふんだんに引用しながら、スリラーというソ連時代にはほとんど製作されなかったジャンルに挑戦した。アレクサンドル・グリーンの原作小説「灰色の自動車」を大胆に脚色したのは、ソクーロフの常連脚本家になるユーリイ・アラボフである。ミステリアスな物語と象徴主義の美学や思想とが結合したシナリオは、音楽家としての専門教育を受けたテプツォフの巧みな音と映像のモンタージュによって、豊かな映画的表現を与えられた。セルゲイ・クリョーヒンのオリジナル音楽も、ジャンル映画の枠内で芸術性を追究するという監督の姿勢に合致している。

　アッラ・スーリコワは 70 年代前半から監督作品のある中堅だったが、西部劇の枠組みを使って観客を楽しませながら映画史への考察も行った『カプチーノ街から来た人』（87)は、彼女の経歴中最大のヒット作になった。西部劇やアクション映画的な設定は、スーリコワと同じ 40 年生まれのアレクサンドル・プロシキン監督『53 年の寒い夏』（88) にも見られ、この作品も大ヒットした[53]。しかし、これはソヴィエト映画史を振り返れば特に新しい出来事ではない。エレーナ・プロホーロワ他が指摘するように、冒険映画、アクション映画的な設定、西部劇的要素の導入は、サイレント時代の

『赤い子悪魔』（23）から、『チャパーエフ』（34）、『荒野の白い太陽』（69）、『光と影のバラード』（74）に至るまで、長い伝統を持つからである[54]。

　80年代以前にも各スタジオ内では、映画をある程度タイプ分けしてそれぞれ専属のスタッフを割り当て、多様化を図る方針が採用されていた。「創作班（творческое объединение）」と呼ばれるこの小集団による分担方式は、モスフィルムやレンフィルムのような大きなスタジオだけでなく、ゴーリキー映画スタジオ、オデッサ映画スタジオなど中規模のスタジオや地方のスタジオでも採用され、若い新人に比較的低予算でデビュー映画を製作させる創作班もあった[55]。各創作班には「芸術主任（художественный руководитель）」がおり、個々の作品を審議するために彼らによる「芸術会議」が開かれた。このように、技術の継承と新人の養成は「停滞の時代」でも正常に行なわれていた（例えば、ペレストロイカ時代にレンフィルムで監督デビューしたアルカジー・ティガイやヴィクトル・セルゲーエフは、マスレンニコフの『シャーロック・ホームズとワトソン博士の冒険　アグラの財宝』（83）で助監督としてクレジットされている）。モスクワから遠いために検閲がそれほど厳しくなかったとされる各民族共和国のスタジオだけでなく、ロシア内の地方スタジオからも新人監督が長編デビューできたのは、こうしたシステムの存在による。例えば、ペレストロイカ時代に『主人公のための鏡』で注目されたウラジーミル・ホチネンコは、70年代末にスヴェルドロフスク映画スタジオで美術監督や助監督として働いた後、モスクワの高等脚本家・監督コースを卒業し、ペレストロイカ前にスヴェルドロフスク映画スタジオで長編デビューしていた。

　創作班はペレストロイカ時代に一旦解消され、それらを基盤に「クルーグ」、「スローヴォ」（いずれもモスフィルム内）、「トロイツキー・モスト」（レンフィルム内）等、製作における自立性と経済的な独立性をもった会社（スタジオ）が創設された。国内最

大のスタジオ、モスフィルムでは、87年に新たな連合（スタジオ）の創設、88年10月に海外のパートナーに対し自由に映画を販売できる会社の設立、89年1月に完全な独立採算制への移行が行われた。そして、モスフィルム自体は、89年7月20日に国営創作・製作連合（ГТПО)モスフィルムに再編され、国の発注した作品以外では経営と創作の独立性を保持することになった[56]。

　規模において国内第2のスタジオであるレンフィルムでは、89年中に6つの独立採算制スタジオと第1・実験映画スタジオ、共同組合方式のスタジオが一つ設立された。レンフィルムは90年9月以降、これら小さなスタジオの製作基盤になると同時に、自らもスタジオとして製作の権利を残した。91年秋までにレンフィルム内の独立スタジオは合計九つになっていたが（「ゴーロス」、「ラードガ」、「ニェーヴァ」、「トロイツキー・モスト」、「ディアパゾーン」、「ペトロポーリ」、「レンフィルム」、第1・実験映画スタジオ、児童映画スタジオ「バルマレイ」）、それらは映画協会「レンフィルム」を形成し、理事のアレクサンドル・ゴルトヴァは「大」レンフィルム所長を兼ねた[57]。イーゴリ・マスレンニコフを社長とする「トロイツキー・モスト」は、ソ連解体後の経済的混乱期にロシア映画の国際的評価の維持に貢献することになる。しかし、ここで製作された諸作品には、ヴィターリー・カネフスキー監督の『動くな、死ね、甦れ』（89、カンヌ映画祭最優秀新人賞)やスヴェトラーナ・プロスクーリナ監督『偶然のワルツ』（89、ロカルノ映画祭グラン・プリ受賞）、アレクサンドル・ソクーロフの『セカンド・サークル』（90、ロッテルダム映画祭国際批評家連盟賞)のように、海外の映画祭での高い評価と徹底した非商業性という、90年代前半のロシア映画が抱えることになる矛盾の一つが、既に現れていた。

　市場経済に適応する努力は、西側諸国（主に西ヨーロッパ)との合作や、国際映画祭の積極的な利用にも現れている。モスフィルムは、西ドイツのバヴァリア・フィルムと、寓話的なファンタジー映画『竜を殺す』（88、マルク・ザハーロフ監督)を、イギリスのスペクテイター・エンターテイメントと神秘主義的な歴史映画『皇帝

の暗殺者』（91、カレン・シャフナザーロフ）を、フランスのヴィクトリア・フィルムと『アンナ・カラマーゾフ』（91、ルスタム・ハムダーモフ監督）を共同製作した。また、アメリカのコロンビア・ピクチャーズ、イタリアのヌーメロ・ウノ・インターナショナルと『インナーサークル—映写技師は見ていた』（91、アンドレイ・コンチャロフスキー監督)を完成させている。レンフィルムはカンヌ映画祭最優秀監督賞受賞作『タクシー・ブルース』（90、パーヴェル・ルンギン監督）をフランスと、『アフガンの屈曲』（91、ウラジーミル・ボルツコ監督)をイタリアと合作し、ゴーリキー映画スタジオは、ドストエフスキー原作、ナスターシャ・キンスキー出演によるスイスとの合作『虐げられた人々』（90、アンドレイ・エシパイ監督)を実現させている。また、ウクライナのドヴジェンコ映画スタジオは、西ドイツと合作で『海辺を走るまだらの犬』（90、カレン・ゲヴォルキャン)を製作したが、これは少数民族ニヴヒの伝統的生活を描いた劇映画であり、キルギスの小説家チンギス・アイトマートフの原作に基づき、同じくキルギスの監督トロムシ・オケーエフが脚本に協力するという異色作だった。

　配給の改革は製作に比べて遅れていた。1945 年の創設以来「ソヴェクスポルトフィルム（ソ連映画輸入公団）」が持っていた国産映画の輸出と外国映画の買付けの独占権がようやく廃止されたのは、共同組合方式の民間製作会社が現れて一年以上経った、1989 年 11 月 15 日だった 58。この決定に先んじる 3 月 21 日、外国映画の民間配給会社の先駆けとなったソヴィエト＝イギリス創作協会が公式登記されていた。この組織は、ソ連側の国家映画委員会と、英国側のパートナーである独立テレビ局「セントラル・テレヴィジョン」及び「有限会社ＳＱＰ」が対等に投資する内容の契約を結んで設立された。最初の配給作品はＵＩＰから配給権を買った『風と共に去りぬ』である。ソヴィエト＝イギリス創作協会は配給以外の事業として、世界各国のテレビ局と番組の共同製作を行い、約 150 のプロ

ジェクトを実現させた。90年10月に始まった『風と共に去りぬ』のモスクワでの興行は一年のロングランを記録するほど成功し、収益の70%を受け取る契約を結んでいたＵＩＰは旧作から全く予期しない収入を得ることができた。協会の配給事業の成功は外国映画の民間配給に道を開くかに見えたが、91年3月にアメリカ映画産業協会（ＭＰＡ）会長ジャック・ヴァレンティは、違法コピーの流通を理由にソ連へのメジャー・スタジオ作品の輸出禁止を宣言した[59]。これにより、アメリカからは、捨て値で売られる劣悪な映画しか輸入できなくなった。

　ペレストロイカ開始の時点で、ソ連の映画産業には、大ヒットする大衆娯楽作品から国際的に評価される芸術作品に至るまで多様な作品を継続的に製作し、若手を養成できる制度的基盤があった。そのことが、ペレストロイカ後の制度改正と共に西欧諸国との合作を容易にしたのである。ソ連時代末期にロシアの映画産業を衰退させたのは、製作面のシステム的な欠陥ではない。その原因は、製作システム以外の非公式的、人的な要因や映画文化の外部にあった。即ち、既に述べたような個々の映画作家における美学上の保守性、ペレストロイカがもたらした社会・政治・経済の混乱、検閲の復活を恐れて濫作し始めた映画作家達による暴露的な旧体制批判への熱中と美学的実験、85年から登場した「ヴィデオホール」や「ヴィデオテーク」において公式的に解禁されたヴィデオという競争相手の勢力拡大[60]、民間映画製作会社の商業的効果を狙った扇情主義、マネーロンダリング目的の低予算映画製作の増加による濫作である。だが、おそらく映画産業衰退の最大の原因は、製作システムよりも改革が遅れた上にソ連解体による壊滅的打撃を被った配給制度の問題だった。

　配給制度の改革が映画産業の存続にとって焦眉の問題であることは、89年末までに明らかになっていた。イーゴリ・マスレンニコフは当時、法制改革が遅れたために従来の条件下で新しい経営を始

めければならない映画館主と、彼らが提示する条件では製作費の回収が困難な映画製作者との、ままならぬ関係について証言している。配給制度の中途半端な改革は、各地域の政治的有力者が各自勝手に特定作品の上映を許可したり禁止したりするという事態をもたらした。更に、製作費として 50 万ドル以上必要な時代に、平均 27 コペイカの入場料を始めとする以前の条件は相応しくないと言うのである [61]。

　ソヴェクスポルトフィルムの配給独占権廃止によって映画館に作品選択の自由が与えられたといっても、彼らに以前より収益を上げられるハリウッド製大ヒット作の買付け資金があろうはずはなかった。一方で国産映画の公開用プリントの価格は上昇し続けた。その理由は 3 つ考えられる。①前年秋の当局決定により全ソ連的な配給網が既に存在しなくなり、各民族共和国の配給は各国文化省に委ねられたため、1 作品当りの公開用プリント数が減ったこと。②各種人件費の自由化やインフレーションによって映画の製作費自体が上昇していったこと。③映画製作への資金流入が増えて映画作品が供給過多になったにもかかわらず、各種スタジオが公開用プリントを売って利潤を製作に再投資しようとしたことである。結果的に、映画館主達は、比較的良質で以前ならば利益を見込むことができたような国産映画のプリントすら買えなくなっていった。

　この状況を受け、1990 年 5 月 26 日にモスクワの映画館「オクチャーブリ」で、ソ連全域の映画及びヴィデオ配給業者協会（АСКИН）の設立総会が開催された。同協会の理事には、以前に複数の映画館を経営した経験があり、当時は地下鉄で花を販売する共同組合「メトロポリタン」の代表だった、イスマイル・タギ=ザデが選ばれた。ザデの構想では、映画の配給や興行を全国的に管理することで、この領域で働く人々の労働条件が改善されるはずだった。だが、協会としての登録はされたものの、その設立は映画人同盟からの反対を受けただけでなく、同業者の多くからも配給の「独占」や

国営化をもたらすのではないかという危惧が持たれた。映画及びヴ
ィデオ配給業者協会が世界の映画市場でも活動することを望んだザ
デは、同年のカンヌ映画祭のマーケットに出向いたが、何の成果も
持ち帰ることができなかった。彼は翌年のカンヌ映画祭にプロデュ
ーサーとして『皇帝イワン・グローズヌィ』を鳴り物入りで出品し
たが、何の成果も挙げることができなかった [62]。

　政治・経済・文化の全領域における変化は、「停滞の時代」以前に
映画界で経験を積んできた最も優秀な人々にさえ、予測不可能なほ
ど大きかった。映画界での経験がまだ浅い若者達は、状況の変化に
対応しようと努力した。彼らの中には、自ら製作会社を設立する者
もいた。1990 年 2 月 14 日、独立映画協会（АНК）の創立会議がモ
スクワで開かれ、民間映画製作の活発化を印象付けた [63]。同年、い
ずれもБГИКの卒業生で 30 歳前後だったヴァレーリー・トドロフ
スキー、イーゴリ・トルストゥノーフ、セルゲイ・リヴネフの 3 人
は、それぞれの頭文字を取った製作グループＴＴＬを組織し、ゴー
リキー映画スタジオをベースに低予算の劇映画製作を行った。リヴ
ネフの脚本・監督により『キクス』（91）が、トドロフスキー脚
本・監督により『愛』（91)が製作されたが、映像の遊びとポップ
歌手インナ・ジェランナヤの歌をふんだんに盛り込んだ前者も、反
ユダヤ的なショーヴィニズムのテーマと「雪どけ」時代を想起させる
軽やかなタッチとを共存させた後者も、商業的には大きな成果を得
ることができなかったと思われる。配給システムが十分に改革され
ないままソ連解体の日を迎えたことで興行によって製作費を回収す
る基盤が失われる一方、ＶＨＳソフト市場は違法な海賊版に席巻さ
れていたからである [64]。

映画作品⑤　終末前の3つのヴィジョン

　1986年から91年にかけてのソヴィエト映画は、ソ連という国家内部の文化的な矛盾が拡大してゆくにつれて、3つの世界感覚ないしヴィジョンを程度の差はあれ反映していた。ペレストロイカの初期には抑圧されていた創造性と想像力の噴出が政治的パトスと結びつき、中世のカーニヴァルを思わせる多幸症的ヴィジョンが優勢である。多民族国家ソ連が内部から崩壊してゆくにつれ、諸民族の相克が前面に現れ、ロシアにおいては民族のアイデンティティーをロシア正教の伝統に求める傾向が強くなってゆく。その段階で前面に出てきたのが、黙示録的ヴィジョンである。そしてソ連最後の2年間には、社会や国家の解体のイメージが、隠喩的な死のヴィジョンの変奏として姿を現わす。

　ペレストロイカ時代のソヴィエト映画は、形式の面でもテーマの面でも非常に多様であったが、同時代的に本国でも海外でも注目されたのは、それまでの政治的なタブーを破った作品群だった。スターリン時代の批判はソ連解体後まで続く現代ロシア映画の定番と化したが、1920年前後の「赤色テロル」や「停滞の時代」を扱った映画も作られ、本国や海外で反響を呼んでいた。それらの作品を現在見直すと、時流に乗って作られた露悪的映画として一括りにできない真摯さが感じられることが多い。作品の完成度は様々だが、決然として過去と袂を分かつための通過儀礼めいた生真面目さがある点で共通している。懺悔又は改心のテーマがしばしばドラマの中核をなしているのも偶然ではあるまい。

　ペレストロイカの初期（86〜87年）には、ソ連時代を通じた過去の過ちに対する懺悔や告発の性格を持った映画はまだ前面に出てこなかった。むしろ、オゴロドニコフの『強盗』に関して述べたカーニヴァル的な文化状況の反映が、ペレストロイカ時代前半に製作

された作品の多くに共通している。ミハイル・バフチンによると、カーニヴァル的意識・世界感覚は古代から民衆の中にあり、そこでは「民衆の不死の感覚は、現存する権力、支配的な真実の相対性の感覚と結合している」[65]。ペレストロイカの時代、それまで公式文化から排除されていた創作者やサブカルチャーの体現者である若者達は、まさに「現存する権力、支配的な真実」の相対性を暴露し、それを転覆させようとした。だが、カーニヴァル的意識の発露は、映画の中に反映された現実（若い登場人物達の権威への反抗という物語内容によって最も典型的に具現されるそれ）だけでなく、映画的言説自体にも観察される。

　例えばそれは、ソ連政府が「社会主義リアリズム」の古典と見做してきた作品や、そのスタイルを標的とするパロディという形をとった[66]。既に触れた『ネプチューン祭』における『アレクサンドル・ネフスキー』のパロディ、『アッサ』における『惑星ソラリス』の家族ヴィデオのパロディ、『黒バラは悲しみの印、赤バラは愛の印』における『戦艦ポチョムキン』のパロディ以外に、オフチャロフの『それ』（89)における各時代の一般的なスタイルの模倣と作品のパロディを挙げることができる。

　オフチャロフの作品では、彼固有の戯画的なスタイルと各時代のソ連映画のスタイルとが混在し、しばしばそれらが一体化している[67]。最初に現れる字幕により、この映画の素材がある街の映画アーカイヴで発見され、1989年に音と映像を復元されたという架空の設定が説明されているが、この字幕の形式と内容自体もソ連の公式的な映画的スタイルの一部（復元された古い映画のそれ）なのである。そこにはもはや、『強盗』や『アッサ』、そしてオフチャロフ自身の『嘘のような話』や『左利き』にさえあった「民衆の不死の感覚」はない。彼は、カレン・シャフナザーロフが『ゼロ・シティ』（88)において地方都市の郷土博物館の収蔵物である様々な時代の蝋人形を生身の俳優達に演じさせたように、マルガリータ・テ

レホワやロラン・ブィコフのような有名俳優を使って過去のイメージを捏造し、尚且つそれが虚構であること、形骸であることをあからさまに示している。『それ』におけるカーニヴァル的イメージは、単に形骸化しているだけではない。後述するが、それは黙示録的な終末感覚に深く侵食されている。

　「停滞の時代」以前にデビューしていた映画監督達は、ペレストロイカ以前に扱うことのできなかった、支配層や体制の偽善性を告発した。セルゲイ・スニェシキンの『地域規模の非常事態』（88、ユーリイ・ポリャコフの同名小説に基づく、脚本もポリャコフ）は、シネスコ・サイズという80年代のソ連映画には少ない画面サイズを選択し、ブレジネフ時代のコムソモール（青年共産同盟）の道徳的堕落を描きながら、極めてオーソドックスな「社会主義リアリズム」のスタイルで作られている。コムソモールの青少年への思想的影響については、後にスタニスラフ・ゴヴォルーヒンがドキュメンタリー映画『こんな風に生きてはいけない』（90）の中で痛烈に批判しているが、スニェシキンの映画では、主人公であるコムソモールのエリートの改心に焦点が当てられている。彼はある事件をきっかけに自分の不道徳さを反省し、何もかも失うことを覚悟で社会の停滞を公然と批判する。だが皮肉なことに、その批判は党によって是認され、今後は月一度コムソモールの各地区委員会で自己批判を行うべきことが指示される。主人公の懺悔は組織のプログラムに取り込まれることで無害化され、彼は以前から定められていた党のエリートとしての行路から外れることができない。体制内の勇気ある告発が体制の自己保存のために巧妙に利用されてしまうという皮肉な図式は、エフゲニー・ツィムバルの中編『弁護人セドーフ』（88)にも見られる。ツィムバルの映画は白黒、スタンダードであり、ドキュメンタリー映像の挿入もあるが、スニェシキンの映画と同様、美学的には社会主義リアリズムの枠を出ていない。スターリン時代や「停滞の時代」の批判は、時流に乗ったテーマとして扱われ

る限りにおいては、映画的表現を刷新するよりも、逆に停滞させる
ことになった。それはサブカルチャーを扱った映画に関して述べた
のと同様である。禁じられていたテーマを扱う作者のヴィジョンが
従来通りであれば、作品は時代の移り変わりと共に急速に古びる。
『ロック・スタイルの悲劇』も『53年の寒い夏』も『地域規模の
非常事態』も、映画美学的には何も新しいものは提示しなかった。

　ペレストロイカ時代に顕在化し、その後のロシア映画に引き継が
れたテーマの一つが、懺悔や改悛のテーマである。懺悔のテーマは、
ペレストロイカ時代前半の代表的作品の一つであるテンギス・アブ
ラーゼ監督『ざんげ』よって、寓話的に展開されている。この作品
は84年にアブラーゼの故郷であるグルジア共和国のスタジオで製
作されたが、87年1月になってようやくソ連全土で公開され、同
年カンヌ映画祭で審査員特別大賞を含む三賞を受賞している。アブ
ラーゼはこの映画で時代も国も特定せずに、20世紀の独裁者達の
様々な特徴を備えた登場人物ヴァルラムを創作し、彼の罪とその息
子による懺悔の物語を、夢と現実とが錯綜する複雑なプロットによ
って提示している。アンナ・ロートンが指摘するように、独裁者ヴ
ァルラムにはヒトラー、ムッソリーニ、スターリンといった悪名高
い独裁者達だけでなく、キリスト教における悪魔のイメージも重ね
られている [68]。これに対し、彼の息子アベルは「停滞の時代」を代
表するかのような日和見主義的な政治家として描かれ、ヴァルラム
の孫に当たる自分の息子が自殺した後に初めて、過去の事実に目を
つぶってきた自らの罪を自覚し、父親ヴァルラムの死体を崖から放
り投げるのである。しかし、ヴァルラムとアベルが同じ俳優（アフ
タンディール・マハラーゼ）によって演じられていることから、こ
の懺悔の意味は一義的ではなくなっている。また、独裁政治の犠牲
者の方も必ずしも肯定的にばかり描かれているわけではない。ヴァ
ルラムに粛清された画家サンドロの娘は大人になった現在、体制を
批判しているようには見えず、映画の最初と最後で教会の形をした

ケーキを作っている。物語全体が、彼女の白昼夢か空想であったかのような印象を与えるプロット構造になっており、映画の最初には全体主義の独裁の批判として比較的明瞭であるように見えた「イソップ的」表現は、最後にはほとんど韜晦に近くなっている。

　アブラーゼの諸作品は、60〜70年代に一部の民族共和国に現れた「詩的映画（поэтическое кино）」に分類されることが多い。この「詩的映画」という用語はソ連の映画学者達によるものであり、そこにはアブラーゼ以外に、キルギスのボロトベク・シャムシエフ、ウクライナのユーリィ・イリエンコ、アルメニア生まれでウクライナやグルジアでも創作したセルゲイ・パラジャーノフらの作品が含まれる。ロシアではアンドレイ・タルコフスキーが例外的に「詩的映画」と見なされた。ロシアにせよ他の民族共和国にせよ、寓意や象徴や絵画的な映像を特徴とする詩的映画は、少数派でしかなかった。だが、彼が『ざんげ』によって提示したキリスト教的なコンテクストとテーマは、これ以降、スタイルの全く異なるロシア映画の中で何度も扱われるようになる。他の映画作家達が、アブラーゼや、亡命先のパリで没したアンドレイ・タルコフスキーの映画から影響を受けたというわけでもない。むしろ、アブラーゼやタルコフスキーが80年代前半にそれまで以上にキリスト教的コンテクストを強調する映画を作ったことは、知識人を始めとして一般の人々にまで広まっていた全般的傾向の、顕著な例に過ぎなかったと考えられる[69]。

　1989年は、ペレストロイカ時代前半において優勢だったカーニヴァル的ヴィジョンが、そのような宗教的コンテクストを得て黙示録的ヴィジョンへと変貌していった年でもある。この年に製作された幾つかの映画に、その変容過程そのものが刻印されている。

１月にプレミア上映が行なわれたオフチャロフの『それ』は、19世紀ロシアの作家サルティコフ゠シチェドリンの短編小説「ある街の物語」を原作とし、そのテクストをヴォイス・オーヴァー・ナレーションで引用している。だが、途中から物語世界は革命後のロシアに変わる。時代が現代に近づくにつれ、（ロボットのような声を出して首を自分で外す偽市長のような）不条理な映像が増え、ペレストロイカ時代には麻薬中毒のパンク・ロッカーが学校教育を指導する。そこにはカーニヴァル的な、「現存する権力・支配的な真実」の相対性暴露がある。だが、この映画は近未来における破滅を暗示する汚染された大地の映像で終わる。『それ』を締めくくる、最後の市長による破壊のエピソードが、画面の四隅に旧型テレビの丸い枠まで見えるモニター映像の再撮影映像であることは象徴的だ。映画の冒頭と最後に引用されるシチェドリンのテクストでは、「それは近づいてきた。そして、それが近づくにつれて、時間がその流れを止めた」とあるが、時間が止まる以前に映画（フィルム媒体）はその存在を止めているのである [70]。

　環境汚染のテーマはロプシャンスキーの『ミュージアム・ビジター』（89)でも大規模に展開されているが、そこではもはや、祝祭が絶望的な懺悔と儀式へと変容している。畸形化し知的にも退化し、特定居住区にのみ住むことを許された人々が信仰するキリスト教に似た宗教には、「ここから出して下さい」という祈りしかない。画面に一度も登場しない「街」からやってきた主人公は、休暇を利用して年に一度海から姿を現すという博物館を見物しに来ただけの筈が、いつの間にかこの退化したキリスト教の儀式に連れ込まれ、「嘆きの天使」にさせられる。彼らの経典によると、この最後に現れる天使はもはや神に向かって嘆き続けることしかできない。海が干上がって現れるのは博物館ではなく、草も生えない荒野と廃墟である。丘の上には巨大な十字架が立っているが、主人公以外には誰もその下で神に呼びかける者はいない。雷雨の中、汚濁し荒れ狂う海辺で

半ば溺れかかり、その後で見渡す限り廃棄物に被い尽くされた日没直前の大地を歩き続ける主人公を捉えたロング・ショットは、稀有な力強さをもった映画的文明批評になっている。

タルコフスキーの晩年の作品と同様、80年代後半に現れたロプシャンスキーの映画には、黙示録的な終末論の刻印がある。「核の冬」を迎えた近未来を舞台に、かつて核兵器の開発に関わった科学者を主人公とする『死者からの手紙』（86)では、宗教的なコンテクストはまだそれほど明確ではなく、ＳＦ的設定の陰に隠れている。だが、次の『ミュージアム・ビジター』では、丘の上の十字架に向かう主人公の受難や神への直接的な呼びかけがあり、プロットが新約聖書におけるキリストの受難をなぞる展開を見せるばかりか、視覚的にもその宗教的コンテクストが明瞭に示されている。

彼らの映画には、物質文明の行き詰まりとキリスト教的終末論とを同時に提示している点において、20世紀前半に現れたニコライ・ベルジャーエフの思想と呼応するところがある。ベルジャーエフはその主著の一つで、「ロシヤ人とは古代に対する黙示録的反抗である」というシュペングラーの言葉を引きながら、大衆、作家、思想家を問わずロシヤ人にヨハネの黙示録が重要視されたと述べ、ロシヤ人には来るべき神の国を目指しメシアを待望する傾向が強いと論じている[71]。また、ベルジャーエフによれば、スラヴ民族のメシアニズムにおける黙示録論的性格は、地上の幸福を待望するユダヤ教的メシアニズムとは違い、イエスと同じように自らの犠牲を通じて人類の救済者＝メシアになることを志向する。「来るべきキリストの待望は、ゴルゴダの通過を、磔刑のキリストを、そして英雄的で創造的な上方への路を前提している」[72]。ベルジャーエフはまた、戦争や革命や社会的破局は、人間が近代以降に精神的領域から物質的領域へと生活の重心を移し変えたことによる文化の危機の外面的表れに過ぎず、古い世俗的文化の凋落は始まっており新しい中世的文化の到来が待望されると論じた[73]。伝統的なキリスト教的

モチーフに満ち、現代文明に対する否定的視点を明確に提示すると共に犠牲を通じての救済を暗示しているタルコフスキーの『ストーカー』や『ノスタルジア』、『サクリファイス』、ロプシャンスキーの2つの作品が、こうした終末論的文明論の系譜に連なっていることは明らかである。

　もっとも、『ミュージアム・ビジター』が登場した 1989 年のソ連は、文明論や宗教哲学といった思想的な枠組みなしでも、懺悔のモチーフや黙示録的終末論が映画に浸透しやすい文化状況になっていた。この年の初め、ベルジャーエフやウラジーミル・ソロヴィョフ、レフ・シェストフのような 19 世紀末から 20 世紀初頭にかけてのロシア思想の代表者だけでなく、当時帝政ロシアで流行していたオカルティズムの代表者エレーナ・ブラバツキーやゲオルギー・グルジェフ、ソ連時代に地下出版で読まれていた黙示録的幻視者ダニール・アンドレーエフ等の著作が、『新世界』や『科学と宗教』といった公式的言説の担い手である大部数の雑誌に掲載されたからである [74]。ソ連の全体主義的な過去がこの黙示録的なプリズムを通して見られた時、それまで全く作風の異なる映画を作ってきた作家達が、同様なモチーフや象徴を繰り返しスクリーンで見せることになった。

　ヴァレーリー・オゴロドニコフはこの年、前作『強盗』とは全く違う複雑なプロット構成を持つ『プリシヴィンの紙の目』で、スターリン時代の全体主義を現代人の無意識に根付いてしまったトラウマとして提示した。主人公パーヴェル・プリシヴィンは中年のテレビのレポーター兼ディレクターであり、知人の映画監督コンスタンチンが製作中のスターリン時代に展開されるメロドラマに共同脚本で参加し、重要な役で出演もしている。その映画の物語世界と、レポーター兼ディレクターとして彼が探求しているソ連初のテレビ生放送 (四九年)に関連する謎 (キャスターが目を伏せて原稿を読ん

でいる事を視聴者から隠すために目蓋に貼ったという「紙の目」）と、悪夢のような空想とが次第に融合してゆき、彼の知覚する現実自体を終わりのない悪夢に変える。映画の上映時間は2時間20分に及ぶが、現実世界における葛藤（プリシヴィンとコンスタンチン、或いはスターリン時代の経験や罪を忘れて生きている老人達との）は主人公の幻視の中でグロテスクに形を変え、ドラマ的に完結するどころか因果律を無視した象徴的イメージの連鎖を生み出してゆく。

　例えば、映画のスタジオ撮影中にプリシヴィンは、自分が考案した虐殺のシーンで処刑者の立場をリアルなものとして体験し、嘔吐を催す。この場面の前後には非現実的な幻視又は悪夢のエピソードがある。先行するエピソードでは、スタジオにスターリンが登場して踊った後、その首が取れて床に転がる。首の根元は鋳造された像のように中空であり、登場の際の舞台的な効果と合わせて、モーツァルトのオペラ『ドン・ジュアン』を連想させる。スタジオ撮影のシーンに続いてはセルゲイ・エイゼンシュテインが登場し、これもいささか演劇的な誇張をもってスタジオ内で同時代人に指示している。この直後に、『イワン雷帝』と『戦艦ポチョムキン』からの引用を含む、赤く染色されたモンタージュ・シークエンスが来るが、そこにはスターリン時代のソ連、ナチス時代のドイツ、毛沢東時代の中国の記録映像も挿入されている。西側でも再評価が行われた「雪解け」時代以降、神聖であったエイゼンシュテインの遺産があからさまに全体主義のプロパガンダ政策の文脈で批判されていることは、注目すべきである [75]。

　ここでは悪夢が、映像と音による辛らつな風刺やコミカルな押韻と共存している。オゴロドニコフの映画でも、終盤で贖罪の象徴として十字架が登場するが、その扱い方はロプシャンスキーの場合とは全く異なる。プリシヴィンは、両袖にモップの柄を通したコートを着せられ、同じ格好をした2人の人物と一緒に、雪に被われた夜の街を歩いてゆく。これはキリストの磔刑のパロディであるが、そ

れに続く一連のシーンはキリスト教図像学よりも精神分析学的な読解を要求するかもしれない。人のいない通りを、顔を下にしてトラックで引きずられてゆくスターリンの全身像、両手を広げてベランダからそれを見下ろす黒衣の人々、雪が降りしきる荒廃した室内のテーブルに残った蛾入りのミルク、ヘリコプターで街の上空を延々と運ばれてゆくスターリン像（フェリーニの『甘い生活』におけるキリスト像を連想させる）、雪原に横たわる主人公の額に開いた黒い穴……。『プリシヴィンの紙の目』は、ペレストロイカ時代特有の映画文化の多様さによって革新的な映画表現には慣れていたはずの同時代の批評家からも、プロットが理解し難いと指摘された。

　カーニヴァル的ヴィジョンが黙示録的悪夢へと変貌してゆくのと並行して、ロシア映画には死のテーマが目立つようになった。このテーマは、既に1970年代末にアンドレイ・プラトーノフの原作によるソクーロフの『孤独な声』で、中心的な位置を占めていた。また、レフ・トルストイの『イワン・イリイチの死』に基づくアレクサンドル・カイダノフスキー監督の『単純な死』（85）では、死の床にいる主人公の意識の流れを追うように、現実と断片的な回想と幻想的なヴィジョンが交錯する。全編が白黒で撮影され、薄闇に沈んだ室内をランプや窓からの光が微かに照らすような映像は、タルコフスキーの『鏡』よりも90年代前半のソクーロフの諸作品を想起させる。カイダノフスキーは、『灯油売りの妻』（88）においてスターリン主義批判を象徴主義的なスタイルと推理小説的な物語の結合を通じて行った。スターリン時代末期、リトアニアのカリーニングラードを舞台に展開されるプロットは、社会の上層と下層の代表者となった双子の兄弟の愛憎劇でもあり、旧約聖書のカインとアベルの挿話を髣髴とさせる。最後に主人公の双子の兄弟が川に投身自殺し、主人公自身は正気を失うという救いのない物語は、空想とも幻視ともつかないイメージの頻出と相まって、一般観客にとって

理解困難なものになった。そこでは歴史的現実に黙示録的ヴィジョンが重ね合わされているというよりも、歴史が宗教的神秘主義によって再解釈されているかのように見える。

オレーグ・テプツォフが、『ミスター・デザイナー』と同様にアラボフのシナリオ、クリョーヒンの音楽を得て発表した『叙聖されし者』（89）も、死のイメージによって終わっている。この作品は、現代の地方都市における新旧世代の対立という現実的なテーマを扱っているにもかかわらず、神秘主義的な暗示に満ちている。墓地における死者の復活の幻覚や、主人公の半ば意識的な睡眠薬の服用過多と事故による焼死（火葬のイメージが重ねられている）など、前作に比べても終末感が濃厚になっている。テプツォフとアラボフが提示しているヴィジョンには、どちらかと言えばキリスト教よりも異教的な要素が優勢である（どもりの主人公に、他人を死に至らしめることのできる超自然的な力を与える「死の天使」、主人公の幻視に登場する光に包まれた女性、『ファウスト』への言及、火葬による死等）。

死のテーマは、目覚めることのない眠りとして提示されることもある。キラ・ムラートワは、モスクワを舞台とする『無気力症シンドローム』（89）において、あらゆる場所で眠りこけてしまう中年の男性教師を描き、映画の最後では彼を目覚めさせることなく無人の電車に放置した。ソクーロフは、1989年には中編ドキュメンタリー『ソヴィエト・エレジー』とフローベールの『ボヴァリー夫人』に基づく長編劇映画『救い、守りたまえ』において、ソ連という国家の死と、歴史的背景を持たない匿名の女性の死を描いた。前者はボリス・エリツィンに関するドキュメンタリーの形式は採っているものの、冒頭の墓地の描写や、レーニンに始まる歴代の政治的リーダー達の顔写真が連続するモンタージュ・シークエンスが意味するところは明白である。映画の題名からも分かるように、それはソヴィエト国家の死を暗示しているのである。ソクーロフは、続く

『セカンド・サークル』で、シベリアの寒村で父の遺体を葬る青年の孤独な姿を描いている。その非現実的なまでに長引く葬送の過程は、『救い、守りたまえ』の場合と違ってキリスト教的な救いの暗示すら与えられていない。遺体は聖職者の立会いのもとでキリスト教的儀式と共に埋葬されたりはせず、葬儀屋の女性によって極めて事務的に取り扱われる。粗末な遺品のシーツが息子によって燃やされた後、裸電球に照らされた無人の部屋には何も残っていない。

　これらの映画でソクーロフは、死のテーマを様々な文脈において掘り下げ、観客に哲学的省察を促している。しかし、ペレストロイカ末期の映画館で一般観客向けに上映されていた大半の映画には、そのような芸術的長所は期待すべくも無かった。

映画政策と映画産業④　職能集団と映画スタジオの再編

　ペレストロイカの前半に映画界の「改革」を行った全ソ映画人同盟は、ソ連解体前夜から内部の軋轢を経験していた。幾つかの民族共和国で民族紛争や独立の気運が高まるにつれ、全ソ映画人同盟はまず 90 年 6 月の第六回会議で 15 ある民族共和国の映画人同盟の連盟（федерация）へ再編され、次いで 91 年 5 月末の第 3 回連盟総会においてそれらの連合体（конфедерация）へと再編された [76]。1990 年まで全ソ映画人同盟の第一書記を務めたエレム・クリモフは、これが「行政的機構から職能的機構への」再編であったと語っている [77]。映画人同盟の再編に先んじて、1990 年 2 月末にロシア連邦映画人同盟が創設されていた（初代議長はイーゴリ・マスレンニコフ）。モスクワでは更に、同年 6 月半ば、ソ連邦モスクワ映画人同盟の創立会議が開かれた [78]。

　ソ連時代に国内最大のスタジオであったモスフィルム、それに次ぐ地位を占めていたレンフィルムは、映画産業衰退によって大量の職員解雇を余儀なくされた。アレクサンドル・ゴルトヴァが率いる

映画協会「レンフィルム」では、一般観客の嗜好よりも映画作家の個性を重視した製作方針が採用された。ソ連解体直前にゴルトヴァが「大」レンフィルム所長としてプロデュースしたパーヴェル・ルンギン監督の『タクシー・ブルース』はカンヌでの受賞と新しいロシア映画への国際的注目によって国際市場への進出を果たしたが、それ以降のレンフィルム作品は、商業的には全く成果を収めなかった。ヴァレーリー・オゴロドニコフの『愛の魅惑の譫妄体験』（91）やアレクサンドル・ロゴシキンの『第三惑星』（91）は、この時期のレンフィルムにおける「作家主義」的な製作方針を顕著に示している。精神病院を舞台に芝居がかった演技と大仰な象徴主義によって低予算の欠点をカヴァーしようとした前者も、未開の自然に隠れ住む異能者達が「ミュータント」として虐殺されるという物語を寓話的に語ろうとした後者も、混乱した自国市場では勿論、海外の映画祭や市場でも、成果を挙げることができなかった。

　映画作家達はまだ、西側の映画祭に信頼を寄せていた[79]。だが、ヨーロッパ諸国との共同製作や映画祭での評価も、90年代半ばまでには旧ソ連圏のロシア以外の民族共和国（カザフスタン、タジキスタン、キルギス）にその重心が移り、「レニングラード派」に関しては新作の発見よりも旧作の回顧上映が主流になった。その頃には、西欧諸国や民間製作会社との共同製作は、慎重かつ商業性も考慮して行なわれるようになっていた。

映画産業の破綻と観客の激減

　ペレストロイカ時代の末期には、ソ連解体後のロシアにおける映画産業の破局的凋落を予告するかのような、幾つかの兆候が見られた。

　第一の兆候は、政治的・経済的な混乱の中で映画鑑賞の経済的・精神的な余裕が少なくなった観客の需要を無視した濫作である。映画製作の民営化によって、ゴスフィルモフォンド（ソ連の国営映画

アーカイヴ）へのプリント納入義務を遵守しない民間製作者も現れたために、この時期の正確な映画製作本数は不明である。映画批評家のセルゲイ・クドリャフツェフは、ペレストロイカ後半の3〜4年で、フォーラ・フィルムやTTL以外にも、「１２Ａ」、「カタルシス」、「ACK」、「ルーシ」等、合計200以上もの独立系スタジオと共同組合が設立され、そこで数百の映画が作られたと述べている[80]。また、「映画芸術」誌の編集長ダニール・ダンドゥレイによれば、1989年から91年までに1000本の映画（劇場公開用長編のみ)が製作された。年間製作本数は1991年には350本に達したが、それ以降は急激に減少し、96年には最低水準にまで落ち込んだ[81]。

　それでも、ソ連解体目前の91年秋に、九つの独立したスタジオを抱える映画協会レンフィルムの理事ゴルトヴァは、「セアンス」誌によるインタヴューでまだ楽観的見通しを語っていた。それが可能だったのは、独立スタジオに「極めて有利な投資条件」があったからである。映画製作には３年の期限で年6%という低利子の融資がなされ、国内には「膨大な量のあぶく銭が流通しており、大勢が現在に至るまで、資金回収ができるかどうか考えもせずに、惜しげなく映画に投資している」という状況だった[82]。ゴルトヴァの楽観には、「レンフィルム」の若い映画作家達がヨーロッパで獲得した高い評価も影響していたであろう。後に映画行政の要職につくことになる彼は、この時既に国家による映画製作への助成や配給におけるクォーター制等の施策も必要であると理解していた。だが、国営配給網の崩壊によって図らずも実現された映画市場の完全な対外開放は、いかなる楽観をも許さない状況をもたらした。

　ペレストロイカ末期の製作本数の急増は、全体に占める低予算映画の比率を増大させた。フォーラ・フィルムのような民間製作・配給会社は、それでも製作した映画の興行収入による事業展開を目指していたが、製作された映画の多くは公開すらされなかった。資金回収が不可能と分かった投資家達は映画から離れた。ソ連解体後、映画製作に投入される民間資金は、経済の混乱を反映するように出所の怪しいものが多くなってゆく。プロデューサーが違法なビジネ

スで獲得した資金のマネーロンダリング目的で製作され、監督の意志とは無関係にプリントが封印されたままになったものもある。

　第二の兆候は、国産、外国製を問わない劇場公開作品の水準低下である。ペレストロイカの前には、平均して 150 本程度の長編劇映画が国営スタジオで製作、公開されていた。1989 年にレンフィルムの監督ヴィクトル・トレグーボヴィチは、150 本のうち 20 本がヒットし、100 本は「灰色の（無個性な）」、誰にも必要のない映画であってそれが赤字をもたらすのだと述べているが [83]、実際にはその時点で全体の製作本数も「灰色の」映画の占める割合も、それより遥かに多かったはずである。検閲の廃止は、多くの映画製作者や創作者がかつて自分に課していた道徳的、職業的な規制さえも失わせたかのようだった。クドリャフツェフは、次のように状況を総括している。「国家と創作家との間で中間的位置を占めていた校閲という制度から解放されて、映画はどんなテーマ性も、ましてや商業的に配慮された計画性も、個々の映画の見世物性への考慮も失ってしまった。陳腐さや悪趣味の初歩的な制限は言うまでもない。以前は悪くなかった監督達でさえ、あたかも即座にプロ意識を失ったかのように、そつなく、責任感をもって撮ることができなくなった」[84]。

　観客を失望させたのは、国産映画だけではなかった。映画館の経営者は、インフレで購買力が弱まった観客のためにチケット価格の上昇を少しでも抑えねばならなかった。それに加えて既に言及したアメリカのメジャー会社による輸出禁止措置があり、彼らはB級以下の外国映画や質の悪い低予算国産映画しか上映できなくなっていった。アメリカのB級映画に相当するような低予算娯楽作品は、「停滞の時代」からペレストロイカ時代にかけてのソ連でも絶えず製作されていたが、そうした映画は、新たに獲得した表現の自由によって改善されるよりもむしろ劣悪になっただけだった。「チェルヌーハ」と呼ばれる、マフィアや汚職や麻薬中毒など社会の暗黒面を描いた一群の映画が現れた。ジャンル映画の制約性ではなく現実の

悲惨さが根底にあるそれらは、最初のうちこそ新味があったものの、惰性的に濫作されるようになると外国製B級映画以下になってしまった [85]。

　90年代に入ると、僅かな佳作や才能あるデビュー作はほとんど劇場にかからず、国内外の映画祭でしか上映されなくなった。「ポストモダニズム」の潮流も現れたが、そうした作品に関心を示したのは批評家だけだった [86]。ロシア正教への回帰はオーソドックスな作風の佳作も生んだが、それらの多くは一般観客の注意を惹く間もなくスクリーンから消えていったであろう [87]。やがて観客の選択肢は、大多数を占める劣悪で気の滅入るような内容の劇場公開作を敢えて見るか、画質の悪い海賊版ヴィデオソフトで国内外の未公開作を鑑賞するか、外国製テレビシリーズや古典文学を脚色した（しばしばミュージカル仕立ての)テレビ放映用映画の空想的世界に逃避する以外になくなった。経営困難に陥った映画館は、次々にオートサロンや家具の展示場に改装された。かつて年に15回以上も映画館に足を運んでいた映画観客はもはやいなかった。映画文化の不可欠な構成要素としての映画観客は、産業の衰退と共に激減したのである [88]。

映画文化の危機—混沌と再編成の時代へ

　「棚上げ」映画の公開によって映画界の自由化を印象付けた映画人同盟は、市場経済への適応という点ではほとんど無力だった。ペレストロイカ前半に国際的な評価を得た作家達の中で90年代を通じて国際的に評価される映画を作り続けることができたのは、ソクーロフとミハルコフだけだった。前者は少ない予算で独自の映画美学を追究し続けたことにより、後者は商業性とグローバリゼーションの時代に相応しいテーマ性とを兼備えた構想を打ち出すことにより、それぞれ映画作家としての国際的評価を確立した [89]。

映画大学や高等脚本家・監督コース等を卒業した若者達は、市場経済という条件に合わせてジャンル映画の枠内で作家性を打ち出し始めていた。しかし彼らの試みの多くは、映画産業をめぐる状況の悪化によって中断された。混沌の 90 年代を乗り切ることができた者は僅かだった[90])。

　1991 年 12 月、ソ連邦を構成していた民族共和国の全てが独立国家共同体条約に調印し、国家としてのソ連邦は消滅した。これはロシアの映画産業と映画文化にとっての最終的打撃となった。ソ連時代の映画文化を構成していた要素の全て―映画作品、映画に関する言説、映画観客、映画教育、映画産業、映画政策―は、大規模な再構築・再編成を余儀なくされた。後に残されたのは、「停滞の時代」の安定した映画教育システムと映画産業によって培われた優秀な人材だけだった。

　ソ連解体前から、スタジオでも、教育・研究機関でも、自主製作や自主配給を始めた民間会社でも、自国映画の存続を賭けた長い苦闘が始まっていた。彼らは変転する経済的・政治的・社会的な状況を視野に入れつつ、配給システム崩壊のために劇場公開が不可能な優れた作品の評価と擁護を、可能な限り行おうとした。若い映画作家達は自ら製作会社を創設し、プロデューサーも兼ねるようになった。プロデューサー的才覚を持った作家以外の人々（彼らの中には映画以外の分野から参入した者もいた)は、スタジオ内であれ、自分達の創立した会社の枠内であれ、或いは新たに作られた映画祭の枠内であれ、ロシア映画の灯が消えないように智恵を絞った。研究者や批評家達は、国内に現れた新しい映画の価値を客観的かつ映画愛をもって記述しようとした。彼ら、広い意味における映画人達こそ、他でもない 2000 年代のロシア映画復活の立役者達になるのである。

注

1　次の文献を参照。«НОВЕЙШАЯ ИСТОРИЯ ОТЕЧЕСТВЕННОГО КИНО, Часть 2. КИНО И КОНТЕКСТ том 4. 1986-1988», СЕАНС,СПб.,2002,ст.578-579.

«НОВЕЙШАЯ ИСТОРИЯ ОТЕЧЕСТВЕННОГО КИНО, Часть 2. КИНО И КОНТЕКСТ том 5. 1989-1991» СЕАНС,СПб.,2004,ст.110-111.

2 「ジャンル映画(жанровое кино,genre film)」の概念は、ハリウッド映画に関する英語圏の文献だけでなく、ソ連映画やロシア映画に関するロシア語文献にも見られる。ロシア語でジャンル映画について語られる場合、ハリウッド映画固有のジャンル(西部劇やミュージカル)が念頭に置かれているわけではない。60〜70年代に国内でヒットしたソ連製の「ジャンル映画」の多くは、喜劇、メロドラマ、冒険活劇、ファンタジーといった、1910年代以来の伝統的なジャンルの枠内で作られていた。同時代のハリウッド製ジャンル映画の直接的な影響を指摘し得る作品は、マスレンニコフの『レーサー達』(72)やアレクサンドル・ミッタの『搭乗員』(79)など、僅かしかない。

3 次の文献、及び本論の次項を参照。Golovskoy,V.,"Behind the Soviet Screen",.Ardis:Ann Arbor,1986,p100, pp.144-143.

4 主人公が現代の西側諸国で活躍する劇映画として、『レーサー達』（マスレンニコフ、73）、『閑散期』（サーヴァ・クリシ、68）、『テヘラン43』（アーロフとナウーモフ、80）が挙げられる。ペレストロイカ以前のソ連で社会学研究所の職員であったアメリカの社会学者、ウラジーミル・シラペントフは、映画のディテールに反映された一般市民の西側世界への関心を指摘し、E・リャザーノフ、N・グベンコ、G・ダネーリヤ、S・ミカエリヤンの70〜80年代の作品を例として挙げている。Shlapentokh, V.,"Public and Private Life in Soviet People, Oxford University Press:New York, 1989.,p.240.

モスクワその他の都市で開催される国際映画祭は、一般市民にとって西側諸国への興味を満たす機会でもあった。シラペントフは、『モスクワは涙を信じない』(メンショフ、79)がそうした雰囲気をよく再現して

いると述べているが、具体的には「フランス映画祭」の会場で展開される
1950年代末のシーンを指していると思われる。
Shlapentokh,op.cit.,p.147.

5 スタジオや教育機関で、映画文化における非公式的な部分を維持させて
いた例として、モスクワの高等脚本家・監督コースやレニングラード記
録映画スタジオ、レンフィルムを挙げることができる。全ソ国立映画大
学の教師の中にも、僅かながらそれを容認する傾向はあった。次の諸文
献を参照。

Волкова,П.,Объяснение необъяснимого—в кн. «Профессия—
кинематографист: Высшие курсы сценаристов и режиссеров эа 40
лет»,У-Фактория, Екатеринбург, 2004, ст.207-225.

　リュボーフィ・アルクス編『ソクーロフ』、西周成訳、パンドラ・現
代書館、1996年。34—37頁（全ソ国立映画大学における『孤独な声』
の審査について）、101—102、107—110、117—118頁（『痛ましき無
関心』のオーディション、編集、完成後の諸段階における、レンフィル
ム芸術会議の審議速記録）、112頁（レニングラード記録映画スタジオ
での『夜の犠牲』製作と保管について）。特に、レンフィルムの芸術会
議における三回の審議の速記録は、スタジオ内部での軋轢をよく示して
いる。

6)Зоркая,Н.,Советский кинотеатр, или Что там было на самом деле в
прошлые годы// «Искусство кино», 1995.№.11,ст.118-123.

　ゾールカヤは大衆的な成功を収めたソ連映画の特徴の一つとして、「ル
ボーク性」を挙げている(Там же, ст.124)。

「ルボーク」は素朴な大衆向けの木版画である。ゾールカヤはこの言葉を、
「極限的な単純さ(……)、容易に認識できる元型的イメージ、伝統性」と
して説明しつつ、「見世物小屋」的な民衆演劇にも触れている。ロシア映
画の特徴として、大衆娯楽映画にも所謂「アートハウス」映画にもこうし
た民衆芸術の伝統が活かされていることが挙げられる（本論「映画作品
③」の項目における、セルゲイ・オフチャロフ作品に関する部分を参
照）。

[7] 最近の人気テレビシリーズ「美人に生まれるものじゃない」に対する、インターネットを活用した一般視聴者の創造的読解に関しては、次の文献を参照。 Розовская, М., «Неродиська» —наше все // «Искусство кино», 2007. №.4,ст.117-126.

1970年代末から80年代前半の「停滞の時代」末期における、視聴者とテレビ放映用映画の連作との「インタラクティヴ」な相互関係と比較すると興味深い。注(18)を参照。

[8] ブルデュ『実践感覚　1』、92頁

[9] サイレント時代末期からスターリン時代にかけての映画政策とその映画産業への影響に関しては、次の諸文献を参照。

Taylor, R.and Christie I.(ed.), "The Film Factory ",Routledge:London and New York,,1994.

Kenez, P., "Cinema and Soviet Society:From the Revolution to the Death of Stalin", I.B.Tauris: London,2001.

«НОВЕЙШАЯ ИСТОРИЯ ОТЕЧЕСТВЕННОГО КИНО, Часть 2. КИНО И КОНТЕКСТ том 6. 1992-1996», СЕАНС,СПб.,2004,ст.34-41.

[10] 1960年代末のソ連における年間の映画チケット販売数は50億枚近く、1977年には42億枚に減少したものの、鑑賞回数は1人当り年16.4回であった(Lawton,1992,p.9)。1985年にはチケット販売数は更に減少し、41億枚になっている(Stites,1992,p.169)。それでも同時代の他の主要映画製作国と比較すれば、一般観客の映画館入場者数は非常に多いと言える。

ただし、15ある民族共和国で、一人当たりの年間鑑賞回数にはかなりの差があったようである。ゴロフスコイが「映画芸術」誌1978年7月号から引用している公式データによると、1977年にはロシアでは18.9回、モルダヴィアで16.9回、ウクライナが16回に対し、タジキスタン、アゼルバイジャン、アルメニアでは11回に達していない。次の文献を参照。

Golovskoy,V.,op.cit.,p.60.

[11] シラベントフによると、テレビの普及により、ソ連市民による劇場での映画鑑賞は 1985 年までに 26%、減少した。

Shlapentokh,op.cit.,p.184.

　しかし、1987 年刊行の『映画百科事典』によると、82 年時点でソ連全土の映画館数は 15 万 1753 であり、この数字は 1960 年の 10 万 3387 館、70 年の 15 万 6913 館と比較して、決して激減しているわけではない。

«КИНО Энциклопедический словарь»,Советская энциклопедия, М.,1987, ст.194.

尚、シラベントフは 85 年の数字として 15 万 1000 館を挙げている (Shlapentokh, op.cit.182)。

[12]　次の文献を参照。

　«НОВЕЙШАЯ ИСТОРИЯ ОТЕЧЕСТВЕННОГО КИНО, Часть 2. КИНО И КОНТЕКСТ том 6. 1992-1996», СЕАНС,СПб.,2004,ст.37.

　タルコフスキーの『アンドレイ・ルブリョフ』(66)が製作後 5 年間も公開を差し止められていたのも、ロマーノフの時代である。『アンドレイ・ルブリョフ』の「棚上げ」を巡る、「モスフィルム」スタジオと国家映画委員会との軋轢については、次の文献を参照。

«Андрей Тарковский»(сост.П.Д.Волкова), «Подкова»,М., 2002,ст.364-378.

[13]　映画人達のエルマシに対する肯定的評価は勿論、全面的なものではない。「停滞の時代」が課した一定の条件下で、映画製作における微妙なニュアンスや作家達の才能の程度、監督の心理などを斟酌することができたという点で、アレクサンドル・ボロジャンスキー、ニキータ・ミハルコフ、セルゲイ・ソロヴィヨフ、ワジーム・アブドラシートフといった実作者の評価は総じて高い。映画学者のミロン・チェルネンコやネーヤ・ゾールカヤの意見では、彼は、多くの人々が「安定」を志向し「二重思考」を行なうことが普通になっていた「停滞の時代」の申し子に過ぎない。だが同じ映画学者でも、キリール・ラズローゴフは、エルマシが自分の原則を持った規律ある「ハリウッド・タイプの正常なプロデューサー」で

あり、（たとえ後で棚上げされることがあったにしても）彼の時代には優れた映画が製作されていたことを評価している。 次の文献を参照。

«НОВЕЙШАЯ ИСТОРИЯ ОТЕЧЕСТВЕННОГО КИНО, Часть 2. КИНО И КОНТЕКСТ том 4. 1986-1988»,СПб.,2002,.ст.156-159.

エルマシ自身は生前のインタヴューで、「成立したシステムは全体として自己を正当化したと言わねばならない」語っている。「年に 10〜15 本の優れた作品があれば、映画は繁栄する。それだけのことだ。天才的な作品ばかりということはありえない」と言う彼の言葉は、彼のプロデューサー的資質を端的に示すものである。次の文献を参照。

«НОВЕЙШАЯ ИСТОРИЯ ОТЕЧЕСТВЕННОГО КИНО, Часть 2. КИНО И КОНТЕКСТ том 6. 1992-1996», СЕАНС,СПб.,2004,ст.41.

14 アンドレイ・プラーホフによると、60 年代後半から「作家の映画」を観ることが一種の流行になり、国産映画に限らず『8 1/2』のような外国映画でもそうだったという。プラーホフは、はっきりとしたプロットを持たないオタール・イオセリアーニ監督『歌つぐみが生きていた』(70)がソ連全体で 320 本のプリントによって公開され、260 万人の観客を動員した理由の一つを、そのような観点から説明している。

Plakhov, A., "IKO SHASHVI MGALOBELI/LIVED ONCE A SONG-THRUSH" in "The Cinema of Russia and The Former Soviet Union" ed. by Birgit Beumers, Wallflower Press:London,2007,pp.151-152.

イオセリアーニの映画は、当時のソ連において、作家映画として特に公開用プリント数が多かったわけでもない。「棚上げ」映画に関する現在の研究書に引用された連共産党文化部の内部資料によると、度重なる検閲と修正を経て七一年末に公開されたタルコフスキーの『アンドレイ・ルブリョフ』は全国 277 本のプリントで公開された。モスクワでは五つの劇場で公開され、最初の 2 週間で 19 万 4000 人が観ている。同資料は「208 回の上映のうち、チケットが完売したのは 70 回だけだった」と報告しているが、この数字は、現代の「アートハウス」映画の基準から言えばヒットの部類である。次の文献を参照。

«Полка»:Документы.Свидетельства.Комментарии.Выпуск 3(сост.В.И.Фомин),Материк, М.,2006, ст.175.

15 セルゲイ・セリヤノフは、97 年に行われた講演で、ソ連時代の「我が国の観客は世界で最も進歩していた」、「私の信ずるところでは、あらゆる種類の制限は芸術の利益となり、制限なしの芸術はありえない」と語っている。また彼は、同じ講演の結びとして、全体主義時代の経験を全く後悔していないとも述べている(Selianov,S.,Cinema and Life" in "Russia on Reels",pp.44-46.)。

　70 年代に自作『ロマノフ王朝の最期』が公開禁止になったエレム・クリモフ監督も、アレクセイ・ゲルマン監督の『わが友イワン・ラプシン』の秘密上映会を回想しつつ、次のように語っている。「当時は、自由のなさが、その不自由さを克服したいという、非常に大きな力をもつ精神的欲求を生み出していました。観客は創作者全員と申し合わせていました。仄めかし、言外の意味、イソップ的な言語。今はそんなものはなく、全てがあからさまです。しかし芸術においては、それではいけないのです。イメージ、言外の意味、同じイソップ的な言語が必要なのです」（1998 年に行なわれたインタヴューより。Испытание свободы, «Персона»№.6, 1998,ст.38)

　ここで注意せねばならないのは、セリヤノフやクリモフの言う「観客」が一般大衆のことではなく、映画クラブに所属したり作家の映画を熱心に見たりする「映画ファン」ないし「シネフィル」、及び映画を芸術として鑑賞できる知識人だということである。全体から見れば少数派に過ぎないこうした観客が、様々な理由からソ連時代には多かったというのは事実であろう。

　批評家・映画学者のセルゲイ・クドリャフツェフは、統計資料を引きながら、「停滞の時代」のソ連当局が劇場公開用プリント数や公開される映画館の格付けを操作することで、あたかも直感的に、「知識人向けの映画」と「大衆向けの映画」との明確な区別を観客に教えていたかのようだと指摘している。だが、彼は同時に、当時のさまざまな映画作品のプリント数や観客動員記録を挙げ、政府による需要操作の試みも特定観客の嗜好を変えることはできなかったとも論じている（例えば、タルコフスキーの『鏡』は 1976 年に 84 本のプリントで公開され、220 万人の観客を動員した）。次の文献を参照。

Кудрявцев,С.,«СВОЕ КИНО», «Дубль-Д»,М.,1998, ст.394-399.

[16] Golovskoy,V., op.cit.,pp.97-99.

[17] Ibid.,pp.43-45.

各民族共和国のスタジオ、ゴスキノ、及びとソ連中央当局の見解の相違や力関係は、「棚上げ」されたり再編集されたりした映画の運命にも関係があった。中央当局の見解は必ずしもゴスキノ議長だけが代表していたわけではない。例えば、パラジャーノフの『ざくろの色』(70)の場合、監督自身による最初の脚本(文学的シナリオ)はアルメニア共和国のスタジオ(「アルメンフィルム」)で支持されたが、中央のゴスキノ議長ロマーノフの公的なコンサルタントである保守的な批評家M・ブレイマンによって批判され、これが中央当局の見解に反映された。結果的に、アルメンフィルムやアルメニア共和国ゴスキノも作者に対するリベラルな態度を改めざるを得なくなった。次の文献を参照。

«Полка»:Документы.Свидетельства.Комментарии.Выпуск 3(сост.В.И.Фомин),Материк, М.,2006, ст.134-142.

[18] ソ連の社会的現実を全く反映していないテレビ放映用映画「シャーロック・ホームズ」の連作は83年の『アグラの財宝』を経て86年の『20世紀が始まる』まで続いた。マスレンニコフによると、製作の継続は一般視聴者の強い要請によるものだった。次のDVDに所収のマスレンニコフ監督のインタヴューを参照。

«Приключения Шарлока Холмса и доктора Ватсона. Король шантажа Смертельная схватка Охота на тигра»,Торнадо видео,М.,2002.,

また、別のインタヴューで彼は、ソ連で初めて視聴者との「インタラクティヴ」な関係によって作られたこの連作の製作が彼にとって、「停滞の時代」における閉塞した現実からの「意識的な逃避」であったことを認めている。

«Двадцатый век начинается»,Торнадо видео,М.,2003.

19 高等脚本家・監督コースは、1960 年に設立された高等脚本家コースと、63 年に設立された高等映画監督コースとが統合されたものであり、制度上は国家映画委員会の管轄になっていた。次の文献を参照。

《КИНО Энциклопедический словарь》,Советская энциклопедия,М.,1987, ст.85.

1980〜81 年にこの学校で学んだウラジーミル・ホチネンコの回想は、五年制の全ロシア国立映画大学との伝統の違いや、彼が学んでいた時期の学内外の状況を具体的に証言していて興味深い。

Хотиненко, В.,Максимально использовать время, предоставленное судьбой—в кн. 《Профессия —кинематографист: Высшие курсы сценаристов и режиссеров эа 40 лет》,У-Фактория, Екатеринбург, ст.441-456.

ホチネンコはこの中で、1980 年当時の高等脚本家・監督コースが、ケンブリッジやモスクワ国際関係大学のような、個性的でユニークなエリート校だったと述べている（ст.449.）。

20 次の文献を参照。

《КИНО Энциклопедический словарь》,Советская энциклопедия,М.,1987, ст.154,394.

21 「雪どけ」から「停滞の時代」にかけてのソ連における映画学文献の多くは、現在入手が困難であるが、87 年版の『映画百科事典』における 7 ページに及ぶ「映画学」の記述が参考になる。

Там же, ст.179-186.

この時期のソ連における映画理論と社会学的研究に関しては、次のページを参照(ст.181,186.)。

22 Golovskoy,V.,op.cit.,p.65.

23 「映画芸術」誌 1977 年 4 月号には、若手の映画人に対する編集部からの四つの質問と、彼らからの回答が掲載されている。回答者のうち半数以上がロシアの映画人である。脚本家のアレクサンドル・アレクサンド

ロフ（1947年生まれ）、監督のアレクセイ・ゲルマン、映画俳優のイーゴリ・コストレーフスキー（1948年生まれ）、脚本家のアレクサンドル・ミンダーゼ（1949年生まれ）など。キルギス出身でレンフィルムにおいて仕事をしていたディナラ・アサーノワ(1942年生まれ)も含まれている。編集部からの質問は全て美学と実践に関わるものであり、イデオロギー的な要素はない（「現在既に存在する諸傾向の中で、あなたには何が最も実り豊かで、特に活発に発展してゆく可能性があると思われますか？」、「映画が興味深いものであるために、観客が劇場から出てゆかないためには、何をしなければいけないと思いますか？」等）。次の文献を参照。　《Искусство кино», 1977.№.4, ст.24-36.

　同誌79年2月号にはアレクセイ・ゲルマンの論文「真実は類似性ではなく発見である」、3月号には、タルコフスキーの論文「映画映像について」、そしてこれら2号に渡ってユトケヴィチの「ロベール・ブレッソンの『シネマトグラフ』」が掲載されている。同年5月号ではミハイル・ヤンポリスキーが、最後に形式的に「マルクス主義」という言葉を使って西欧の「精神分析的構造主義の行き詰まり」を論じている。実際には西欧映画理論の紹介とその方法論的な誤りの指摘、及び改善の提案をしているに過ぎず、イデオロギー的観点からの批判ではない。次の文献を参照。

«Искусство кино», 1979.№.5,ст.92-111.

24　『オブローモフの生涯より』の同時代人による肯定的評価については次の批評を参照。

Кречетова,Р.,В поисках гармонии// «Искусство кино», 1980.№.5,ст.52, Плахов,А.,Постижение или адаптация? // «Искусство кино», 1980.№.6,ст.60-64.

これらを牽制するかのような、当局の解説は次を参照。

«Искусство кино», 1980.№.6,ст.66-68.

25　Golovskoy,V.,op.cit.,p.65.

26　Ibid.,pp.50-52.

27　Зоркая,Н., Советский кинотеатр, или Что там было на самом деле в прошлые годы// «Искусство кино», 1995.№.11,ст.121-122.

当時ソ連でヒットした外国映画として、ゾールカヤはこの他にインド映画『サンガム』(64、ラージュ・カプール監督)や『塵の花』(59、ヤシュ・チョープラ監督)等を挙げている。

28　『コーカサスの女囚』は 7654 万人、『マリノフカの婚礼』(アンドレイ・トゥトィシキン監督)は 7463 万人、『トレンビータ』(オレーグ・ニコラーエフスキー監督)は 5121 万人をそれぞれ動員した（千人以下は切捨て）。

Там же,ст.118.

『モスクワは涙を信じない』と『赤いカリーナ』の観客動員数はそれぞれ 7500 万人、5000 万人だった(Sites,pp.172-173)。

29　ゴロフスコイによると、国内の映画配給によってソ連政府が直接得ることのできた収益は興行収入の 60% だった。その上更に、10%の税金が課せられた（Golovskoy,V.,op.cit.,　p.99.）。

エルマシによると、興行収入の 55%は税金として各地区の予算に振り当てられ、様々な目的に使用された。残りの 45%が配給網や映画スタジオ等の維持に使用された。

«НОВЕЙШАЯ ИСТОРИЯ ОТЕЧЕСТВЕННОГО КИНО, Часть 2. КИНО И КОНТЕКСТ том 6. 1992-1996», СЕАНС,СПб.,2004,ст.41.

30 Golovskoy,V.,op.cit.,p.58.

31　官僚主義を批判した劇映画は、ロシア以外の民族共和国でも製作された。エリダル・シェンゲラーヤ監督のコメディ『青い山』(84)では、若い作家が持ち込んだある小説の原稿を雑誌に掲載するかどうか決めるために 1 年を費やし、最終審議の段階でほとんど誰も原稿を読んでいなかったことが判明する。ラストシーンにおけるこの出版社の崩壊には現実的な動機付けが準備されているが、明らかに社会全体の危機的状況を批判した「イソップ的な」表現である。

32　Ｖ・シラペントフは、文学や映画が社会学的調査よりもソ連における
　　生活をよく記録していたと述べている。

　Shlapentokh, V.,"op.cit.,p.178.

33 ロック音楽に対する抑圧に関しては、アレクセイ・ウチーチェリ監督の
　　ドキュメンタリー映画『ロック』(88)における、音楽家達自身の発言が
　　参考になる。

34 ロシアの映画学者ニコライ・イズヴォーロフは私との会話の中で、『街
　　角のブロンド女』の物語内容が二十年遅れのものだと指摘した。「停滞
　　の時代」末期に一般市民が行っていた非合法な物品流通は、『ふたりの
　　駅』以外でも描かれている。

　　　エフゲニー・ツィムバルの短編『ヒレ肉のためのレクイエム』(85)で
　　は、非合法な物品流通に頼らざるを得ない市民の苦しい生活が風刺され
　　ている。音楽院を卒業した青年ゲーナは恋人ナターシャの母親から、結
　　婚の条件として音楽を諦めて現実的な仕事につくように言われ、肉屋の
　　仕事を紹介される。彼は義母のつてで職場の上司から牛肉の塊をもらい、
　　他人に気づかれないようそれをケーキの箱に入れて持ち帰ろうとする。

　　　外国製品や海賊ヴィデオの非合法流通は、最近の劇映画でも「停滞の
　　時代」末期の特徴としてコミカルに描かれている。1983年のモスクワを
　　舞台とするウラジーミル・メンショフ脚本・監督の『神々の嫉妬』(00)
　　では、生真面目な中年女性テレビ局員が作家の夫と一緒に友人宅で『ラ
　　ストタンゴ・イン・パリ』のヴィデオを見せられ、大胆な性描写に動転
　　してしまう。西側への旅行経験がある夫は「世界中で見られているエリ
　　ート映画だ」と説得するが、妻はポルノグラフィーだと主張する。作家
　　ウラジーミル・ソローキンの脚本、イワン・ディホヴィチヌィ監督の
　　『コペイカ』（02）では、韓国語字幕付の『００７　私を愛したスパ
　　イ』の海賊ヴィデオを見てジェームズ・ボンドが乗る水陸両用ロータ
　　ス・エスプリに感銘を受けた機械工が、「コペイカ」の愛称で知られる
　　大衆車を水陸両用に改造しようとする。

35　第一回ソ連邦作家大会で打ち出された「社会主義リアリズム」の定義と、
　　現代の研究者達によるその解釈については、次の文献を参照。

Kenez, P., "Cinema and Soviet Society", I.B.Tauris:
London,2001,pp.143-144.

　87年版の『映画百科事典』における「社会主義リアリズム」の項目は、1934年の定義に触れていない。そこでは、『戦艦ポチョムキン』等サイレント期の作品から、ミハイル・ロンムの『一年の九日』、カラトーゾフの『鶴は翔んでゆく』、ラリーサ・シェピチコの『処刑の丘』、ゲオルギー・ダネーリヤの『秋のマラソン』に至る、スタイル的にもテーマ的にも多様な作品が列挙されている。これは映画美学的に見て全く無意味な包括である。

«КИНО Энциклопедический словарь»,Советская
энциклопедия,М.,1987, ст.402-403.

[36] Kenez P., op.cit., p.144.

　社会主義リアリズムの定義がなされた1930年代半ばがスターリン独裁の完成期であったこと、「停滞の時代」が理想主義とは無縁の偽善的な安定志向の時代であったことも想起する必要があろう。

[37] ザハーロフのテレビ放映用映画『これがあのミュンヒハウゼン』(79)では、ミュンヒハウゼン男爵が単なる無責任な法螺吹きとしてではなく、「公式的」な社会から疎外されたアウトサイダーとしても描かれている。彼は、社会との和解を勧める市長達の偽善的な助言を退け、ラストシーンでは無限に続く縄梯子で1人空に上ってゆく。リャザーノフは『ふたりの駅』の他に『ガレージ』(79)でも市民生活と官僚主義的な制度の乖離を風刺している。ザハーロフの映画はフィルムで撮影された舞台の軽喜劇のような印象を与え、リャザーノフの作品は技法的にも構成的にも新しい試みが見られない。

[38] 『処刑の丘』における音楽の扱いに関しては、イリーナ・シーロワの次の論文を参照。

Шилова,И.,О звуковом строе современного фильма—в кн. «Что такое язык кино», «Искусство»,М.,1989,ст.141-142.

シーロワは作曲家アルフレート・シニトケとのインタヴューを引きな
がら、シェピチコの遺作シナリオによって夫エレム・クリモフが監督し
た『別れ』(82)にも引き継がれた、「音響・音楽の蜘蛛の巣」と「隠さ
れた音楽」の原則について述べている。尚、『処刑の丘』の映像と音の
相関関係、それが象徴的或いは寓話的と言えるスタイルにおいて果たし
ている役割に関しては、未刊行の私の修士論文「70年代ロシア映画の芸
術学的研究」(早稲田大学大学院文学研究科、1992年)中で、具体的な分析
を交えて述べた(79〜86頁)。

39　セルゲイ・パラジャーノフが60年代末に書いた未完の脚本「眠れる宮
　　殿」には、詩人が観光客を乗せたバスの間を彷徨ったり、記念写真に写
　　ってしまうエピソードがある。

　　Параджанов С.,«Дремлющий дворец»:Киносценарии,
　　Азбука-классика,Спб.,2006,т.91-106.

40　パンフィーロフは、イタリアで『ノスタルジア』製作中のタルコフスキ
　　ーに会った際、オフチャロフの短編映画の「ルボーク」的スタイルに触れ、
　　「彼は素晴らしい画家で、描くように映画を撮る」と賞賛している。次の
　　文献を参照。

　　Панфилов Г., Тарковский А., Итальянский диалог: разговор,
　　записанный Ольгой Сурковой в 1982 году в Риме // «Искусство
　　кино», 1995.№11,ст.199-200.

41　　80年代後半以降のオフチャロフ作品では、画面外の「語り手」の民話
　　的な素朴さと、映像の意味論的な多層性及び時間の飛躍とが、映画的言
　　説にポストモダニズム的な複雑さをもたらしている。例えば、『左利
　　き』(86)や『それ』(89)の原作者は十九世紀ロシアの作家（ニコライ・
　　レスコフ、サルトィコフ=シチェドリン）であり、映画の語り手によっ
　　て原文がそのまま引用されているが、クレジット部分を含む映像の方は、
　　「語り手」とは異質なモダニズム以降の「作者」の存在を暗示している。
　　『左利き』の冒頭でインタータイトルによってドストエフスキーの言葉
　　を引用し、『それ』の冒頭でシチェドリンの肖像写真と「1989年に音と
　　映像が復元された」というインタータイトルとを見せているのは、この
　　「作者」である。ロシア・フォルマリスト言うところの「スカース（語

り）」の主体が、ここでは二重化し分裂しているのだが、この状況は
『それ』の原作である「ある街の物語」においてシチェドリンが「出版
者」や「最後の年代記文書管理者」による序文や「注」を創作したこと
で「語り」が多重化されているのと似ている。

[42] 『頬髭たち』は、90年代初頭に若者の間に広まったショーヴィニズムと
反ユダヤ主義に対する、映画における批判の先駆けであろう。ヴァチス
ラフ・レイキンによる脚本は、この映画が製作される1年前の89年に
雑誌「オクチャーブリ」にアブラム・テルツ（亡命作家アンドレイ・シ
ニャフスキーの筆名）作の「プーシキンとの散歩」が掲載されたことに端を
発する、文学界における民族主義的な動きを反映していると思われる。
次の文献を参照。

«НОВЕЙШАЯ ИСТОРИЯ ОТЕЧЕСТВЕННОГО КИНО, Часть 2.
КИНО И КОНТЕКСТ том 5. 1989-1991», СЕАНС,СПб.,2004,ст.362.

現代ロシア映画におけるショーヴィニズムと反ユダヤ主義への批判は、
この後、ヴァレーリー・トドロフスキーの『愛』(91)やパーヴェル・ル
ンギンの『ルナ・パーク』(92)によって引き継がれた。

[43] 『夢と現での飛翔』では、セルゲイの野外誕生パーティーのエピソード
で人々がシャンソンのレコードをかけて踊る。中年の主人公達にとって、
フランスの大衆文化は明らかに「雪解け」時代への郷愁と結びついてい
る。だが、西側諸国の大衆文化の浸透は「停滞の時代」でも続いていて
おり、それは所謂「生活映画(бытовой фильм)」の中で最も顕著に示さ
れている。『モスクワは涙を信じない』や『絆』(81、ヴィクトル・メレ
シコ脚本・ニキータ・ミハルコフ監督)では、同時代の英語のポピュラ
ー・ソングが、中流の母子家庭における親子の世代間ギャップを示すも
のとしてほとんど記号的に扱われている。どちらの作品でもローティー
ンの娘はステレオ・ヘッドホンでそれを聴きながら踊り、母親や祖母を
苛立たせる。しかし、これらの映画では世代間ギャップは深刻な葛藤に
至らず、西側サブカルチャーは伝統的な家族制度への脅威として描かれ
てはいない。尚、アンナ・ロートンは「生活映画」について、『この用
語はおよそ「人生の一齣(slice of life)」映画と翻訳できるだろう。それ
らは同時代の社会、個人生活や人間関係、焦眉の問題や人間的な価値に

ついての物語である』と定義している(Lawton,A., 2002, p14.)。「喜劇から『問題のある』メロドラマまであらゆるものであり得る」このジャンルこそ、シラペントフが「社会学的調査よりもソ連における生活をよく記録していた」映画として念頭に置いているものだろう。注(32)を参照。

44 «НОВЕЙШАЯ ИСТОРИЯ ОТЕЧЕСТВЕННОГО КИНО, Часть 2. КИНО И КОНТЕКСТ том 4. 1986-1988», СЕАНС,СПб.,2002,.ст.69-70.

45　1930年代以降のソ連における映画政策の変遷と映画産業に与えた影響については、次の諸文献を参照。

Taylor, R.and Christie I., op.cit.,p.283-372.

«НОВЕЙШАЯ ИСТОРИЯ ОТЕЧЕСТВЕННОГО КИНО, Часть 2. КИНО И КОНТЕКСТ том 6. 1992-1996», СЕАНС,СПб.,2004,ст.34-41.

46 «НОВЕЙШАЯ ИСТОРИЯ ОТЕЧЕСТВЕННОГО КИНО, Ч а с т ь 2. К И Н О И К О Н Т Е К С Т т о м 5. 1989-1991», С Е А Н С,С П б .,2004,

с т .55-56 （ナターリヤ・シリヴリャによる記述）。

47　次のＤＶＤに収録された、ミハルコフ自身によるインタヴューを参照。

«Анна, от 6 до 18»,RUSCICO,2005.

48 次の文献を参照。リュボーフィ・アルクス編『ソクーロフ』、西周成訳、パンドラ・現代書館、1996年、28—29頁。

49　次の文献を参照。

«НОВЕЙШАЯ ИСТОРИЯ ОТЕЧЕСТВЕННОГО КИНО, Часть 2. КИНО И КОНТЕКСТ том 4. 1986-1988», СЕАНС,СПб.,2002,ст.43.
（リュボーフィ・アルクスによる記述）

50　Там же,ст.371-373.（リュボーフィ・アルクスによる記述）

51　Там же,, ст.570-571. （ドミトリー・サヴェリエフによる記述）

52　次の文献を参照。

«НОВЕЙШАЯ ИСТОРИЯ ОТЕЧЕСТВЕННОГО　КИНО, Часть 2.
КИНО И КОНТЕКСТ том 4. 1986-1988», СЕАНС,СПб.,2002,ст.587-
588.(リュボーフィ・アルクスとインナ・パヴロワによる記述)

　ヴィクトル・マッティゼンによると、35万ルーブルという中規模以下
の予算で製作された『あの顔』は、ソ連映画で初めてクレジットに「プ
ロデューサー」の肩書きが登場した映画である(ラズモフスキーとアンド
レイ・ロマネンコ)。90年4月に始まったこの作品の公開は、一度に
4000人を収容できるスタジアムを借りて行われ、約200万ルーブルの
純益を生んだ。次の文献を参照。

«НОВЕЙШАЯ ИСТОРИЯ ОТЕЧЕСТВЕННОГО КИНО, Часть 2.
КИНО И КОНТЕКСТ том 5. 1989-1991», СЕАНС,СПб.,2004,ст.303.

[53] 『カプチーノ街から来た人』は約4000万人、『53年の寒い夏』は
4180万人の観客を、それぞれ動員した。次の文献を参照。

«НОВЕЙШАЯ ИСТОРИЯ ОТЕЧЕСТВЕННОГО КИНО, Часть 2.
КИНО И КОНТЕКСТ том 4. 1986-1988», СЕАНС,СПб.,2002,.ст.352,
526.

[54] Prokhorova,E.,SVOI SREDI CHUZHIKH,CHUZHOI SREDI SVOIKH
in "The Cinema of Russia and The Former Soviet Union",pp. 173-174.

[55] 各「創作班」の名称はスタジオや時期によって様々だが、一般的には
「第1」、「第2」、「第3」と番号をつけて区別していた。モスフィルム
の「喜劇・音楽映画創作連合」、レンフィルムの「テレビ映画創作班」のよ
うに、専門とするジャンルを名称に反映させている場合もあった。新人養
成の創作班は、モスフィルムでは「実験・青年映画創作班《デビュー》
（ЭМТО《Дебют》）」と呼ばれ、レンフィルムでは「第一・実験映
画スタジオ」や「第1映画創作アトリエ」と呼ばれた（それぞれ、1980年
製作の『降格者』、91年製作のオレーグ・コヴァロフ監督『蠍の庭』、89
年製作のアンドレイ・チョールヌィフ監督『ヘ単調』のクレジットに表記
が見られる）。

[56] 次の文献を参照。

«НОВЕЙШАЯ ИСТОРИЯ ОТЕЧЕСТВЕННОГО КИНО, Часть 2. КИНО И КОНТЕКСТ том 5. 1989-1991», СЕАНС,СПб.,2004, ст.61,77.

[57] 次の諸文献を参照。

«НОВЕЙШАЯ ИСТОРИЯ ОТЕЧЕСТВЕННОГО КИНО, Часть 2. КИНО И КОНТЕКСТ том 5. 1989-1991»,　СЕАНС,СПб.,2004, ст.334-335.

Голутва,А., Пора привыкать // «СЕАНС» №.4, Л.,1991,ст.13.

[58] «НОВЕЙШАЯ ИСТОРИЯ ОТЕЧЕСТВЕННОГО КИНО, Часть 2. КИНО И КОНТЕКСТ том 5. 1989-1991», СЕАНС,СПб.,2004,ст.98-100.

ソヴェクスポルトフィルムの歴史と役割については、次の文献を参照。

«КИНО Энциклопедический словарь»,Советская энциклопедия,М.,1987, ст.394.

[59] 次の文献を参照。

«НОВЕЙШАЯ ИСТОРИЯ ОТЕЧЕСТВЕННОГО КИНО, Часть 2. КИНО И КОНТЕКСТ том 5. 1989-1991», СЕАНС,СПб.,2004, ст.42-45 и ст.332.

尚、ソヴェクスポルトフィルムの配給独占権廃止直前のインタヴューで、同公団総支配人オレーグ・ルドネフは、外国映画買付けのために公団に許された換金可能額が自由化の時代に相応しくないと述べている。観客の見たがっている『風と共に去りぬ』は300万ドルし、一本当りの平均では15万〜20万ドルするのに、公団には350万ドル分しか自由に換金できないというのである。次の文献を参照。

Руднев,О.,«Совэкспортфильм;Если все займутся коммерцией,кто будет делать искусство?» // «Советский фильм», №.8,1989,ст.29.

[60] 外国製ヴィデオデッキの非合法な流通は、1970年代末から始まっていたが、ソ連政府は国内にヴィデオが存在することを認めようとしなかった。一般大衆の側にこの新しい映画鑑賞スタイルに対する強い欲求があったことは、84年に初めてソ連製ヴィデオデッキが発売された際、数年先の分まで予約が入った事実からも分かる。1985年の「ヴィデオホー

ル」と「ヴィデオテーク」の登場は、増え続ける一方の非合法流通に対する政府側の譲歩だった。次の文献を参照。

«НОВЕЙШАЯ ИСТОРИЯ ОТЕЧЕСТВЕННОГО КИНО, Часть 2. КИНО И КОНТЕКСТ том 4. 1986-1988», СЕАНС,СПб.,2002,ст.57-58.

[61] Масленников, И., Идеализм модели // «СЕАНС» №.1, киностудия «Ленфильм», Л.,1990, ст.18-19.

　マスレンニコフ本人も、86年の第五回映画人同盟大会の後、エレム・クリモフやアルメン・メドヴェージェフと共に「映画の新しいモデル」策定に関わっただけに、このインタヴューには自分達が余りに理想主義的であったとの自省の念が見られる。

[62] 次の文献を参照。

«НОВЕЙШАЯ ИСТОРИЯ ОТЕЧЕСТВЕННОГО КИНО, Часть 2. КИНО И КОНТЕКСТ том 5. 1989-1991», СЕАНС,СПб.,2004, ст.298-299.

[63] 独立映画協会には、56の民間製作会社と創作連合、そして全ソ映画人同盟までが加わった。次の文献を参照。

«НОВЕЙШАЯ ИСТОРИЯ ОТЕЧЕСТВЕННОГО КИНО, Часть 2. КИНО И КОНТЕКСТ том 5. 1989-1991», СЕАНС,СПб.,2004, ст.284-286.

[64] 最初に国内のスタジオとライセンス契約を結んでVHSソフトを販売したのは、ペレストロイカ時代の 88 年にモスクワの映画センター内に設立された会社「クループヌィ・プラン(クロースアップの意)」である。1989 年に人気テレビ番組「視点」のヴィデオ版付録を販売し、翌 90 年からは主要なスタジオとライセンス契約を結んでソフトを発売し始めた。しかし、しばらくは他に合法的なソフト製作・販売を行なう会社が現れなかった。「クループヌィ・プラン」の公式サイトを参照。http://www.close-up.ru/about/

[65] ミハイール・バフチーン『フランソワ・ラブレーの作品と中世・ルネッサンスの民衆文化』（川端香男里訳）、せりか書房、1980 年、224 頁。

66 前掲書において、中世の 2 つの生活――公式的生活とカーニヴァル的生活――が、それぞれ「厳粛な見地」と、前者のパロディを含む「笑いの見地」とに関与するものとされていることに注目すべきだろう（85〜87頁）。ペレストロイカ時代におけるソ連の文化状況には、中世の生活の二重性に似た部分があったと 思われる。オゴロドニコフの『強盗』やキラ・ムラートワの 『無気力症シンドローム』は、そのドキュメント的な性格を持っている。後者における「作家映画」の試写会のシーンが示すように、公式的作品（この時代には「社会主義リアリズム」ではなく、国際映画祭などで評価される「シリアスな」芸術作品がそれである）は、公的な場所や機会―例えば映画人同盟会館や国営放送―で「厳粛な調子」或いはパセティックな調子を伴って提示される一方で、アンダーグラウンド芸術には政治風刺よりも公式的文化のパロディを含む笑いの要素が強かった。アレイニコフ兄弟の 16 ミリ短編『M.E.』(86)や『革命的エチュード』(87)をその代表と見ることができよう。

67 ナターリヤ・オーゼロワは、『それ』の中に、ニュース映画「今日のニュース」や、エイゼンシュテイン、メドヴェトキン、ノルシュテイン、クリモフの映画のスタイルが認められると指摘している。オーゼロワはまた、市長フェルディシチェンコのイメージが、時代の推移と共にスターリンやベリヤ、フルシチョフを思わせるものへと変貌していくこと、また舞台となる空間が限定されているにもかかわらず、それが多様な様相で提示されていることを指摘している。

Озерова, Н., НЕ вчера, сегодня, завтра // «СЕАНС» №1, Л.,1990,ст.21.

68 Lawton,A.,op.cit.,p.157.

69 これに関連して、アレクセイ・バラバノフがインタヴューで興味深い証言をしている。1984 年の地方都市を舞台にした『積荷 200』(07)において、主要な登場人物の一人である無神論哲学者が最後に教会で洗礼を受けようとするシーンに関して、彼は語っている。

「こういうことが、我国では皆に起きた。レーニンがいて、彼を廃止したが、ロシア人は必ず何かを信じなければいられない。それで皆が教会に行った、当のエリツィンも含めてね。彼はそれをひっそりと、まだ宗教が許可される以前に行なった。（……）私も行った、ちょうどその頃、1985 年くらいだ。その当時、私の友人達は皆、洗礼を受けた。私の妻は

ペテルブルグのインテリの家庭に生れたが、彼女は幼年期にひっそり洗礼を受けさせられた。本当の知識人に、無神論者はいなかった」

Балабанов, А., «Всегда живем в России» // «Искусство кино», 2007.№.7,ст.9.

ペレストロイカ以前にも、タルコフスキーの『アンドレイ・ルブリョフ』やレフ・トルストイの原作によるイーゴリ・タランキン監督『神父セルギー』(78)に見られるように、歴史的人物の伝記映画や古典文学の映画化作品の中でなら、ロシア正教の世界を社会主義イデオロギーとは無関係に描くことは可能だった。

ペレストロイカ時代の末期には、商業的成功を目指した戦争映画にさえ、かなり強い宗教性が込められている例がある。アフガン戦争に題材を採ったウラジーミル・ボルツコ監督の『アフガンの屈曲』(91)は、テレビシリーズの放映によって当時ロシアで人気のあったイタリア人俳優ミケーレ・プラチドを主役に招き、アフガン戦争末期の疲弊した兵士達や民間人の日常を描いている。主人公のバンドゥーラ少佐は戦場で親密になった看護婦と「連邦で会おう」と約束しながら、映画の最後には、家族をロシア軍に殺され彼に銃を向ける少年に背を向け、自殺同様の死を迎える。そのエンド・クレジットにはロシア正教会で歌われる聖歌「夜の犠牲」が鳴り響く。

[70] サルトィコフ=シチェドリンの原作を参照。

Салтыков-Щедрин М.Е., «История одного города Господа Головлевы Сказки», Мир книги,М.,2007, ст.176.

尚、オーゼロワは、最後のエピソードに見られるヴィデオ画面を、非合法流通から合法化を経て 80 年代に普及したホームヴィデオと関連付け、原作者シチェドリンが採用した「年代記」に共通する混成的スタイルの映画的再現の一部と見なしている。

[71] ニコライ・ベルジャエフ『ロシヤ思想史』、田口貞夫訳、ペリカン社、1974 年、227〜229 頁。

[72] Бердяев,Н., «Судьба России»,АСТ,М.,ст.153-154.

[73] Бердяев,Н.,Новое средневековье—в кн. «Смысл творчества»,АСТ,М,2002,ст.562,56-570.

[74] 次の文献を参照。

«НОВЕЙШАЯ ИСТОРИЯ ОТЕЧЕСТВЕННОГО КИНО, Часть 2. КИНО И КОНТЕКСТ том 5. 1989-1991», СЕАНС,СПб.,2004, ст.151.

[75] セミョーン・フレイリフは、エイゼンシュテインが登場し彼の作品が引用されている2つのシーンを分析し、この映画でのエイゼンシュテイン批判には歴史的根拠がないと論じている。フレイリフによれば、劇中で古典的映画作家が「パートナー」の言葉を繰り返しながら引用しているのは、バクーニンの『革命家のカテキズム』である（実際にはバクーニン、ネチャーエフらの集団的著作とされる）。

Фрейлив, С., «Теория кино:От Эйзнштейна до Тарковского»,Искусство,М.,1992, ст.312-314.

[76] 次の文献を参照。

«НОВЕЙШАЯ ИСТОРИЯ ОТЕЧЕСТВЕННОГО КИНО, Часть 2. КИНО И КОНТЕКСТ том 5. 1989-1991»,СЕАНС,СПб.,2004,ст.321-322 и ст.518-519.

[77] Климов Э.,После второго зохода// «Искусство кино»,1993,№ 1,ст.62-63.

[78] ロシア連邦映画人同盟の公式サイト (http://www.unikino.ru/about/history.php) 及び次の文献を参照。

«НОВЕЙШАЯ ИСТОРИЯ ОТЕЧЕСТВЕННОГО КИНО, Часть 2. КИНО И КОНТЕКСТ том 5. 1989-1991»,СЕАНС,СПб.,2004,ст.292-293.

[79] 「セアンス」誌の主催で91年11月に行なわれた対談における、コンスタンチン・ロプシャンスキーとアレクサンドル・ロゴシキンの発言を参照。

Ленинград, ноябрь и больше никогда // «СЕАНС» №.6, СПб.,1992,ст.40. 観客側の需要を考慮せずに西側の映画祭における評価を意識する映画人達の意識は、九四年半ばには批判の対象となっていた。本書第三章を参照。

[80] Кудрявцев,С.,«СВОЕ КИНО», «Дубль-Д», М.,

1998,ст.333.

濫作された映画には多くの場合、配給・興行の目当てがなった。1991
年 1 月 13 日、「作家テレビ」の製作者とモスクワの映画人同盟とが、市
内の集団農場市場で映画マーケットを開催した。正統派の映画教育を受
けた映画人たちが参加したこの試みは、主流派による独立系への反撃と
も言えるが、結果は惨憺たるものだった。作品を売る契約を結ぼうにも
相手がいなかったのである。アレクセイ・エリセーエフによる次の記述
は、既に 91 年初頭に需給のアンバランスと配給の問題が深刻化してい
たことを示している。「（会場のスタンドには）名匠の作品、映画大学
の卒業製作、コミックス、キュウリ、トマト、“ヨーロッパ映画の傑
作”映画祭のチケットが雑然と並んでいた。チケットには列ができなか
ったが、肉（キロ当たり 8 ルーブル）は 15 分で片付いた」

（«НОВЕЙШАЯ ИСТОРИЯ ОТЕЧЕСТВЕННОГО КИНО Часть 2.
КИНО И КОНТЕКСТтом 5. 1989-1991» ,СЕАНС,СПб.,
2004,ст.498.）

[81] Дандурей,Д.,Местоблюститель—в кн.«90-е.Кино, которые мы
потеряли »(сост.Лариса Малюкова), Зебра Е,М.,2007,ст.5-6.

[82] Голутва,А., Пора привыкать // «СЕАНС» №.4, Л.,1991,ст.13.

[83] Трегубович,В.,Хозрасчет должен попасть в цель// «СЕАНС»
№.1,Л.,1990, ст.18-19.

[84] Кудрявцев,С.,«СВОЕ КИНО», «Дубль-Д»,М.,1998, ст.334.

[85] 次の文献を参照。

«НОВЕЙШАЯ ИСТОРИЯ ОТЕЧЕСТВЕННОГО КИНО, Часть 2.
КИНО И КОНТЕКСТ том 5. 1989-1991», СЕАНС,СПб.,2004,ст.87-
88.

ヴィクトル・マッティゼンとナターリヤ・シリヴリャは、1986〜92
年に製作されたマフィアを扱った映画を 89 本挙げているが、そのうち
54 本は 90 年以降の製作である。90 年以降の 3 年間は、この題材を扱っ
た映画の年間製作本数がそれ以前の 4 年間に比べてほぼ倍増しているこ
とになる。ユーリィ・カラの『合法的泥棒』(88)がジャンル的制約性を
巧みに利用してヒットし、ヴィクトル・アリストフの『悪魔』(90)が冷

徹なリアリズムでドストエフスキーの『悪霊』を想起させる悪魔主義的な青年を描いてベルリン映画祭で銀熊賞を受賞したなど例外はあるが、列挙されている作品の大半は、他のロシア映画関連文献ではタイトルすら言及されていない。

86 オレーグ・コヴァロフは、セルゲイ・リヴネフ監督の『キクス』が、アレクセイ・ティモフェーエフスキーの「ポストモダニズム」映画論の影響下に作られたと推測している。

«НОВЕЙШАЯ ИСТОРИЯ ОТЕЧЕСТВЕННОГО КИНО, Часть 2. КИНО И КОНТЕКСТ том 5. 1989-1991», СЕАНС,СПб.,2004, ст.598.

ポストモダニズムの芸術に帰される諸特徴を備えた映画は、オフチャロフ、ソロヴィヨフ、ソクーロフ、アレイニコフ兄弟らによって、1980年代前半から作られていた。

87 レナータ・グリゴーリエワとユーリィ・グリゴーリエフ監督がドストエフスキーの『カラマーゾフの兄弟』中のエピソードを映画化した『少年たち』(90)や、同じくドストエフスキー原作によるアンドレイ・エシパイ監督の『虐げられた人々』(90)には、時代の喧騒を超越したかのような静けさや希望の暗示がある。両作品とも晴れた日の教会の映像で終わる。前者の場合は、それまで 19 世紀のドラマを演じていた出演者達が現代の教会の前で蝋燭を手に礼拝している記録映像であり、同時代の作品としては珍しく明るさと希望に満ちている。

　エシパイの作品はソ連解体直前の 91 年 12 月に公開された。インナ・ツィルクンは、この映画がドストエフスキーを「時の要請」に追いやらずに「魂の不変の状態」を志向したことで、時流を反映した大半の映画のように急速に古びることを免れたと評価している。次の文献を参照。

«НОВЕЙШАЯ ИСТОРИЯ ОТЕЧЕСТВЕННОГО КИНО, Часть 2. КИНО И КОНТЕКСТ том 5. 1989-1991», СЕАНС,СПб.,2004, ст.603.

88 映画の水準低下は、同時代の劇映画の中でもトピックになった。91 年に製作されたヴァレーリー・トドロフスキーの『愛』には、出会ったばかりの若い恋人達が、ポルノまがいの劣悪な映画を、観客のまばらな劇場で見るシーンがある。

89 ソクーロフは、ドキュメンタリーと劇映画を毎年のように並行して作る多作ぶりと彼独自のテーマや映画美学の追究によって、ペレストロイカ時代に得た国際的評価をその後も維持することができた。これは八六年にレンフィルムの所長になったアレクサンドル・ゴルトヴァの作家映画擁護によるところも大きかったと思われる。

ミハルコフは、カンヌ映画祭でマルチェロ・マストロヤンニが主演男優賞を受賞したイタリアとの合作『黒い瞳』(87)により、欧米での評価を確立した。彼は続いて、イタリアのフィアット社の自動車プロモーションを目的として 30 分程度になる予定で製作された『ヒッチハイク』(90)を密かにドラマ性のある一時間弱の劇映画に仕立てた。フランスとの合作『ウルガ』(91)では、ロシアとの国境に近い中国のモンゴル系住民とロシア人トラック運転手との交流を描くと同時にグローバリゼーションによる民族文化消失の可能性を暗示し、ヴェネチア映画祭グランプリを受賞した。

90 ソ連解体の年にいずれも長編劇映画デビューしたアレクセイ・バラバノフとニキータ・チャグーノフの運命は、全く対照的である。バラバノフはベケットの原作による『幸福な日々』で、チャグーノフはウィリアム・フォークナーの作品に想を得たナジェージダ・コジュシャナヤ脚本による『足』で、それぞれ国内の批評や内外の映画祭における評価を得た。チャグーノフは翌 92 年に死に、バラバノフは現在に至るまで作家映画とジャンル映画を精力的に作り続けている。次の諸文献を参照。

«НОВЕЙШАЯ ИСТОРИЯ ОТЕЧЕСТВЕННОГО КИНО, Часть 2. КИНО И КОНТЕКСТ том 5. 1989-1991», СЕАНС,СПб.,2004, ст.558-561.

Шилова, И.,Посмотрены и забыты—в кн.«90-е.Кино, которое мы потеряли» (сост.Малюкова, Л.), Зебра Е,М.,2007,ст.45-55.

第三章　現代ロシアの映画文化②1990 年代

概況

　1990 年代のロシア映画を本国の映画人達は「失われた映画」として言及することがあるが[1]、それには相応の理由がある。80 年代末から 90 年代初頭にかけて海外で注目された新人達の多くが 90 年代半ばまでに市場原理によって淘汰されてしまう一方で、映画産業の崩壊は、才能ある若い映画人の創作条件を極端に悪化させた。有能な新人のうち、ある者は夭折し、ある者はスタイルもテーマも商業的な目的に合わせて急変させ、ある者は映画製作をやめて別の文化的領域で活動し始めた。より若い世代は、極めて少数の例外を除き映画の世界で活動することができず、テレビ番組やヴィデオクリップ、更にはテレビコマーシャルの製作に向かった。映画は公開の困難さから、国際映画祭向けのものか国内のヴィデオ市場向けの低予算娯楽作以外は製作が不可能になっていく。

　市場原理の導入だけでなくソ連自体の解体をもたらした政治的・経済的な混乱も、ロシアの映画文化に大きなダメージを与えた。1990 年から 90 年代中頃まで、国内政治は波乱続きだった。ここでその時代の政治と社会の動向を概略的に振り返っておくことは、映画文化の構成要素としての映画政策や映画産業の変遷を理解するためにも必要であろう。

　89 年 11 月にベルリンの壁崩壊を受けて東欧革命が起きるとソ連にもその余波が及び、バルト三国は独立を要求し始めた。90 年にミハイル・ゴルバチョフは大統領制を導入してソ連最初で最後の大統領となった。だが、ソ連の崩壊を食い止めることはできなかった。

91年1月初旬にはグルジアによる南オセチア自治州への軍事介入があった。同月中旬から下旬にかけてリトアニアとラトヴィアでは、ソ連軍による独立派の武力弾圧が行われ、ゴルバチョフの威信は低下した。2月から3月にかけてバルト三国で行われた国民投票では市民による独立の意志が確認された。同時期に、ボリス・エリツィンはテレビの生放送に出演してゴルバチョフに独裁確立の意図があると批判、大統領の即時辞任を要求した。6月に行われたロシア共和国大統領を決める国民投票ではエリツィンが勝利、8月、モスクワで守旧派のクーデターが起きるが失敗し、同年末にはソ連が解体し各民族共和国は独立国家共同体（СНГ、CIS）を形成する。ゴルバチョフの後任となったボリス・エリツィン大統領に対する保守派の攻勢は続いたが、エリツィン側が勝利する。1993年春には敵対し合う最高会議と大統領への信任投票が行われたが、一方の決定的勝利には終わらず、10月初めには一般市民を巻き込んだモスクワでの武力衝突に及んだ。国民の多くは生活に窮乏し、新体制とエリツィン政権への不満をつのらせた。彼らの中には社会主義への逆行を望む者も多かった。一方で文化人を始めとして民主主義と資本主義への移行を支持する勢力もあり、彼らはエリツィンを支持した。

　93年春から秋にかけて、ロシア国民は2つの陣営の対立に巻き込まれただけでなく、その闘争に参加もしていた。モスクワの軍事衝突では一般市民の犠牲者も少なからず出た。

　不安定だったのは国内政治だけではない。急激なインフレーションはルーブルの不足を引き起こし、給料日に賃金の支払いが保証されない状況を生んだ。市民生活は組織的犯罪の増加によっても脅かされた。犯罪組織の抗争が頻繁に起きたが、警察は無力だった。テ

レビCMを盛んに流した新興会社MMMの株式に投資した市民の多くは、株価操作によって人為的に吊り上げられた株価が崩落した際に大きな損失を受けた。そして最後に、1994年から96年にかけてチェチェン紛争があった。

こうした国内外の政治的・経済的混乱は、単純に「市場原理の導入」や「民主化」として要約することのできない映画政策の複雑な変容をもたらした。配給網の崩壊もあって、ロシアの映画人達は映画産業の衰退を止めることはできなかったが、映画作品と映画に関する言説を一定の水準に維持することはできた。しかし、彼らの大多数は国家の助成も、映画への投資に失望した銀行からの貸し付けも期待できずに、最初に述べたような市場原理の負の局面において苦闘を続ける他なかった。

90年代前半にはアメリカ製の二流映画が大量に輸入されたり、マネーロンダリング的な目的で映画製作を行う人々が出たりした。彼らの目的は違法事業によって得た利益を映画配給による収益と偽って申告することであったので、映画そのものの質は劣悪だった。観客は国産映画に失望することが多くなった。それに加え、市民生活の困窮と海賊版ソフトの氾濫が観客の足を映画館から遠のかせ、多くの劇場は閉鎖に追い込まれた。国産映画の公開本数は、96年には26本にまで落ち込んだ[2]。国内外の映画祭で高い評価を得たアレクサンドル・ソクーロフやアレクセイ・バラバノフ、イワン・ディホヴィチヌィらの作品は、90年代半ばまでは劇場で公開されることはなかった。

このように、1991年から90年代半ばまでは映画人にとって非常に困難な時代だったにもかかわらず、すべてが水泡に帰したわけではなかった。彼らはそれぞれ自分の資質と立場に応じて、映画文化

の復興に努めていた。具体的には、次の五つの事業が並行して行なわれていた。

i 国営スタジオや国家助成金によって作家映画を支えると同時に技術面の伝承と革新を行いつつ、西欧での評価やソフト化、テレビ放映を待って製作費の一部を回収する。

ii 独立系の製作会社を設立し、商業性と芸術性の両立を図る。

iii 教育機関に若い人材や技術を採り入れ、人材の育成に当たる。

iv 国産映画を内外にアピールするための映画マーケットや映画祭を創設する。

v 古今の重要な作品の上映や、映画に関する言説を通じて観客の啓蒙活動を行う。

i は主に映画政策の領域に属し、その改革を意味する。ii は市場経済に適応するための民間主導による映画産業再編成の動きである。iii は、教育機関の人材刷新と新思考導入である。iv は必ずしも映画人でない、経営的才能と芸術的教養を兼ね備えた民間人によって行われた。v はソ連時代の映画学の伝統を継承する人々、つまり映画に関する公式的言説の担い手達が行った。i と iii を兼ねる人々もいた。「モスフィルム」内で会社「クルーグ」を率いつつ映画大学の教授を務めていたセルゲイ・ソロヴィヨフはその代表である。ii で成功を収めたのが、製作会社ＳＴＶを立ち上げたセルゲイ・セリヤノフである。iv に積極的だったのは、ソチの映画祭「キノタヴル」を創設した実業家マルク・ルディンシュテインである。v に関しては、映画学者ナウム・クレイマンの主催する映画博物館で行なわれた上映

活動の他、個々の批評家や編集者の役割を挙げることができる。彼らの活動は、一般市民に対する映画教育と見なすことができる。

　つまり、映画政策、映画産業、映画教育に関しては、経済的基盤或いは経営的諸手段を持つ行政組織、民営化した大スタジオ、民間企業等のリーダーが中心となり、ロシアの映画文化復興を目指していたわけである。一方、経済的に弱い立場にある創作家個人と一般市民が担う他の2つの構成要素（映画作品、映画観客）の間には、相互影響関係の希薄化が見られた。これには2つの側面があった。第一に、社会構造の激変と経済的な混乱という状況が、観客の細分化に拍車をかけていた。第二に、製作本数が減少し続けた映画作品の多くは一般公開されず、観客との断絶によって経済的な面でも文化的な面でも大きな成果を挙げ得なかった。しかし、映画作品は映画文化におけるコンテクスト生成要因としては機能し続けていた。それを支えたのが映画に関する批評的言説であり、その担い手である批評家達は、海賊版映画ソフトが氾濫する状況においてさえも映画文化の復興に寄与した。2000年代に入って映画産業が復興するまで、映画に関する言説は映画作品と共に、事実上、「ハイ・カルチャー」の領域に自閉する他なかった。

　映画監督や脚本家、映画に芸術や文化を求める観客にとって、概して90年代は辛い時期であった。だが、最悪の時期を経て90年代後半から徐々に映画産業には復興の兆しが見え始める。政府は民間資本による映画製作振興を目的に、映画製作資金への課税軽減策を導入した。95年から98年にかけて、民間テレビ局や独立製作会社による映画製作が活性化の兆しを見せたが、98年の債務不履行（デフォルト)によって映画産業の再生には一旦ブレーキがかかった。とはいえ、既に市場経済における様々な試練に耐えてきた映画人達は、ペレストロイカ時代とは違い、不測の事態が起きても冷静に体勢を立て直すことができるだけの実力を備えていた。

今世紀に入って国際的に注目された新人達や「ブロックバスター」の演出を任された比較的若い監督達は、90年代後半からテレビドラマやヴィデオクリップの製作に携わり始めていた[3]。35mmフィルムによる長編劇映画の監督経験がない彼らが起用されたのは、映画産業全体が復興し始めたからだった。それは、ロシアの映画人だけの功績ではない。アメリカ資本や独立系配給会社による現代的な映画館の登場や民間テレビ局の資本による映画製作も、観客を劇場に呼び戻すために一定の役割を果たした。

映画観客①　海賊版ソフト氾濫の影響

　前章でも触れたように、ロシアの映画観客の外国映画、特に西側の劇映画に対する関心はソ連時代から強かった。非合法に外国映画を録画したヴィデオカセットはペレストロイカが始まる以前、まだヴィデオデッキが外国製しかなく、主に特権階級の持ち物であった時代から闇市場で流通していた。「非公式的な」映画ソフト市場は萌芽的に存在していたのである。1984年の国産ヴィデオデッキ「エレクトロニカ」ＢＭ12の発売と、翌年5月以降の廉価な「ヴィデオホール」および「ヴィデオテーク」の登場は、ソ連における「公式的」映画ソフト市場の誕生を意味した。86年末までにはソ連全土で61ヵ所に同様の施設が営業しており、88年までには更に1000ヵ所を開くこと計画されたが、実際の利用は一日平均して5〜7本しかなかった。不評の理由は、当局が作成したレパートリーの狭さだった。88年初めまでには、全国でおよそ100万人のヴィデオデッキ所有者がいたと言われ、彼らの隣人や客も含めると実際の利用者はその数倍に上った[4]。

　公式的な映画ヴィデオソフト市場の誕生は、最初の段階から、映画観客に対する当局の観点と実際の「非公式的な」彼らの需要との大幅な乖離を証明することになった。公式的レパートリーのみを扱うヴィデオテークでは、「相当な数の『レーニンもの』や『国内戦

の英雄を称える映画』等の間で、アンドレイ・タルコフスキーの『鏡』やエリダル・リャザーノフの『カーニヴァルの夜』を探し出すのは簡単ではなかった」だけでなく、一般観客が見たがっていた西側の映画は考慮されていなかった。1988年までに当局が提供した約900本の中には、「44本の（主に無名な監督による）西側の映画があるだけで、しかも劇場公開と重複することになった」のである。しかし、実際には1988年までに「流通した」映画ソフトの数は一万本に接近していたとされる[5]。

　海賊版の非合法流通の拡大は、一般市民の需要を考えれば当然の結果だった。最初の段階では、ヴィデオデッキの所有が合法化されたことで、政府の用意した「ヴィデオホール」の民間版が現れた。「ヴィデオサロン」という、大勢の観客に一台のテレビモニターでヴィデオソフトを見せる場所がそれである。映画における検閲が事実上、意味をなさなくなったのは、そのような場所での非公式的な映画ソフト消費によるところも大きい[6]。しかし、88年から90年の段階で、ヴィデオの普及が観客の映画館離れの要因になったという根拠はない。そもそも国産映画は全体として、ペレストロイカ開始前から観客動員数の減少を経験していた[7]。それでも観客は、アメリカ製娯楽映画や自分達の生活と関係の深い時事問題を扱った映画には興味を示し、そのことは観客動員数にも反映された。『53年の寒い夏』（88）やスウェーデンとの合作『令嬢ターニャ』（89）のヒット、モスクワにおける『風と共に去りぬ』のロングラン（90〜91年）がその証拠である[8]。100万台のヴィデオデッキと一万本の違法コピーは、観客の映画に対する態度を根本的には変えなかったと言える。映画館でしか観ることのできない興味深い作品を、彼らは劇場の大スクリーンで見ていたのだ。

　ソ連の解体は、ロシアの経済混乱に拍車をかけ、一般市民の映画鑑賞への出費を減らしただけでなく、映画館で上映される作品の質も悪化させた。国産映画に関しては、国営配給網の崩壊と映画スタ

ジオにおける製作状況の悪化により、劇場公開されることが稀になった。その間にも、民生用ヴィデオデッキは市民の間で次第に普及度を高めていった。1995年から97年にかけて筆者がモスクワ、ペテルブルグとスズダリで目撃した光景は、映画館における興行の壊滅的状態とヴィデオ映画ソフト需要の顕著な上昇を示していた。二大都市の主要な地下鉄駅の傍には、必ず映画のヴィデオソフトが山積みになっており、その大半は海賊版であった。その一方で、古都スズダリの映画館は完全に廃墟と化していた。80年代半ばまでソ連全土で15万館を越えていたとされる映画館の多くは、廃墟でなければオートサロンや家具の展示場になっていた[9]。

　ロシアの映画学者、批評家、社会学者達が公表した各種統計資料によれば、観客の嗜好は、「停滞の時代」から1990年代まで特に大きく変化しているわけではない。

　セルゲイ・クドリャフツェフは、1940年から89年までのヒット作（観客動員数200万人以上）784本を、97〜98年時点では最も正確な記録に基づいてリスト化している。彼はそれぞれの映画に「エキセントリック・コメディ」や「ヒロイックな冒険ものシネ・ロマン」、「歴史・革命的シネ・ロマン」等、ロシアにおいて慣例的である複合的なジャンル名を付記している[10]。仮にこのリストの分類法をもっと単純化して「コメディ」、「メロドラマ」、「冒険映画」、「歴史映画」、「社会派ドラマ」、「犯罪映画」等に読み替え、複数ジャンルに同じ程度に分類可能と思われるものは重複を許して数えるなら、上位100本のジャンル別分布は次のようになる（元のリストでは2部構成の映画を2本と数えているが、ここでは1本として数えた）。コメディが最多で26本、続いて冒険映画が22本、戦争映画が18本、メロドラマが17本、歴史映画と社会派ドラマが各12本、その他（青春映画、犯罪映画、スパイ映画、破局もの）がそれぞれ5本以下で計13本である。一方、94年に全ロ

シア世論調査センターによって行われた成人 2957 名を対象とする
アンケート調査（複数回答）によれば、彼らが最も好んで観る映画
は、上位からコメディ（43%）、古いソ連製及び外国映画（43%）、
メロドラマ・恋愛映画（37%）、推理もの・ヒット作・波乱に富む
映画（36%）、歴史映画（30%）の順であった[11]。これらの調査結果
の比較からは、全体としてソ連時代から観客の嗜好があまり変化し
ていないことが分かる。

　前出の世論調査で 43% が、「古いソ連製及び外国映画」を好む
と答えているのは特徴的である。映画産業の衰退と市民生活の困窮、
ヴィデオの普及等の要因は、新作映画の需要を減少させたのである。
しかし、映画というメディアはどこでも常に 30 代以下の若者層を
最も引きつけ、商品としての映画作品はそこに市場を見出すもので
ある。そして若い世代の観客は、不況時でも実験的な試みを行って
いる作家映画や新しい生活様式を反映しているジャンル映画を好む
（日本でも、バブル崩壊後の 90 年代前半に六本木の単館でソクー
ロフの新作を見ていた観客は若者層であった）。90 年代には既に
映画に対する検閲はなく、社会が次第に再編成されていく中で、創
作者も観客も徐々に世代交代していった。社会学者ボリス・ドゥー
ビンは 1995 年に「映画芸術」誌によるインタヴューの中で、もはや
国民の 50〜60% が 1 本の映画を好むことがなくなっていることを
指摘し、観客の差異化（細分化)が進んだと結論づけている[12]。海
賊版ヴィデオソフトは、観客の映画館離れを促した要因の一つであ
ったと同時に、観客の細分化を促進したことも確かであろう。だが、
観客の細分化を促した要因は他にもあった。後述するように、産業
的な要因によって 90 年代半ばまでにロシアにおける映画の消費形
態は更に多様化していたのである。

映画政策① 組織の再編──職能集団・公共施設・映画スタジオ

　第二章でも述べたようにペレストロイカの前半に映画界の「改革」を行った全ソ映画人同盟は、ソ連解体前夜から内部の軋轢を経験していた。全ソ映画人同盟はまず 90 年 6 月に 15 ある民族共和国の映画人同盟の連盟へ再編され、次いで 91 年 5 月末にそれらの連合体へと再編された。ソ連解体が現実となった時、実質的にばらばらな諸同盟の連合体に過ぎない新機構は、それまでの 4 年間に行われた改革を継続することができなかった。ソ連時代にあった共通の利害は失われ、各民族共和国の映画人同盟間に係争が始まった。係争の中心となったのは、西側諸国との共同事業も手がけていた全ソ製作連合（Всесоюзное творческое производственное объединение）「キノツェントル」である [13]。モスクワのキノツェントルでは、95 年頃までアルタヴァスト・ペレシャン作品の特集上映のような文化的行事も行われていた。だが、90 年代後半にはハリウッド製娯楽映画の上映が主体となった。

　モスクワの映画人同盟会館（ドーム・キノ）は 90 年代、映画製作を学ぶ学生を対象とした聖アンナ映画祭の会場となったり、ミハルコフの大作『シベリアの理髪師』（98）のプレミア上映が行われたりしていたが、映画産業の衰退と共に映画人同盟自体が形骸化する中で、部外者に開かれていない施設としてその存在意義は薄れてくばかりだった。

　モスクワの「キノツェントル」と同じ、クラースナヤ・プレスニャと呼ばれる地区のビル内にあった映画博物館は、前者が主にアメリカ製商業映画のプレミア上映によって商業路線を選んだのとは対照的に、90 年代を通じて啓蒙的上映活動や収蔵品の展示を行っていた。最初の構想から活動開始までに 20 年を要した映画博物館は、92 年に非商業的・啓蒙的な活動を目的とする独立組織になった [14]。90 年代のモスクワにはこの他に、ゴスフィルモフォンドからフィルムを借りて上映する国営の名画座「イリュージョン」と「ハンジョ

ンコフの家」、新作ロシア映画を上映する国営映画館「芸術座」があったが、90年代末以降に「ロラン」や「35MM」といったアートハウス志向の映画館が登場するまで、映画博物館はモスクワの一般市民がヨーロッパ及び日本の新作アートハウス映画を廉価で楽しむことのできる、唯一の場所だった。

　第二章で述べたように、国内最大級のスタジオであったモスフィルムやレンフィルムは、映画産業衰退によって大量の職員解雇を余儀なくされた。ペレストロイカ時代に「創作班」を基盤としてスタジオ内部に設立された独立採算の会社（同様に「スタジオ」と呼ばれる）も、以前のようなペースで劇場公開用劇映画を作り続ける余裕はなくなっていた。例えば、国営時代のレンフィルムを共通の製作基盤とするスタジオが連合した映画協会「レンフィルム」は、92年2月末に合計28本の映画を製作し始めたが、そのうち80%は財政的な問題のために撮影が延期となったり開始できなかったりした[15]。

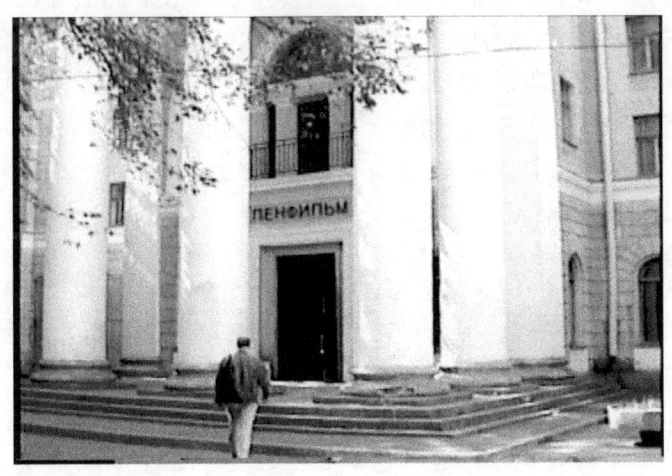

1990年代半ばの "レンフィルム" スタジオ（筆者撮影）

興味深いことは、両スタジオが事実上、「小スタジオの集合体」に変わった後でも、そこで製作される作品にソ連時代の特色が観察されたことである。90年代のレンフィルムにおいて「作家映画」の流れが途絶えなかったのは、ゴルトヴァが所長であったこととソクーロフやゲルマンやロプシャンスキーのような監督がそこで創作していたことに、多くを負っている。だがソ連解体後の彼らの作品は、その多くが西欧諸国との合作であり、民営化され分割されたスタジオのほとんどは独立採算で活動を継続することができなかった[16]。一方、モスフィルムは、「キノコンツェルン」と称されるようになった。そこをベースに91〜95年に製作された文学作品の「映画化」やコメディ等の大半は、技術的には水準以上であるが、新鮮味には欠けている（「映画作品①　ジャンル映画と『皆のための映画』」の項を参照）。

映画に関する言説①　批評の新たな役割

　ペレストロイカ後期、つまりソ連最後の2、3年間は、諸芸術に対する国家による検閲は行われなくなっていた。つまり、公式的言説と非公式的言説の境界線が事実上、消滅したのである。当時、現代美術のキュレーター活動を行っていた芸術学者アンドレイ・エロフェーエフは、タマーラ・ドンドゥレイによるインタヴューの中で、次のように語っている。

　「多くの事実や証言によれば、文化におけるペレストロイカは87年にやっと始まった。（……)87年の初めには、ＫＧＢの知識人を扱う部署のキュレーターが展覧会にやって来て絵画を外すことを勧めていた。87年の後半にやっとこの全てが終わった88年と89年には、ゴルバチョフの提唱する諸々の理念が、暗記すべき一組の諸規定ではなくなった。まさにその時、共通の諸言説の、そして没個性的な諸言説の崩壊が起きたのだ」[17]。

第二章で述べたように、87年後半には、映画の世界でも非公式的言説の認知が始まっていた。映画に関する公式的言説と非公式的言説の境界は曖昧になり、90年代に入ると理論的・歴史的な研究類以外の、批評類においては完全に消滅する。そして、既に述べた海賊ソフトの氾濫と民生用ヴィデオデッキの普及は、批評的言説に映画文化内での新たな役割を与えた。

　アレクセイ・グーセフによれば、ソ連における初期の映画ヴィデオソフト市場には、インドやアメリカ製娯楽映画やソ連時代にヒットしたフランス映画と並んで、かなりの量の作家映画が現れた。それは、商業的に正当化される古典的な名作群だけではなかった。「ミケランジェロ・アントニオーニ、フェデリコ・フェリーニ、ピエロ・パオロ・パゾリーニ、ライナー・ウェルナー・ファスビンダー、ウェルナー・ヘルツォーク、ヴィム・ヴェンダース、ジャン゠リュック・ゴダール等は、かなり多くの潜在的な購入者に名前だけにせよ知られており、それ故に〈60年代人〉と〈70年代人〉の間でア・プリオリに騒ぎを引き起こすにしても、ソヴィエトにおけるヴィデオ市場の初期段階でヨス・ステリングやアンジェイ・ズラウスキー、或いはアレハンドロ・ホドロフスキーが現れたことは、決して誰にも説明できまい」[18]。

　ソ連末期におけるヴィデオ市場の急激な伸長は、それに特化した「ヴィデオダイジェスト」や「ヴィデオACC」といった定期刊行雑誌の需要を生んだだけでなく、重要作品をピックアップして解説するガイドブックさえも必要としたほどであった。「ヴィデオACC」は91年7月に、批評家セルゲイ・クドリャフツェフによる『500本の映画』を20万部で出版した。94年と96年には、同じクドリャフツェフにより続編としてそれぞれ『＋500』と『最後の500』が書かれた。

混乱の時代にロシアの批評家達が同僚の映画人や観客に対して提供したのは、ヴィデオソフトの解説だけではない。「映画芸術」誌は、恒例となった主要映画祭報告と新作に対する批評の掲載をソ連解体後も続け、同時代の映画界の動向をリアルタイムに反映し続けた。そこでは批評家達の、世界の映画と文化の動向に対する敏感な反応が観察される。例えばアンドレイ・プラーホフは、同誌が 92 年秋にアントニオーニの生誕 80 年を記念して組んだ小特集のために、「アントニオーニはポストモダニストか?」という批評を書いている。そこで彼は、ポーランドの「キノ」誌で発表されたマルチン・ギジツキーの試論「ボードリャールは『砂丘』を見たのか?」を受け、アントニオーニが 60 年代から「シミュレーション」やマスメディアによる公共性の暴力といった、「ポストモダニズム」的テーマに取り組んでいたと述べている [19]。

　ソ連解体が予感され始めた 91 年秋頃から翌 92 年には既に、若い世代の映画批評家には映画産業の危機を乗り切る処方箋が求められていた。ミハイル・トロフィメンコフは、「セアンス」誌編集長の依頼によって、「ヌーヴェル・バーグ」の映画作家達が低予算の作家映画をどうやって製作し得たかを、彼らのプロデューサーや戦後フランスにおける映画政策も含めてかなり詳細に書いている。だが、彼の結論は「いかなる規則もない」ということだった [20]。ヌーヴェル・バーグの経験を参照できるほどには、ソ連解体後のロシア映画が置かれた状況は生易しいものではなった。著作権法や国家助成の基準に関する法の整備が行なわれないまま、製作面でも興行面でも衰退していったからである。映画学者・批評家で『蠍の庭』 (91)によって監督としてデビューしたオレーグ・コヴァロフは、同じ「セアンス」誌が主催したレンフィルムの映画作家達の会談において、「非商業的な映画に関心を持ちうるのは国家だけだ」とまで断言している [21]。

　1990 年代のロシアで、批評的言説が映画作品に直接的影響を与えたと思われる例はほとんどない。ソ連の解体以降、映画作家達は映画祭における評価或いは観客の支持という二者選択を迫られる状

況に置かれ、批評の役割を認める余裕はなくなった（コヴァロフは
セルゲイ・リヴネフの『キクス』（91)に関してアレクセイ・ティ
モフェーエフスキーの「ポストモダニズム」批評からの影響を推測し
ているが、この映画が製作されたのはソ連解体以前である）。92年
から96年にかけて国産映画の製作本数が徐々に減少してゆく中で、
批評的言説は、映画作品と映画作家或いは観客との間で触媒的作用
を果たすことが難しくなっていった。

　批評的言説の担い手の中には、映画に特化した専門家としてでな
く、「知識人」、「教育者」、或いはイデオロギーの代弁者としての顔
を持つ者も多くなった。映画に関する言説は、観客と映画作品の間
で触媒作用を果たすよりも、ブルデューの言う「知識人場」における
闘争で優位に立つための手段となっていった。それは、90年代に
起きた映画文化全体の再編成と関連している。

　「映画芸術」誌は勿論、「セアンス」誌と比べても遥かに少ない
2000部という発行部数の「映画学紀要」誌では、91年には映画産
業再編に関する実践的な提言も掲載されていた。当時この雑誌の発
行主体である映画芸術研究所の上級科学研究員であったダニール・
ドンドゥレイは、同年に発行された第九号に「破産の善　ソヴィエ
ト映画における市場関係生成の諸問題」と題する考察を発表してい
る[22]。これは、欧米の映画製作の現状を踏まえた「プロデューサー
主義」への移行を説くドンドゥレイの最も早い論説であり、93年
に彼が「映画芸術」誌の編集長になってからの論説を先取りしてい
る。彼の映画論やテレビ論は社会学的であり、各種のアンケート調
査に裏打ちされているが、近代的な芸術―文化システムの理念を保
持しようとする志向性も示している。彼は後に各種リサーチと出版
を行う会社「ドゥーブリD」を設立しており、2000年代には欧州
系のリサーチ会社さえその情報を利用した[23]。

批評家達の社会的立場は、映画産業の衰退と民間テレビ局の出現によってソ連時代よりも不安定なものになった。映画批評への需要がなくなったからである。「映画芸術」誌が 95 年 6 月号で実施した批評家達へのアンケートは、この状況を雄弁に物語っている。彼らはミハイル・ヤンポリスキーのような「公式的」言説の担い手たる映画学者達の啓蒙的役割を評価する一方で、文化資本の不足を補うために批評の自律性を主張しつつ映画批評以外の分野でも執筆せざるを得なくなっていた。

　この状況は、若い批評家達を「知識人場」の覇権をめぐる闘争に駆り立てた。その好例が、「ポストモダニズム」概念をめぐる論争である。この言葉は 90 年代前半のロシアで批評界の流行語となり、批評家だけでなく映画作家までもそれを意識するようになった（ホチネンコの『マカーロフ』等。「映画作品②　作家映画の様々な模索の項を参照」。だが、批評家達は必ずしもこの概念を正しく理解していたわけでなく、知識人としての生き残り戦略として採用していた。

　ボリス・グロイスは、「セヴォードニャ」紙上でスピルバーグの『シンドラーのリスト』（93）を美学的・道徳的理由から非難した自称「ポストモダニスト」批評家達について、彼らが実際にはアヴァンギャルド以前の 19 世紀末的な問題意識しか持っていないと指摘している。グロイスによると、『セヴォードニャ』紙の筆者達は「自分達が、擬似的・エレガント・アイロニー的なスタイルによって現存のイデオロギー的、社会的、道徳的な諸問題の全てを捉えることができ、それらを自分達に、自分達の純粋にスタイル上の大胆さとテクストの険しさに従属させることができるという、美学的・モダニズム的幻想の中に生きている」[24]。しかしながら、新進批評家を「文献学的」知識の不足によって批判するのは、「知識人場」で優位に立つ者の見解に過ぎない。特権的でない家庭に生まれた若い批評家達にとって、90 年代は「生物学的に生き残る」ことすら困難な

時期であった。1966 年生まれのある批評家は、2000 年代に入って映画『ブーマー』（03）にことよせて、次のように回顧している。

「権威ある雑誌で 21 世紀の呼びかけとグローバリゼーションを論じた大歴史家のインタヴューを読む（……）そこで突然、『ユーリィ・トリーフォノフが述べたように……』と来る。（……）この種の宣誓は、あなた方を象徴的権力の所有者として徴づける。「ブーマー」いや「ＢＭＷ」がすごい兄貴を徴づけるようにだ。もし君が「読者」ならば、君には無制限の余暇があったということだ。昔、或いはもっと権威があるのは、最近に、である。90 年代における憂鬱でない余暇を想像できるだろうか？　それはすごい、輝かしいことだ」[25]。

この言葉は、文化資本の少ない若い批評家にとって 90 年代を生き延びることが如何に困難であったかを、切実に物語っている。

映画観客②　興行の不在と消費形態の多様化

ペレストロイカ時代末期の 1990 年に設立された映画配給・興行を行う一大トラスト、映画及びヴィデオ配給業者協会（АСКИН）は、ソ連時代のような大配給網を作ることができないまま、92 年に解消された[26]。ソ連解体後の約 10 年間、つまり全国的な配給基盤が存在しなくなってから映画興行が復活するまでの期間、一般映画観客に関する継続的な統計データは、筆者が知る限り存在しなかった。従って、1990 年代の映画観客の需要に関しては、批評家を含む映画人達の同時代的な言説や映画雑誌に掲載された断続的な調査結果、及び 95～99 年にモスクワに留学していた筆者自身の体験から推察するしかない。それらを総合すると、90 年代における全国的な映画配給網の不在は、劇場公開という形での国産映画の興行をほとんど不可能にし、ヴィデオ市場での製作費回収もかろうじて 90 年代後半に一部の作品でのみ可能になったに過ぎない。だが、

外国映画の流入によって国産映画に対する一般観客の関心が失われていたわけではない。

　早くも1990年に、国産映画のこうした状況を危惧して行動を起こしたのが、ポドリスクでレジャー施設を経営していた実業家、マルク・ルディンシュテインだった。彼は同年4月に、全ソ映画人同盟やロシア連邦映画人同盟の支持を得て、地元で「買われなかった映画の映画祭」を開催した。そこに出品されたのは、いずれも国内の配給業者に見向きもされなかった作品ばかりだったが、同年5月のカンヌ映画祭で最優秀新人賞「カメラ・ドール」を受賞することになるカネフスキーの『動くな、死ね、甦れ』（90）や超ベテラン監督イオシフ・ヘイフィッツの遺作となる『さまよえるバス』が含まれていた[27]。ルディンシュテインは翌91年5月、黒海に面する保養地ソチで「キノタヴル」を開催する。この映画祭では、「選ばれた人々のための映画？」と「皆のための映画」の2部門があったが、初年度には早くもニコライ・ドスタリの『君はどこにいるの？』（90）が、その両者の「境界破壊」に対する賞を獲得している[28]。このような二分法は93年度からは廃止された。「キノタヴル」には海外からのバイヤーを呼び寄せるだけの知名度もなく、国内の一般観客にとっては縁遠いイベントでしかなかったため、直接的な効果は挙げられなかった。

　ペレストロイカ時代に登場した「ヴィデオサロン」という集団的な映画消費の形態は、ヴィデオデッキが普及するにつれて消滅していった。更に、映画館における映画興行が衰退する中、映画消費は観客の自宅で行われることがますます多くなった。ダニール・ドンドゥレイによると、94年の時点で「真の革命は配給の2次的な市場で起きて」いた。つまりヴィデオ販売と各種のテレビ放映である。当時、モスクワだけで700のチャンネルが週に243時間の映画放映を行い、そのうちロシア映画は46パーセントを占めていた。ヴィデ

オデッキを所有する家庭は全国で10世帯に1つに達し、90程度の地方の独立テレビ局と数百のケーブルテレビ局があった。しかし、それらが観客に見せていたのは違法なコピーだった[29]。

　ヴィデオやテレビで観客が観ていた国産映画は、主に旧作、それもソ連時代の作品が多かった。そもそも新作が非常に少なくなっていたからである。映画消費の形態は多様化しても、国産映画に関しては「アートハウス」映画を好んで観る「ニッチ」観客層に期待することはできなかった。そうした映画を興行できる劇場がほとんど無かったからである。ヴィデオソフトで映画を鑑賞する人々の多くは、高価な正規版よりも廉価な海賊版を購入していた。民間資金の流入も国家による助成金も減少し、映画産業は製作の面でも再編を迫られていた。

映画産業①　テレビの逆説的役割

　ロシアにおけるテレビの本格的な多チャンネル化は、ソ連末期のゴルバチョフとエリツィンによる政権争いに始まっている。ゴルバチョフは1990年7月14日に「ソ連邦におけるテレビとラジオの民主化と発展に関する布告」に署名したが、これは地方政府や公的機関に独立テレビ設立の許可を与えると同時に、それらが「国民的機構」であり反政府プロパガンダに変わることを禁ずるものだった[30]。翌91年5月13日、ロシア大統領選を目前に控えたエリツィン陣営は、自らのテレビ局での放送を開始した。これがPTB（RTV、チャンネル「ロシア」）であり、公共放送の第二チャンネルで1日6時間の放送時間を割り当てられた[31]。

　ゴルバチョフと対立していた守旧派は、彼がモスクワを留守にしていた8月18日から19日の深夜にかけて「国家非常事態委員会」を称して権力奪取を試みた。このクーデターは2日で失敗に終わり、首謀者たちは逮捕された。この間、映画人たちの多くは人道的立場

に立って行動していた。彼らは、人民に対して国家非常事態委員会の命令に従わないよう共同声明を出して呼びかけ、流血の事態を避けようとした。6月に住民投票でレニングラードから旧名に戻っていたサンクト・ペテルブルクでは、クーデターを扱った劇映画『帰国せぬ者』（アレクサンドル・スニェシキン監督）が映画人会館で緊急上映され、その日のうちにテレビ放映された [32]。これはアレクサンドル・カバコフの近未来小説を映画化したものだが、この小説『ノーリターン─1993・モスクワ』（邦訳は新評論社、1991年刊）が最初に発表されたのが雑誌「映画芸術」であったことは、象徴的である。

　ペレストロイカ時代を通じて、映画界は文化の民主化と自由化をリードしていた。ペレストロイカによる市民生活の変化や表現の自由化にはマイナス面もあったものの、既に述べたように、ヒット作も生み出していた。だが、作品の多様性にもかかわらず映画は全体として市場経済に適応できず、多チャンネル化し始めたテレビはまだ多様な政治的勢力による闘争の手段でしかなかった。

　ソ連の消滅と共に国内経済が悪化し、映画産業の改革がそれに追いつけなくなると、映画作品が国内だけで採算を取れる可能性は低下した。観客の映画館離れの主な理由は、経済的な問題にあった、年間の映画製作本数は1992年に178本、93年は137本とまだ百本を越えていたが、映画館の入場料は1987年の平均0.34ルーブルに対しそれぞれ、30ルーブル、500〜600ルーブルに高騰していた。この間のインフレによる物価上昇は1500〜2000倍だったのに対し、入場料の方は3000倍に達していたことになるという。90年のロシアには15億の映画館入場者がいたのに、92年には6億人、93年には3億人に激減し、国民1人当たりの年間平均利用回数は2回にまで落ちていた [33]。

マルク・ルディンシュテインは「キノタヴル」に続いて91年秋に
ソチで本格的な映画マーケットを開催したが、ドミトリー・サヴェ
リエフが「セアンス」誌上で発表したその総括によると、上映作品の
道徳的・技術的水準の低さや新興「映画ビジネスマン」達のマナーの
悪さが際立っており、映画産業の健全化につながるものではなかっ
た[34]。ソ連解体後に観客が映画館離れを起こしたことには、国産映
画への幻滅を決定的なものにしなかったというメリットもあったと
考えられる。

　映画に代わって市民の心を捉え始めたのは、93年から登場し始
めた民放テレビだった。93年元旦から、「ＴＶ-６　モスクワ」が
放映を開始し、10月10日にはＨＴＢ（ＮＴＶ、独立ノーマル・テ
レビの略）がペテルブルグで放送を開始した。これらロシア最初の
民放テレビ局の創立には、それまで国営テレビラジオ会社「オスタ
ンキノ」で働いていた人々が関与していた。だが、ＮＴＶ創設に出
資したのは金融グループ「モスト」を率いる新興財閥ウラジーミ
ル・グシンスキーだった[35]。ＮＴＶは95年１月にエリツィンを始
めとする政治家の人形が登場する番組「クークルィ」を放映して視聴
者に大好評を博した。この番組のディレクターにはワシーリー・ピ
チュルやニコライ・ドスタリのように、ペレストロイカ時代に国際
的評価を得た映画監督達がいた。間もなく、民放局に押され国営の
経営体制を維持できなくなった「オスタンキノ」は非公開株式会社
ＯＲＴに再編されたが、実質上の支配権は新興財閥ボリス・ベレゾ
フスキーの手に渡った[36]。

　視聴者の人気にもかかわらず自らのネットワークを持たなかった
ＮＴＶは、1996年９月１日からロシア最初の衛星放送「ＮＴＶプ
ラス」を開局したが、この構想には映画監督セルゲイ・リヴネフと
「映画芸術」誌編集長ダニール・ドンドゥレイが参加していたとさ
れる。翌97年２月からＮＴＶプラスは有料放送に移行した[37]。同
局で映画チャンネルを編成した映画プロデューサー、イーゴリ・ト

ルストゥノーフは、90年代初頭にリヴネフやヴァレーリー・トドロフスキーと設立した製作会社ＴＴＬが解消された後、94年に自分の製作会社「プロフィット」を設立した。国立演劇大学の卒業生であり映画に関心を抱いていたグシンスキーは、トルストゥノーフにＮＴＶ内での映画製作を提案し、「ＮＴＶ─プロフィット」が誕生した。この会社は、オスカーにノミネートされたパーヴェル・チュフライ監督『パパって何？』（97）やフランスとの合作映画『イースト／ウエスト　遥かなる祖国』（99）、タジク出身の若手監督バフティヤル・フドイナザーロフの『ルナ・パパ』（99）を製作して国際的評価を得る一方、アッラ・スーリコワ監督『監獄に入りたい』(98)やデニス・エフスティグネーエフ監督『ママ』(99)のような大衆受けを狙った作品を製作、後者は巧みなＰＲ戦略によって大きな商業的成功を得た[38]。

　このように、90年代を通じて、テレビは政争の道具から多様なニーズを満たす消費社会の一大メディア産業へと変貌していった。21世紀に入ってからの映画産業の復活にテレビが無視できない役割を果たした背景には、テレビのメディア産業化という事実があったのである。

映画作品①　ジャンル映画と「皆のための映画」

　1990年代を通じて、ロシア映画には2つの相容れない潮流が並存していた。一つはオーソドックスなスタイルで国内観客にお馴染みの題材とテーマを扱い、ソ連時代のジャンル映画の伝統受け継いだ、表現的には新味に欠ける作品群であり、もう一つは、表現又はテーマに際立った新しさはあるが国内ではほとんど流通せず、一般観客には顧みられなかった作家映画である。後者は映画祭や映像業界において「一般向けでない映画（кино не для всех）」と総称されたが、この言葉には「エリートの映画（элитарное кино）」のニュ

アンスも残っていた。「一般向けでない映画」のほとんどは、モスクワの映画博物館や国内の映画祭での上映、或いは深夜枠のテレビ放映によってしか観客の目に触れることがなかった。

　前者の代表はコメディ、メロドラマ、古典文学の映画化、犯罪ドラマなどであり、程度低の差はあれそれらの諸要素が混在した作品が多い。ピョートル・トドロフスキーの『アンコール、もっとアンコール！』（92)や『何と素晴らしいゲーム』（95)、セルゲイ・ウルスリャクの『ロシアン・ラグタイム』（93)はレトロ・タッチの悲喜劇で、ソ連時代のロシアが舞台である。1925年生まれのトドロフスキーは『戦場のロマンス』（83)で描いたのと同じ第二次大戦中から1950年代初めまでのロシアを、58年生まれのウルスリャクは70年代後半のモスクワを、それぞれ叙情的に描いている。彼らの「レトロ」調映画の中では、ソ連時代にあった密告や国外追放さえも「過ぎ去った青春の日の苦難」の一つに過ぎない。

　レトロ映画と並んで「停滞の時代」の人気レパートリーだった現代ものコメディも、次第に社会批判の鋭さやドラマのダイナミズムを失っていった。エリダル・リャザーノフは、彼の現代ものコメディの特徴をなしていた社会批判から徐々に離れた。『約束の空』（91)は、蒸気機関車や廃車が放置されている空き地に住む貧しい老人達のコミュニティーを描き、ペレストロイカ時代の「改革」の偽善性を批判したが、映画の最後はデ・シーカの『ミラノの奇蹟』を想起させるようなファンタジーで締めくくった。コミュニティーで「大統領」と呼ばれているミーシャが宇宙人との約束によって皆のために確保したという「人間らしく生きられる」土地に向かって、彼らを乗せた機関車は空に昇っていくのである。だが、ラスト・クレジットに流れる叙情的な歌の歌詞は、この映画の宗教的コンテクストを明らかにすると同時に、リャザーノフが前作『親愛なるエレーナ・セルゲーエヴナ』とは違って社会批判としてではなく、民衆への慰藉としてこの映画を作ったことも示している。その歌は、「主よ、命あることに感謝します」と繰り返す。

96年の『やあ、お馬鹿さん！』ででは、ファンタジーと宗教への言及は、それほど真摯ではなく、時流への迎合或いは「紋切り型」に変わっている。この恋愛喜劇の主人公達は、妻と離婚した中年男性ユーラと街角で本を売る近眼の娘クセニヤだが、それぞれ前世でフランス人眼科医とその恋人であり、2人の出会いの発端はユーラの夢に現れる前世の記憶（ロシア革命勃発時の騒動）である。ユーラの別れた妻は政治家等のコンサルティングを生業とする「（ノーヴィ・ルースキー）新ロシア人」的な新興富裕層の一人で、今の夫オレーグは彼女の運転手である。前世で結ばれていたユーラとクセニヤとの出会いを祝福するかのように、画面には何度も、当時モスクワで再建工事中であった救世主キリスト大聖堂が登場する。

　60年代後半から70年代初頭にかけてエクセントリックなコメディを監督して大ヒットを飛ばし、観客の人気においてリャザーノフと双璧をなしたレオニード・ガイダイは、『デリバーソフ通りは晴れ、或いはブライトン＝ビーチはまたしても雨』（92）を遺作に、93年に没した。セルゲイ・ドブロトヴォルスキーによれば，ガイダイはペレストロイカの開始と共に低迷から脱していたが、85年以降の監督作はこれを含めて3本のみである。

　ソ連時代からのもう一人の人気監督ゲオルギー・ダネーリヤの『コインの裏表』（95）は、シベリアの油田採掘地で働く青年と、モスクワで彼を待たずに別の男と結婚した元の許嫁、そして青年が逆境の中でであった庶民的な娘との関係を描いたコメディである。この作品は、ダネーリヤがペレストロイカ時代に作った『パスポート』（90）のような社会的広がりに乏しい。スタニスラフ・ゴヴォルーヒン演じる石油採掘会社のオーナーに、来るべき経済復興の兆しが仄見えるだけである。青年が帰ってきたモスクワは、シベリアよりも希望に満ちているわけではない。ソ連解体以前ならば、映画の主人公達は現状を打開できる「外の世界」を国内に想定できた。例えば、ニコライ・ドスタリ監督『君はどこにいるの』（90）の主

人公は隣人達に向かって、極東にいる友人が自分によい仕事を割り当ててくれたと嘘をつく。だが、それも抽象的な希望でしかなかった。最後まで嘘を突き通したドスタリの主人公が直面するのは、身近な人々との、全く無意味な決別である。

　ソ連解体後の現代ものコメディには、西側の「豊かな」国々の生活が、おとぎ話めいた空想的なニュアンスを伴って言及されることが多くなってゆく。そこには行き詰まったロシアの現実からの逃避願望が反映されているが、それは一般観客の願望であるだけでなく、おそらくは映画作家達自身の願望も混入している。西側諸国への言及が具体的映像に代わるにつれてジャンルの境界が曖昧になり、観客だけでなく映画作家の潜在意識すら反映したようなSFともファンタジーともつかない世界が現れてくる。

　ドミトリー・アストラハンの『全てうまく行く』（95）では、大衆の西側への空想的な憧れと作者の厳しい現実認識とが巧妙に織り込まれている。亡命先のアメリカで成功した中年男が、数学の天才である息子と一緒に地方都市に凱旋する。更には、全くリアリティーのない日本人の富豪（彼は中国の伝統衣裳を着ている）が登場し、漢方薬で村人のアルコール中毒を治したり、東洋的な人生訓を語ったりする。しかし、主人公の青年はライバルに恋人を譲り、自分の街に留まり続ける。

　パリは、90年代前半のロシア映画で理想化された西欧の象徴として頻繁に登場した。その嚆矢とも言えるのはセルゲイ・セリヤノフの『聖神降臨祭』である。念じるだけで物体を爆発させることのできる主人公クリストフォーロフは、映画の中盤でパリにテレポートする。セリヤノフは次の『悲しみの時はまだ来ていない』でも、主人公に飛行機をハイジャックしてパリに向かわせている。だが、そのパリの風景はボール紙製であることがわかる。ソ連時代の多民族が平和共存するユートピアの神話を寓話の形で分析し提示する彼映画では、パリは二次的なモチーフでしかない。パリへの憧憬が、

「雪解け」以来、芸術家や知識人に共通する固定観念だったことを暗示しているのが、アレクサンドル・プロシキンの『パリを見てから死ね』（92）である。「雪解け」の末期である 1963 年のモスクワで、「一生の間パリを夢見ていた」というシングルマザーのエレーナは、若いピアニストの息子がパリのコンクールに参加できるようにするために様々な画策をする。息子はユダヤ人の娘を愛しているが、エレーナは彼らの結婚に反対する。彼女は実は自分達もユダヤ人であることを息子に隠し続けることに疲れ、最後にはガス自殺する。ユーリィ・マミンは、『パリへの窓』（93）において、『ハーメルンの笛吹き』やチャイコフスキーがオペラ化したプーシキンの短編小説『スペードの女王』を参照させつつ、ペテルブルグに住む音楽家達が屋根裏の窓がパリの屋根の上に開かれるという空想的シチュエーションを設定し、そこから展開する滑稽な物語を巧みに演出している。

　パリへの憧れは、セリヤノフやマミンのような個性的な映画作家だけでなく、より凡庸な無名監督達の作品にも反映している。ゲオルギー・シェンゲリヤの『落ち着かない射手座』（93）の物語は、同時代のパリから始まる。主人公ゲルマンは貧困を逃れようとフランスに移民したものの仕事にありつけないロシア人ジャーナリストである。病床にふせっていた伯父によってロシアに呼び戻され、彼から別荘と秘密のタイムトラベル装置を遺贈されたゲルマンは、60 年代のまだ「雪どけ」の余韻が残っている時代と、マフィア的な成金が支配する現代のロシアとを往復する。彼の別れた妻ナターシャはそうしたマフィアの一人と一緒になっており、ゲルマンの非実務的な性格を批判しながら、現在の生活にも矛盾を感じている（このナターシャを『街角のブロンド女』で物質主義の権化のようなデパートの売り子を演じたタチヤーナ・ドギーレワが演じているのは興味深い）。ゲルマンは 60 年代のモスクワで宝飾店の売り子と恋に落ちるが、彼らは最終的には現代のパリに逃れて幸福を見出す。

個人、組織を問わず犯罪者を主人公とする劇映画は、90 年代を通じて製作された。国営配給網の崩壊後、このジャンルの映画はVHSヴィデオによる販売での成果を挙げたとされている。90 年代前半と後半の代表作として、それぞれヴィクトル・セルゲーエフの『天才』（91）とアレクセイ・バラバノフの『ロシアン・ブラザー』（97）が挙げられる。

　モスフィルムのような大スタジオのインフラを利用した古典文学の映画化作品もあった。ソ連時代と異なり、映画化の対象になったのはドストエフスキーやトルストイではなく、帝政末期から 1920 年代にかけての退廃的作家や弾圧された作家の作品、或いは現代作家の大衆小説である。フョードル・ソログープの『小悪魔』、ミハイル・ブルガーコフの『運命の卵』、そして帝政ロシア末期の大衆作家アレクサンドル・アンフィテアトロフの『毒された良心』までもが映画化された（『黒いヴェール』）。いずれも美学的には取り立てて論じるべき新鮮さはなく、題材やテーマの点でも現代社会の焦眉の問題とは関わりのない映画だった。イーゴリ・タランキンとドミトリー・タランキンがドストエフスキーの長編を映画化した『悪霊／ニコライ・スタヴローギン』（92）は、端正な映像と抑制の効いた演出、適切なロケ撮影と表現豊かな照明によって、スタジオ・システムによって培われたベテラン監督の最後の輝きを示しているが、構成がモザイク的に見えるほどに原作のプロットを簡略化している点ではソ連時代の「映画化」作品よりはソクーロフの『静かなる一頁』に近い（ただし、ソクーロフの作品と違い、批評家の評価は低かった）。プーシキンの短編小説に基づく『偽百姓娘』（95、アレクセイ・サハロフ監督)だけは、珍しく 19 世紀の古典を忠実に映画化していた。

　この他に、焦眉の社会問題を扱いながら平易な表現でストーリーを語るヒューマニスティックな作品も見られたが、筆者が知る限りごく僅かである（女優でもあるエレーナ・ツィプラコワが、親に捨てられた孤児と子を捨てた母親の交流を描いた『君を当てにしている』（92）は国内の映画祭で高く評価された）。

これら「皆のための映画」には、ある程度の需要があった一方で、国際的評価は受けにくかった。90年代を通じて国際的評価を得ていたのは、国際映画祭で受賞したり特集上映されたりした作家の映画である。だが、経済的な不安と疎外に苦しむ人々の多くは、南米製のメロドラマ的なテレビシリーズを見ながら、困難な現実から逃避していた。彼らにとってソクーロフやムラートワ、それにペテルブルクの何人かの若手監督が作っていた作品は、まったく存在しないも同然だった。

映画作品②　作家映画の様々な模索

　国内需要のない作家映画の監督たちは、ソ連時代から既に西欧との合作に乗り出していた。しかし、そうした作品の中には、完成しても双方の権利関係がもつれて公開できない状態に陥ったものもある。ルスタム・ハムダーモフの唯一の完成した長編劇映画『アンナ・カラマーゾフ』（91）とセルゲイ・オフチャロフの実験的なコメディ『太鼓物語』（93）は共にフランスとの合作だが、映画祭で上映されたきり、劇場公開もソフト化もされていない（後者はロシアでテレビ放映された）。ロシアの映画人たちはソ連時代から西欧での評価を非常に気にしていた。その傾向は第二次大戦前から始まっていたと考えられる。『戦艦ポチョムキン』がベルリンで公開されて成功したこと、3大映画祭の中で最も歴史の古いヴェネチア映画祭で、1934年にミハイル・ロンムの『脂肪の塊』やアレクサンドル・ドヴジェンコの『イワン』、グリゴリー・アレクサンドロフの『陽気な連中』などから成るソ連映画特集が受賞し、「雪どけ」の時代にはソヴィエト映画がカンヌやヴェネチアで受賞していることなどを考えれば、それは自然な流れだと言えよう。だからこそ、

『アンナ・カラマーゾフ』への期待とスキャンダルで終わったその失敗は、彼らにとって大きな教訓になったことだろう。

　ペレストロイカ時代に獲得した国際的評価を基に、90年代前半から半ばにかけてドイツやフランスとの合作で芸術的成果を挙げた作家として、アレクサンドル・ソクーロフ、イワン・ディホヴィチヌィ、ヴァレーリー・トドロフスキーの名前を挙げることができる。この時期のソクーロフの多作さと表現技法の斬新さは他の追随を許さなかったが、ディホヴィチヌィの『奈落（モスクワ・パレード）』（92）やトドロフスキーの『聾者たちの国』（98）は美学的にもテーマ的にも国際的に通用する水準を示した。前者は、スターリン時代のモスクワを舞台に、悪徳に耽る内務人民委員会（НКВД、NKVD。KGBの前身）の男達と旧貴族階級出身で彼らの情婦に身をやつしている女、マヤコフスキーをモデルにしたような詩人等が織りなす群像劇である。ディホヴィチヌィは、ヴェネチア映画祭で最優秀撮影賞を受賞した長編デビュー作『黒衣の僧』（88）における象徴的な耽美主義から一転して、スターリン主義全盛時代の美学を映像スタイルに反映させようとした。ソクーロフは、ドイツとの合作『静かなる一頁』（93）によって、『セカンド・サークル』（90）、『ストーン』（92）に連なる三部作を完成させる。これらの作品で主人公達はまるで死と孤独の象徴のような閉鎖的空間で、なす術もなく苦悩している。

　ジャンル映画の枠組みを意識しつつ、新しい社会的現実や人々の潜在的願望を反映した作家映画も現れた。高等脚本家・監督コースでニキータ・ミハルコフに学んだウラジーミル・ホチネンコがその代表である。彼の『愛国的コメディ』（92）は、現代の地方都市（おそらく製作スタジオのあるスヴェルドロフスク）とその郊外を舞台とする犯罪映画のように始まり、ラブコメディーや民話の要素が混在したファンタジーに移行し、ＳＦ的なイメージを提示して終わる。捜査中に仲間を殺された若い刑事アンドレイが容疑者或いは証人として連行するピーニャが、実は家の霊（ドマヴォイ）であることが分かり、彼が棲む古い家屋の地下には、世界各地のマンホー

ルに通じる不思議な空間がある。アンドレイ達が追っていた謎の犯罪者マックスは新興マフィアのような身なりをしているが、実はピーニャの旧友で彼同様に百年前から生きている家の霊である。古い家に住む無職の青年イリインと姉ジナイーダの計らいで彼らの家に下宿することになる若い娘ジーナは、地下の空間からパリやニューヨークに旅してしまう。痛覚が麻痺しているピーニャは、アンドレイと友にマックスと対決した後で、謎のボール紙製小箱を手に入れて痛覚を取り戻す。このように、ホチネンコの映画におけるおとぎ話的な設定やストーリーにはジャンル的な一貫性が全くない。ロシアに戻ったイリインとジーナは、「ただ生きるだけだ」と現状を受け入れるが、相変わらず希望がないことに変わりはない。アンドレイは小箱の秘密を知ろうとピーニャの乗ったボートを泳いで追いかけるが、具体的な目的も動機も定かではない。都市の上空にＵＦＯが現れるラストショットを希望の象徴として解釈するためには脈絡が欠けているのである。

　ホチネンコの次作『マカーロフ』（93）は批評家達から賞賛され、94年にロシアのニカ映画賞で最優秀作品賞、最優秀監督賞、最優秀男優賞（セルゲイ・マコヴェツキー）を受賞した。これはソ連解体後の閉塞した地方都市における生活の中でアイデンティティーの危機に直面する詩人が主人公である。ソ連製の拳銃と同じ「マカーロフ」という姓と国民詩人プーシキンと同じ「アレクサンドル・セルゲーヴィチ」という名前・父称を持つ彼は、自宅に帰る途中で怪しげな男から「マカーロフ、要るか？」と聞かれる。その拳銃は、彼のアルター・エゴのように、満たされない彼の欲求を解放し始める。妻子と暮して一応の幸福は感じていても、彼は、屈強な乱暴者の気まぐれな暴力や、「ポストモダニズム」の売れっ子詩人について語るモスクワ帰りのＴＶジャーナリストの言葉によって、自尊心を深く傷つけられる。夢の中で彼は、自分が買ったマカーロフで乱暴者を射殺する場面を見る。それはただの夢ではない。彼と同じ名前の拳銃は、彼を次々に奇妙な出来事に遭遇させ、結局は自殺に追い込むことになる。

彼を誘惑する謎の女マルゴや「ノーヴィ・ルースキー」のメセナ活動家、武器の密売人などが登場するものの、『マカーロフ』の物語世界は全体としてはフィルム・ノワールよりもドイツ表現主義映画のそれに近い。主人公の精神的不安が、彼を現実から不条理な空想的世界へと移行させるように見えるからである。だが、拳銃の弾倉に彼自身が装填され銃口から発射されるイメージによって彼の自殺を示すシーンに顕著だが、前作『愛国的コメディ』と共通するスタイル的な折衷主義がある。テーマ音楽としてはシューベルトの未完成交響曲の第1楽章が用いられ、それがしばしばガラスの割れるような効果音によって中断される。主人公の詩人と彼の妻は19世紀から20世紀前半のロシア詩人達を絶えず引用するが、地方都市の風景や人々の生活は極めて散文的に描かれている。こうした表現には、ロシアの批評家達がソ連末期から取り上げていたディヴィッド・リンチのように、文化のヒエラルキーを意図的に攪乱したりジャンル映画のクリシェを利用したりするポストモダニズム的戦略が見て取れる。

　ホチネンコの作品は、表現面ではともかく、テーマ的に大衆には共感することが難しい作家映画であったと言える。後述する『リミター』(94)は、翌95年のニカ映画賞で新人監督賞や最優秀脚本賞を受賞した作品であり、ホチネンコの映画よりも幅広く市民の日曜生活の変転を反映していた。だが、この映画が劇場公開されたのはフランスだけだった。ジャンル映画の枠内で作家性を発揮しようとする戦略は、90年代前半における若手作家には普通にみられたものの、国内での劇場公開の可能性がほとんどなかったために、実効性は乏しかった。

　作家映画の中には、国家による助成を受けずに低予算で製作された作品も少なくない。90年代半ばには、世界的にスタンダード・サイズ、モノラル音声のフォーマットは既に時代遅れになろうとし

ていた。観客の需要も海外の映画祭での評価もそれほど期待できない低予算の作家映画は、映画大学内や没落しつつあった中規模のスタジオ、新興の民間製作会社で作られたが、僅かな製作費の回収手段さえなかった。セルゲイ・セリヤノフの『哀しみの時はまだ来ていない』（95）は、多民族的な祖国としてのロシアの理念を寓話的な設定と暗示に富むディテールによって示した意欲作だった。

　セリヤノフはこの作品の後、かつて共同でSTVを設立した盟友、アレクセイ・バラバノフの作品を含む様々な企画をプロデュースし、監督からプロデューサーへの転身を果たして商業的に成功を収めた。「ネクロリアリズム」の作家エフゲニー・ユフィトは、35mm による長編劇映画としては殆ど最小限の予算で『木の部屋』（95）を完成させた。ストーリーは至ってシンプルである。監督達自身がモデルと思われる自主映画作家が、妻を亡くして自殺を試みた後、記録映像に映っていたげっ歯類動物に行動様式が似た裸の男達に誘われるように、湖の辺で姿を消すというものである。観照的で死の予感に満ちていながらユーモアも感じさせるユフィトの白黒映像は、円熟した低予算自主映画作家という、彼の作家的個性を十分に示している。彼らの作品に比べて、ゴーリキー映画スタジオで製作された、新人ナターリヤ・ピニャコワの『奇妙な時間』（97）は、多くの点で稚拙である。屋根の上で自分の恋愛経験を語る若い男2人と彼らの話に加わる隣人の女性の、三者三様の回想を組み合わせた作品だが、国内の映画祭で一時的な評価を得たに留まった。

映画に関する言説②　コンテクストの再編成

　1990 年代の半ばまでに、ロシアでは映画に関する言説を規定する諸条件が大きく変化し、批評的言説、歴史的言説、理論的言説はそれぞれ新たなコンテクストに置かれるようになっていた。この過程は、言説生産者の世代交代と出版物の専門分化という2つの側面

から記述することができるが、当然のことながら両者は密接に関連
している。

　1980年代末から90年代にかけて、何人かの若い批評家が「映画
芸術」や「セアンス」その他の雑誌で活躍し始め、批評的言説に変化
をもたらした。アレクサンドル・テイモフェーエフスキー（1958
年生まれ）、ミハイル・トロフィメンコフ（1966年生まれ）、セル
ゲイ・ドブロトヴォルスキー（1959年生まれ）、ナターリヤ・シリ
ヴリャ（1960年生まれ）、ドミトリー・サヴェリエフ（1968年生ま
れ）等である。彼らの出身校は、国立映画大学映画学科（ティモフ
ェーエフスキー）、レニングラード国立大学（ЛГУ)歴史学科（ト
ロフィメンコフ）、レニングラード国立演劇・音楽・映画大学　（ド
ブロトヴォルスキー)、国立演劇大学演劇学科（シリヴリャ)と多様
であり、その活動領域は映画批評に限らず、美術・文学批評や映画
教育、雑誌編集、俳優としての映画出演、脚本執筆にも及んだ。

　彼らの中で、ドブロトヴォルスキーとトロフィメンコフについて
は特記すべきだろう。2人は、映画産業の民営化や外国映画の流入、
国産映画の急速な凋落といった変転する状況の中で、流行に追随す
ることなく、「作家映画」と「ジャンル映画」の二項対立図式を打破す
る独自の評価基準を提示したからである。ドブロトヴォルスキーは
レオニード・ガイダイの喜劇映画を、トロフィメンコフは他の批評
家からは酷評されたヴィクトル・セルゲーエフの諸作品を、それぞ
れ再評価し[39]た。2人は国内外の最新の動向に敏感な典型的「シネフ
ィル」だが、ペレストロイカ時代にポストモダニズム文化の洗礼を
受けていた。

　彼ら新人達の多くは、ペテルブルグの「セアンス」誌を主要な発表
の場としていた。勿論、「映画芸術」を始めとする他の雑誌や新聞の
映画欄等で執筆活動を行う者もいたが、彼らと同世代のリュボーフ
ィ・アルクスが編集する「セアンス」は、その柔軟でシネフィル的、
つまり非政治的かつ非学問的な姿勢もあって、彼らの言説が最も馴

染みすい誌面を提供していた。アルクスは90年代「セアンス」を独立した出版社に育てあげ、95年には気鋭の映画学者ミハイル・ヤンポリスキーと若い批評家達の批評を集めたモノグラフィー『ソクーロフ』を出版した。

　皮肉なことに、『ソクーロフ』の共同執筆者である若い世代の批評家達は、90年代半ば以降、自国の映画文化の凋落を傍観しているしかなかった。映画の製作本数減少は96年に底を打ったとは言え、新人作家は十分な予算で映画を作る機会がなく、かろうじて少数の低予算ジャンル映画が製作された程度だった。そしてソ連時代と比べて激減した映画館で公開される作品と言えばアメリカ製娯楽映画がほとんどであった。そのような状況下で、彼らは批評を通じて自己表現することはできても、自国の一般観客に対して何らかの影響を与える可能性を奪われていたのである。90年代にはまだインターネットによる映画雑誌の通信販売も普及しておらず、一般書店で手に入るのは写真の多い情報誌くらいだった。そのため、彼らが行ったコンテクストの再編成は、ごく少数の"シネフィル"や世代的に彼らに近い映画作家の一部にしか影響し得なかったのである。

映画政策　②国家による映画支援の法的整備

　映画産業の民営化が始まったペレストロイカ時代の末期に、映画協会「レンフィルム」理事兼レンフィルム所長アレクサンドル・ゴルトヴァは、新しい映画政策の必要性を指摘していた[40]。だが、彼はまだ映画政策の中枢から遠いところにいた。ソ連解体後の90年代前半に、ロシア連邦国家映画委員会（ロスコムキノ）議長として政策を決定する立場にいたのは、全ロシア映画大学で教鞭を採り、「ソヴィエト・フィルム」誌と「映画芸術」誌編集長の経験もある映画学者、アルメン・メドヴェージェフ（1938年生まれ）である[41]。

　1996年8月22日、エリツィン大統領は「ロシア連邦の映画に対する国家支援に関する法案」に書名した[42]。民間映画産業を振興す

るための税制優遇策や新人の作品及び児童映画への優先的国家助成方針を明言したこの法案は、1994年4月15日に公布された大統領令第785号「我国の映画領域におけるロシア連邦の保護主義的政策について」及び、それを受けた7月30日の政府決議第895号「本国映画領域における保護主義的政策実現のための第一期措置について」を継承するものだった。映画誕生百年を記念する形式的な大統領令を足がかりに、ソ連時代から変りばえしない官僚機構の中にロシア映画復興を促す法的根拠を作り上げることができたのは、ロスコムキノ及びその議長アルメン・メドヴェージェフ、「モスフィルム」スタジオ所長ウラジーミル・ドスタリ、国会の文化委員会議長スタニスラフ・ゴヴォルーヒンの長く苦しい作業の成果だとされている [43]。

　税制優遇策による映画産業の振興は1998年までにある程度の成果を挙げていたが、同年のデフォルトにより一旦下火となった。テレビ局が大掛かりな連続ドラマの製作によって得た資金を基に「ブロックバスター」の製作に乗り出した2004年頃までは、少数の実績ある映画作家が国家の支援や海外の資金によって作った作品が国際映画祭で評価される程度だった。

映画作品③ 歴史の再考と「ロシアの理念」

　91年から92年にかけて、映画作品によるロシア革命の批判的な見直しは、ソ連建国神話の根幹に関わるタブーにまで及んでいた。即ち、レーニンの家系とそのブルジョワ的生活、ボリシェビキによる皇帝一族の惨殺とそれに続く「赤色テロル」、国内戦時代の凄惨な飢餓などである。映画作家達による以前の「公式的」歴史観への批判は、極端な場合には帝政ロシア末期の社会・文化・政治的な諸現象を理想化するまでに至った。

　既に91年に合作映画『皇帝の暗殺者』において、カレン・シャフナザーロフは、現代の精神科医との2人一役であるにせよ、人気

俳優オレーグ・ヤンコフスキーにニコライ2世役を演じさせ、最後の皇帝に対する観客の共感を誘う演出をしている。それは、2000年代まで続く一連の、映画による帝政ロシア末期の肯定的再評価という試みの始まりである。アレクサンドル・ロゴシキンの『チェキスト』（91）は赤色テロルを扱ったフランスとの合作映画であり、裁判もなしで大勢の無実の市民が殺されたこの事件が、刑の執行を行う立場の人間まで狂気に陥れるほどに無意味な虐殺だったことを暴露している。

　ドキュメンタリー映画『こんな風に生きてはいけない』（90）でペレストロイカ時代の社会的諸問題をジャーナリスティックに描いたスタニスラフ・ゴヴォルーヒンは、92年春に『私たちが失ったロシア』を完成させ、帝政ロシア末期の物質的・文化的・知的な「豊かさ」を主張し、それを人民から奪ったロシア革命とボリシェビキ政権を断罪している。ゴヴォルーヒンは彼自身が全編を通じて饒舌にナレーションを語り、画面にも登場して記録文書をひも解いたり農村や街角の人々に取材したりして見せることで、この映画のジャーナリスティックかつ政治的な性格を強調している。様々な記録文書や写真に対するコメントは、従来反動政治家として否定的評価が加えられていたストルイピンを「改革者」、ニコライ2世を教養ある優しい家庭人で軍隊を鼓舞できる指揮官として提示し、レーニンが赤色テロルの責任者であることを断罪し、500万人を犠牲にした飢餓の責任がボリシェビキ政権にあるとしている。この映画はゴヴォルーヒンの前作と同様、社会的・精神的な危機状態にあるロシアの現実を変えねばならないと訴えているが、具体的な方策は何一つ示していない。彼が美化した「失われたロシア」は、ペレストロイカ初期にエレム・クリモフ率いる映画人同盟が映画産業の構造的特性を無視して実現しようとした「改革」モデル以上に、現実から乖離している、ただ、19世紀におけるシベリア鉄道建設やアラスカの売却に触れる時だけは、彼は客観性な視点を—ロシアの地政学的特殊性について—示している。

19世紀ロシアのインテリゲンツィヤ達が思想的立場の違いはあれ抱いていた人民或いは人類全体に対する使命感や、それを「ロシアの理念」として定式化したニコライ・ベルジャーエフの思想は、90年代半ばの映画作品において新たな考察対象になっている。程度の差はあれ、ロシアの文化的・精神的な衰退への危惧が、それらの作品を貫いている。

　オレーグ・コヴァロフ脚本、セルゲイ・セリヤノフが監督した「モンタージュ映画」『ロシアの理念』は、様々な記録映像や古いソ連映画の断片に、ベルジャーエフの同名著書からの引用をちりばめたコメンタリーを加えている。ロシア革命が瀆神的であると同時に宗教的な運動でもあったというメッセージは、エイゼンシュテインの『ベージン草原』のスチール写真を始めとする1920〜40年代のソ連映画の引用によって補強されているが、最後のショットはタルコフスキーの『ストーカー』で帰還した主人公が絶望して床に寝る陰鬱なショットで終わっている。作者達によれば、「ロシアの理念」を示した最後の映画は、エイゼンシュテインの『イワン雷帝』なのだ。この映画は、映画誕生百年を記念してＢＦＩが世界の主要な映画作家達に製作を依頼した、映画による各国映画史の中の１本である。だが、コヴァロフとセリヤノフは、祖国の映画史自体よりも革命とロシアの理念との関係により関心をひかれたようである。

　コンスタンチン・ロプシャンスキーは、悲劇性と喜劇性とが奇妙に混在する劇映画『ロシア交響曲』（94）において、彼が以前の長編２本で生真面目に継承していた19世紀的なインテリゲンツィヤの精神的伝統をパロディの対象にしてしまった。「世界の終わり」が来ると知って「子供を救わねば」とドストエフスキー的な言葉をつぶやく主人公イワンは、現代と過去の人間が錯綜する終末的時間の中で、洪水に見舞われた寄宿舎から子供達を救い出すことができない。『死者からの手紙』のラストで希望を託された子供達のイメージはこの映画では全く副次的であり、彼らを救うことのできない主人公の行動や心理の揺れが中心に据えられている。

映画作品④　デジタル技術の浸透

　90年代後半以降、ロシアにもパーソナル・コンピューターやインターネット、コンピューター・グラフィックスが普及していった。これら新しいテクノロジーの普及は映画の題材にも反映されている。アルカジー・ティガイ監督『鮭─水の勝利者』はその先鞭をつけた作品の一つであり、主人公は、親友とコンピューター・サロンを経営している若者である。映画の音楽も担当している作曲家のセルゲイ・クリョーヒンが、親友を殺したギャング団に復讐する主人公を演じているが、彼はコンピューターの専門家ではなく、ロシア語で「黄金の腕」と言われる手先の器用さを具えた若者に過ぎない。彼が単独でギャング団に立ち向かうために様々な小道具を準備するプロセスはジェームズ・ボンド映画を想起させるが、あくまでそれは個人的な義憤に基づく行動である。

　同じことは、ソ連時代からの人気男優アレクサンドル・アブドゥーロフが演じた『天才』の主人公セルゲイに関しても言える。ティガイの主人公とは違い、彼はコンピューターと何の関係もない伝統的なスパイ映画や犯罪映画の小道具を自作するだけである。これらのヒーローは、犯罪映画の主人公の定型とも言えるロマン主義的人物である。彼らは機敏さと実践的知識によって状況を左右することができるが、それは現実社会ではなくジャンルの約束事の世界においてでしかない。ティガイの主人公は恋人を救えなかった両親の呵責から薬物自殺し、セルゲーエフの主人公は別れた妻との娘と新しい恋人をマフィアの魔手から救うという違いはあるものの、彼らの行動は本質的に、サイレント時代にプロトタイプを見出すことのできる「義賊」のそれである。社会悪の源と想定されるギャング団やマフィアを独力で壊滅させる彼らは、大衆の願望を反映し充足させる肯定的主人公、英雄である。

　これに対し、デニス・エフティグネーエフ監督の94年作品『リミター』は、より社会的現実に密着しており、主人公は映画の他の登場人物達と同様、運命に翻弄される以外に何もできない。この映

画の現代性は、カメラマン出身の監督よりも、脚本を書いたイラクリ・クヴィリカーゼ、ピョートル・ルツィク、アレクセイ・サモリャードフによるところが大きい[44]。企業のためにシステム開発をするコンピューター技術者や多額の謝礼をもらってセキュリティー破りをするハッカーが登場する。主要な登場人物達の人生を決めるのは、技術でも理想でも人脈でもなく、運の良し悪しだけである。親友ミハイルが構築したシステムを破るように依頼されたハッカー、イワンは、最終的に彼への友情から仕事を完遂しないのだが、その親友も新しくできた恋人も、ただ不運であるがゆえに破滅してしまう。

　『リミター』は「ノーヴィ・ルースキー」を主人公として描いた最初の映画であろう（ホチネンコの映画ではただの脇役であった）。イワンは、近い将来には「新興財閥」の一人になるのかもしれないが、ラストシーンでは自分以外の全てを失っている。映画の最初に、イワンは自分の買った水辺のスタジアムをミハイルに見せ、その目的を「後で考える」と語っているが、最後はそこでただ一人、ウォッカを呷りながら涙を流し、虚ろな笑い声を上げる。イワンもミハイルも、運の良し悪しや能力の違いはあるにせよ、日常業務においてコンピューターの専門知識を使っている。それが、混乱の時代に彼らが経済的な余裕を持てたほとんど唯一の理由である。

　『リミター』の物語世界では、ティガイやセルゲーエフの作品の場合と違い、最新の技術が社会的な力関係を左右する要因として扱われている点で、当時のロシア社会の変化を機敏に反映した例と言える。実際に、この映画が作られた 94 年 8 月には、株式会社MMMの創立者セルゲイ・マヴロージが脱税容疑で逮捕されたが、彼はプログラマーとしての知識を持ち、80 年代初頭から海賊ヴィデオの製造と販売を行っていた。MMMの株価は、彼の操作によって年初から百倍以上に吊り上げられていた。

　90 年代半ば以降、デジタル映像やその個人レヴェルの製作基盤であるＰＣのモニター画面が物語世界を変容させ、異化効果をもたらしている作品が多くなった。その一部は、ペレストロイカ末期に

デビューしたオレーグ・コヴァロフ（『蠍の庭』）やマクシム・ペジェムスキー（『同志チカーロフの北極越え』(90)）に始まる、特定作品やジャンルのパロディ路線を引き継いでいる。セルゲイ・デビジェフの『2人の船長II』（92)とアンドレイ・Eの『航空士の科学班』（96)がその典型的な例だが、アンダーグラウンド映画を撮り続けてきたエフゲニー・ユフィトの『稲妻に打たれて』にも、その傾向はある。『2人の船長II』はミュージッククリップのようなヴィデオ映像の処理をふんだんに取り入れており、『航空士の科学班』ではモスクワの地下鉄で起きる連続殺人事件への、物語世界外からの謎めいた注釈のようなものとしてモニター画面上の文字が現れる。ユフィトの作品では、PCのモニターは女主人公のトラウマと結びついた精神の闇を象徴しているかのようである。

　このようなデジタル映像の映画への浸透は、映画産業の衰退によるヴィデオクリップやCMといった分野への人材の流入、イギリスのピーター・グリーナウェイに代表されるデジタル映像を効果的に利用する作家の登場、及び映画に関する言説における彼らへの言及、汎用OSとしてのWindows登場やハードウェアの低価格化による個人向けコンピューターの普及といった、幾つかの要因が重なった結果であろう。

　1990年代、映画におけるデジタル技術の応用は、映画的言説を構成するための技術的基盤も変化させた。80年代には西側諸国でもまだ大作映画にしか使われていなかったドルビー立体音響が、映画の規模を問わず世界的に普及したのがこの時代だった。シネマコンプレックスと共に、結果的にはハリウッド映画の世界市場支配を確固たるものにしたこの技術は、映画産業が衰退したロシアでも、徐々に用いられるようになっていた。映画製作の面では、アレクセイ・バラバノフの『城』(94)のような西欧諸国との合作による「ア

ートハウス」映画からそれが始まったことは特徴的である。その後、イワン・ディホヴィチヌィの『12月のための音楽』(95)やアレクサンドル・ソクーロフの『マザー、サン』(97)でドルビー立体音響が採用されたが、これらもアートハウス映画である。1990年代半ばのロシアでは、まだ映画興行が充分に復活しておらず国内での劇場公開の可能性が低かったため、彼らは海外市場を目指さざるを得なかった。ドルビー音響はそのためにも必要だったのである。

映画作品⑤　動乱の10年と引き裂かれた生活

　90年代末から2000年代初頭にかけて、混乱続きの90年代の遺産とも言うべきロシア社会のトラウマを描いた映画が幾つか登場した。ウラジーミル・ホチネンコの『受難大通り』 (99)、アルトゥール・アリスタキシャンの『地上の場所』 (01) 、コンスタンチン・ロプシャンスキーの『世紀の終わり』 (01)がそれである（チェチェン戦争の傷跡に関しては、この節の後半で触れる）。

　ホチネンコは同時代のモスクワを舞台に、落ちぶれてアル中になった俳優アンドレイと、それぞれ家族や資産を持って彼よりは恵まれた生活をしている旧友や恋人達との出会いを通して、社会に見捨てられ敗者となった芸術家の心境と状況を共感をもって描いている。アンドレイが舞台用の小道具らしい頬髯をつけ、黒いマントを羽織ってプーシキンの扮装で歩くモスクワ郊外の風景は、21世紀に本格化する都市再開発の前触れを示している。映画の前半でしきりに詩を朗誦していたアンドレイも、昔馴染みに会って彼らと自分自身とに失望してゆくにつれ、ただの酔漢と化し、付け髯も取ってしまう。アンドレイの部屋の窓から見える向かいのビルは真新しく改装されて外壁にガラス張りのエレベーターが露出しており、秋枯れの野原にはこれもガラス張りのモダンなマンションビルが聳えている。彼の旧友で親戚の遺産を相続したバレエダンサーは、豪壮な邸宅に住んでいるが、もっとつましい生活をしている別の友人はアンドレイが泥酔している間に彼の財布から金をくすねて姿をくらます。90

年代末のモスクワでは、孤独と人間不信と成金趣味とが、物寂しい秋の風景を更に荒涼たるものにしている。

　アリスタキシャンの『地上の土地』もやはりモスクワを舞台としているが、白黒フィルムで撮影されたその映像は、ホチネンコの映画を特徴付けるエレジー的な叙情性とは無縁である。廃屋に近い空きビルに住むヒッピー的な無産者達のコミュニティー、そこを「愛の聖堂」と信じてやってくる極貧で病身の女マリア、「愛の聖堂」で宗教的な指導者の役割を果たしている青年、マリアと愛しあおうとするアジア系の青年など、様々な背景をもつ無産階級の人々の生き様を描いている。指導者の青年が自分を衝動的に去勢する場面、冬の街頭でのマリアとアジア系青年の抱擁の場面、「愛の聖堂」への警察の手入れの場面などは、作者が前作『掌』でキシニョフの貧困と狂気を描いたのと同じ、厳しいリアリズムで提示されている。「己を愛するように汝の隣人を愛せ」という聖書の言葉を、フリーセックスや貧しい生活物資の共有を通じて字義どおりに実践していたかのような彼らは、最後は空きビルから警察によって追い出される。リーダーも含め、若者達は現実と妥協せざるを得ない。普通の市民と変わらない服に身を包んだ女達は、「彼は一日中テレビを観ている」と噂する。最後の場面ではマリアだけが、襤褸にくるまれた痛む足を引き摺りながら、「愛」を求めてモスクワを彷徨い続けている。

　『受難大通り』や『地上の土地』は、「停滞の時代」には俳優やロッカー達（ヴィソツキー、カイダノフスキー、ヴィクトル・ツォイ、グレベンシコフ等)によって実践されていた精神主義的な価値観が、資本主義経済への移行に続く経済復興と共に切り捨てられていった過程を、やや寓話的な設定によって示していると考えられる。ホチネンコは落ちぶれた俳優アンドレイに、アリスタキシャンは新興宗教の指導者に、それぞれ象徴的な特徴を与えている（アンドレイのプーシキンへの仮装、フリーセックスから自己去勢へと極端に揺れながら、容貌的にキリストを連想させる新興宗教のリーダー）。

　ロプシャンスキーの『世紀の終わり』において、母娘の悲劇的な決別の背景となっているのは、1993年に起きたモスクワでの武力

衝突のトラウマである。母親のマリーナは、その騒乱の中、自分の伴侶が目の前で殺されたことを忘れられない。彼女の娘オリガはドイツに移住してテレビ番組の製作に携わっており、ドイツの男性と同居している。彼女は心の傷ついた母親に西側の生活を見せ、トランスパーソナル心理学的な療法を受けさせようと呼び寄せる（クリニック自体はポーランドにある）。オリガは自分が報道するロシアの現実に対してはシニカルでその事実がマリーナを苛立たせるが、実はオリガ自身も伴侶に隠れてウォッカを飲まずにはいられない。娘が勧めたトランスパーソナル心理学療法は母親の心の傷を拡大させ、母娘の間には決定的な断絶が生じる。そして、ロシアに戻った母親は1人、自宅の窓から新年を祝う花火を見ながらガス自殺を遂げる。

　セルゲイ・ウルスリャクの『戦勝記念日のための作文』(98)は、ロシア人が「大祖国戦争」と呼ぶ第二次大戦の英雄たちを主人公とするコメディである。この作品では、祖国のために戦った老人達は、新体制のもとで経済復興中のモスクワで疎外感を感じる。老齢や病気や家族を捨てた亡命経験などにより、現在のロシア社会で疎外感を感じている彼らは、友情や同世代人の共感を当てにできるだけ、まだ幸せだと言える。アフガン戦争やチェチェン戦争で戦った世代は、多くの映画で悲劇的な最後を遂げている。

　チェチェン戦争の傷跡は、90年代後半から2000年代前半にかけて様々な形で映画に反映された。セルゲイ・ボドロフの『コーカサスの虜』(95)はトルストイの小説を現代にアレンジした作品だったが、撮影中にチェチェン紛争が勃発したことにより期せずしてこの路線の嚆矢となった。アレクサンドル・ロゴシキンは『チェック・ポイント』(98)で、国境地帯における兵士達の日常生活を淡々と描写しながら、次第に高まってゆく民族間の不信と憎悪がも

たらす突然の悲劇を、若いロシア人兵士の視点から描いた。アンド
レイ・コンチャロフスキーが自らの脚本によって監督した『愚者た
ちの家』（02）は、戦場にほど近い精神病院を舞台に、フェリーニ
を思わせるカーニヴァル的な空間の中で（エドゥアルド・アルテミ
エフのテーマ音楽は、紛れもなく『8　1/2』におけるニーノ・ロー
タの曲想を意識したもので、「頭の弱い」ヒロインのジャンヌの純真
な愛によって剃髪したチェチェン人のアフメッドが救われるプロッ
トは、『道』を想起させる）、民族間の憎しみを超える愛の可能性
について語っている。ウクライナを代表する監督の一人であるロマ
ン・バラヤンは、ロシアとの合作『2つの月と3つの太陽』（98）
において、多民族国家ソ連の崩壊に続く民族紛争が、戦場から離れ
て生活している混血の男女（ウクライナ人とロシア人の父母をもつ
女、言明されていないがおそらくはチェチェン人とロシア人の父母
をもつ男）にもたらした悲劇的状況を描いている。チェチェン戦争
を扱った映画で最も悲惨なものは、おそらくテレビン放映用に製作
された劇映画『煉獄』（98，アレクサンドル・ネヴゾーロフ監督）
であろう。ネヴゾーロフはジャーナリストであり、監督作品はこれ
のみであるが、脚本とプロデュースも兼ねている。最大の視聴者を
持つ国営テレビ OPT（ORT、現在は「第一チャンネル」）で放映さ
れたが、戦闘場面は極めて自然主義的であり、残酷なシーンも多く、
作者に政治的意図があったかどうかはともかく、見方によっては強
烈な反戦のメッセージと受け取れる。

映画に関する言説③　グローバル化と「アートハウス」の定着

　各国にはそれぞれの「国民映画」の伝統があり、その伝統が映画以
外の文化的・社会的な諸要因にも影響されながら形成されたことを
否定する者はいないだろう。国際的な「標準」や「基本」は、フィルム
の幅やパーフォレーションの数、「アクションつなぎ（match
cut）」等、最も表面的な部分についてのみ言えることであり、使用

される言語や観客の嗜好、映画教育や映画政策、映画に関する言説の傾向とそれらの影響力といった文化的諸要因は、それぞれの国や地域の映画に特有の制度や規範を与えている。また、それらの文化的諸要因は、当該地域における全ての映画人の言説を、ある程度まで規定している。分かりやすい例を挙げれば、日本の映像業界に見られる「制作」と「製作」の区別は、英語圏にもロシア語圏にもない。また、ロシアでは、映画産業が完全に民営化された後も映画の興行と配給とを用語上厳密に区別せず、ソ連時代と同様に「リース」に相当する прокат という言葉で表している（従って、この言葉の日本語訳は文脈によって変える必要がある）。しかしその事実は、英語に由来し 90 年代に普及した配給業者（дистрибютор 或いは дистрибутор）という言葉やそのロシアにおける活動を、映画人達が知らないことを意味しない。

　勿論、国や地域の別なく現在の映画文化に共通する諸傾向もあり、中でもとりわけ 1980 年代後半以降顕著になった「グローバル化」の影響を無視するわけにはいかない。先述した「配給業者」を含む英語由来の外来語がソ連解体後のロシアに定着したのは、まさにグローバル化の影響によるものである。90 年代以降、ロシアの映画産業が衰退しながらも徐々に「近代化（модернизация）」を成し遂げ、2000 年代前半には娯楽大作を輸出するまでに復興していく過程で、英語由来の外来語も増加していった。

　そのような外来語の中で最も早くに定着したのは「プロデューサー（продюсер）」であり、第二章で触れた「フォーラ・フィルム」が既に採用している。1990 年代末から 2000 年代前半にかけては配給業者、ブロックバスター、マルチプレックス（мултиплекс　複合映画館）、そしてアートハウス（артхаус）といった外来語が使用されるようになった。それらの多くは批評家や研究者からではなく、ハリウッド映画を始めとする娯楽映画の配給や興行に携わる業者、或いは彼らの活動を伝える大衆情報誌によって使用され始めたと思

われる。それらの言説には、映画文化の意味論的な更新機能を見ることはできない。

　ただし、アートハウスという言葉に限っては意識的に導入された経緯がある。少なくとも、映画配給の分野で90年代末から継続的に海外の「作家映画」を紹介してきたサム・クレバノフにとってはそうだった。彼は移住先のスウェーデンで1996年に配給会社「国境なき映画（Кино без границ）」を設立し、ロシア及びＣＩＳ諸国において初めて「作家映画」に特化した映画配給事業を行った。クレバノフは会社の設立者として、また作家映画のキュレーターとして、この種の映画を観る「ニッチ」観客層の拡大のために「アートハウス」という言葉をロシアに「輸入」したのである [45]。日本の北野武や韓国のキム・キドクを初め、主要な国際映画祭で評価された映画作家の新作を次々に公開する一方で、世界の作家映画の旧作をＤＶＤ化してきたこの会社の功績は大きい。彼らが紹介してきたアートハウス映画は、実質的には作家映画（авторское кино）である。クレバノフは、ソ連時代からあった「作家映画」に代えてこの言葉を用い、生活が徐々に正常化しつつあったロシアの潜在的な消費者にアピールしたのである。かつての知識人観客の多くが既に外国に移住してしまっていた90年代のロシアでは、新規に観客を獲得する必要もあった。

　「国境なき映画」ほどではないにせよ、新旧の作家映画や実験的作品をソフト化して成果を挙げた配給会社はあった。95年に設立された「カルメン・フィルム」は、90年代後半にワーナー・ブラザースとミラマックスのロシアにおける代理店的な役割を果たした後、2000年代に入って「別の映画（другое кино）」というブランド名で作家映画のDVDをリリースし始めた。このブランド名は同社の劇場公開作品にも用いられ、そのレパートリーは『ダンサー・イン・ザ・ダーク』のような外国映画からサイレント時代のエフゲニー・バウエルやFEKS（エキセントリック俳優工房）の作品、「雪

解け」期にデビューした監督達の映画大学時代の習作や 80 年代初頭のアンダーグラウンド映画、そしてロシアの新作映画まで多岐に渡った。カルメンは「別の映画」のブランド名を 2006 年から 08 年にかけて放映された映画専門テレビ番組や、自ら組織した映画祭にまでつけている [46]。

　これら新興の配給会社は、ソ連時代に設立された「クループヌィ・プラン」（第二章の注 64 を参照）やその他の会社と共に、観客と相互作用し得る映画作品の多様性を高めている。「クループヌィ・プラン」がソ連の主要映画スタジオで製作された最もポピュラーなレパートリーをソフト化しているのに対し、「国境なき映画」や「別の映画」はそのブランド名にも反映されているように、新しいタイプの映画需要を作り出した [47]。

映画産業復興の過程

　経済的な停滞期において配給と興行が、製作ほどには高リスクではないことは確かであろう。国や地域を限定しなければ、映画作品と観客とは常に潜在的な需給関係を構成している。配給業者や興行者は、国産映画であるか外国映画か、新作か旧作かとは無関係に、予想される収益と企業イメージとのバランスを考えつつ、インターネットを含む様々なウィンドウでの宣伝や 2 次使用も視野に入れ、効率的にその需給関係を現実化することに専念すればよい。

　だが、製作者は自らの企画・構想の実現に多大な労力と時間と費用を費やさねばならず、作品完成までの長い期間中、観客の潜在的需要を確認する方法も収益を得る方法も、事実上持たない。ソ連解体後のロシアにおいて、ビジネスとしては配給や興行が製作に先行して新しい環境に適応したのは、偶然ではない。映画配給は、ＶＨＳ映像ソフト市場を含めれば既に 90 年代半ばにはビジネスとして成立していた [48]。興行もそれに続き、ハリウッド製大作映画の公開

や現代的な劇場の建設により 90 年代後半から 2000 年代半ばまで
に徐々に復興した。

　資源輸出に支えられて経済復興が実現した 2000 年代に、ソ連時
代に「非公式的要素」として存在していた「ニッチ」観客層を、当時よ
りも小規模ながら再生させた配給業者達は、新旧の国産映画への需
要をある程度まで多様化させることができた。しかし、次章で述べ
るように、配給よりもはるかに多くの投資を必要としリスクも大き
い製作の方は、映画政策への依存を完全に脱することはできなかっ
た。最初に劇場へ観客を呼び戻したのは『タイタニック』（97）や
『スター・ウォーズ　ファントム・メナス』（99）のようなハリウ
ッド製娯楽大作であって、ロシア映画が興行成績でハリウッド映画
に比肩するようになったのは 2004 年以降だった。

　しかも、ロシア製ヒット作のプロデューサーや監督達の多くが、
それまで主にテレビの製作に携わっていた[49]。映画産業は、製作の
面では自立性を十分に回復できなかったのである。次章では、90
年代初頭から 2000 年代後半までの映画文化を、映画産業、特に製
作者の視点から再考したい。

注

[1]　次の文献を参照。«90-е.Кино,которое мы потеряли» (сост.Малюкова,
Л.), Зебра Е,М.,2007.

[2]　次の文献を参照。"Cinemagoing Russia",Dodona Research,　2003,p.6.

　　尚、劇場公開本数は、製作された劇映画の本数とは一致しないと考え
られる。批評家のセルゲイ・クドリャフツェフによれば、1996 年の製作
本数は 35 本である。

См. Кудрявцев,С.,«СВОЕ КИНО», «Дубль-Д»,М.,1998,

ст.335.

---

3 例えば『この道は母へと続く』(05)のアンドレイ・クラフチュク監督
   (1962年生まれ)は、97年に始まった警察ものテレビシリーズ「壊された
   街灯の通り」の第2シリーズ(別名「刑事達」)の一話「名誉の問題」(99)
   で演出家デビューしている。また、ヴィデオクリップ・メイカーとして
   活躍していたフィリップ・ヤンコフスキー(俳優オレーグ・ヤンコフスキ
   ーの息子、1968年生まれ)は、低予算の長編劇映画デビュー作『移動
   中』(02)の後、ニキータ・ミハルコフのプロデュースにより娯楽大作
   『五等文官』(05)の監督を任された。

4 国産ヴィデオデッキの発売発表が一般市民にもたらした反響と「ヴィデオ
   ホール」及び「ヴィデオテーク」出現後の経緯に関しては、次の文献を参
   照。«НОВЕЙШАЯ ИСТОРИЯ ОТЕЧЕСТВЕННОГО КИНО, Часть
   2. КИНО И КОНТЕКСТ том 4. 1986-1988», СЕАНС,СПб.,2002,
   ст.57-58.

5 Там же,ст.58.

6 ニコライ・イズヴォーロフによると、「ヴィデオサロン」では海賊版の外
   国映画ソフトを観ることも可能だった(筆者への私信より)。

7 セルゲイ・クドリャフツェフによると、国民1人当たりの年間映画鑑賞
   回数は60年代に20回にも達していたが、1987年までには12、3回に
   減っていた。彼はその理由として、テレビの発達、映画の見世物性の喪
   失以外に、観客の嗜好・欲求の多様化を挙げている。次の文献を参照。

   Кудрявцев,С.,«СВОЕ КИНО», «Дубль-Д»,М.,1998, ст.336.

8 89年2月に公開された『令嬢ターニャ』は、副業で外国人観光客相手
   に売春をする看護婦の物語である。エレーナ・ヤコヴレワ演じるヒロイ
   ンに共感を寄せた観客は、反感を抱いた観客と同様に多かった。観客動
   員数は4400万人を記録し、興行的には大ヒットした。レトロ映画を得
   意とするピョートル・トドロフスキーの「監督としての経歴における、最
   後の真に成功した映画」(リディア・マースロワ)になった。次の諸文献を
   参照。

   Кудрявцев,С., Указ.соч.,ст.415.

«НОВЕЙШАЯ ИСТОРИЯ ОТЕЧЕСТВЕННОГО КИНО, Часть 2. КИНО И КОНТЕКСТ том 5. 1989-1991»,СЕАНС,СПб.,2004, ст.38-39.

9　筆者が 95 年にモスクワの地下鉄ＢДНＸ駅付近のキオスクで購入した『影武者』のＶＨＳソフトは、明らかにフランス製レーザーディスクの映像に、ロシア語音声コメントを加えただけの違法コピーであった(ディスク面反転を指示する画面が一瞬現れたことで判明した)。民生用ヴィデオデッキは、98、9 年頃には寮生活を営む国立映画大学の学生にまで普及していた。同大学に週一回、学生達の「作家映画」への渇望を癒すために業者が作品リストを手に映画ソフトの注文を取りに来ていたからである。西側の有名な作家映画以外に、ソクーロフの『静かなる一頁』やハムダーモフの『アンナ・カラマーゾフ』まで扱っていたこの業者は、注文主に対して一週間後に、画質の悪いＶＨＳテープにダビングした違法コピーを手渡していた。

10　Кудрявцев,С.Указ.соч.,ст.412-416.

11　次の文献を参照。О массовых киновкусах и кинопредпочтениях// «Искусство кино»,1995,№ 4,ст.40.

12　Дубин,Б.,Формула успеха// «Искусство кино»,1995,

№ 4,ст.43.

13　ロシア連邦映画人同盟の公式サイト（http://www.unikino.ru/about/history.php）及び次の文献を参照。

«НОВЕЙШАЯ ИСТОРИЯ ОТЕЧЕСТВЕННОГО КИНО, Часть 2. КИНО И КОНТЕКСТ том 5. 1989-1991»,СЕАНС,СПб.,2004,ст.292-293.

14　映画博物館の公式サイト（http://www.museikino.ru/about/history.asp）及び次の文献を参照。

«НОВЕЙШАЯ ИСТОРИЯ ОТЕЧЕСТВЕННОГО КИНО, Часть 2. КИНО И КОНТЕКСТ том 5. 1989-1991»,СЕАНС,СПб.,2004,ст.292-293.

¹⁵ 次の文献を参照。Служба Новостей Сеанса// «СЕАНС» №.6, СПб.,1992,ст.50.

¹⁶「トロイツキー・モスト」の場合は社長であるイーゴリ・マスレンニコフにソ連時代からテレビ業界とのつながりがあったことによってかろうじて存続できたと、彼が自伝で回想している。

Масленников, И.,Бейкер-Стрит на Петроградадской,СЕАНС/Амфора, СПб., 2007,ст.205-206.

¹⁷ Ерофеев А., Десоветизация искусства// «Искусство кино», 2008,№ 9,ст.19.

¹⁸ «НОВЕЙШАЯ ИСТОРИЯ ОТЕЧЕСТВЕННОГО КИНО, Часть 2. КИНО И КОНТЕКСТ том 5. 1989-1991», СЕАНС,СПб., 2004,ст.302-303.

¹⁹ Плахов,А.,Антонони—постмодернист? // «Искусство кино», 1992.№.10,ст.145-148.

²⁰ Трофименков,М. Правила игры для игры без правил// «СЕАНС» №.6, СПб.,1992,ст.41-43.

²¹ Ленинград, ноябрь и больше никогда // «СЕАНС» №.6, СПб.,1992,ст.38-40.

²² Дондурей,Д.,Благо разорения. // «Киноведческие записни» №.9,М.,1991,ст.29-38.

²³ Cinemagoing Russia,Dodona research,2003,pp.6-7.

²⁴ Гройс,Б.,Играем в чужую игру. // «Искусство кино»,1994 ,№ 10 ,ст.38-40.

²⁵ Манцов,И.,Дурно пахнут мертвые слова—в кн.Молодое pro кино,М.,2008,ст.117-118.

²⁶ Кудрявцев,С.Указ.соч.,ст.338.

[27] «НОВЕЙШАЯ ИСТОРИЯ ОТЕЧЕСТВЕННОГО КИНО, Часть 2. КИНО И КОНТЕКСТ том 5.1989-1991», СЕАНС,СПб., 2004,ст.302-303.

[28] Там же.Ст.516-518.

[29] Дондурей,Д.,Щаг вперед,два шага назад. // «Искусство кино»,1994 ,№ 7,ст.15.

[30] 次の文献を参照。

«НОВЕЙШАЯ ИСТОРИЯ ОТЕЧЕСТВЕННОГО КИНО, Часть 2. КИНО И КОНТЕКСТ том 5. 1989-1991» , СЕАНС,СПб., 2004,ст.401.

[31] Там же.Ст.640.

[32] Там же.Ст.531-534.

[33] Кудрявцев,С., Указ.соч.,ст.334-337.

[34] サヴェリエフの総括は、マーケットを訪れた複数の映画人(批評家、女優、映画監督、主催者のルディンシュテイン等)のコメントや映画作品の宣伝文句、そして上映された映画のうち八本の概要等をコラージュしたものである。概要が記された8本の映画のうち6本がマフィアや精神異常者や警官を主人公としており、1本は天才達の精子を手に入れて人工授精をビジネスにする銀行家と彼に敵対する一団の争いを描き、残りの1本は酔漢の工場労働者をウォッカで誘惑する悪魔の話である。

Савельев, Д.,С ярмарки. // «СЕАНС» №.6, СПб.,1992, ст.16-12-19.

批評家の一人ヴィクトル・マッティゼンは、次のようにコメントしている。「どうやら、その辺にいる人々がカメラを手に取って撮影し始めたようだ。その上、彼らの中には非常に多くの精神病患者がいる。（中略）観客がこの種の映画の魅力に屈しないことを願うばかりだ、さもないと我々は皆、あっという間に堕落してしまうだろう」(ст.18.)。

[35] «НОВЕЙШАЯ ИСТОРИЯ ОТЕЧЕСТВЕННОГО КИНО, Часть 2. КИНО И КОНТЕКСТ том 6. 1992-1996», СЕАНС,СПб.,2004, ст.302,308.

36 «НОВЕЙШАЯ ИСТОРИЯ ОТЕЧЕСТВЕННОГО КИНО, Часть 2. КИНО И КОНТЕКСТ том 6. 1992-1996», СЕАНС,СПб., 2004,ст.624-626.

37 Там же.Ст.778-779.

38 «НОВЕЙШАЯ ИСТОРИЯ ОТЕЧЕСТВЕННОГО КИНО, Часть 2. КИНО И КОНТЕКСТ том 7. 1997-2000», СЕАНС,СПб., 2004,ст.77-78.

39 ドブロトヴォルスキーに関しては次の文献を参照。Добротворский,С., «Кино на ощупь», СЕАНС,СПб.,2005, ст380-394.

40 Голутва,А., Пора привыкать // «СЕАНС» №.4, Л.,1991, ст.13.

41 メドヴェージェフの経歴に関しては、次の文献を参照。«КИНО Энциклопедический словарь»,Советская энциклопедия,М.,1987, ст.258.

42 «НОВЕЙШАЯ ИСТОРИЯ ОТЕЧЕСТВЕННОГО КИНО, Часть 2. КИНО И КОНТЕКСТ том 6. 1992-1996»,СЕАНС,СПб.,2004, ст.725.

43 Там же. ст.725-726.

44 クヴィリカーゼはペレストロイカ以前からのキャリアがあるベテラン脚本家であり、ルツィクは 1960 年生まれの若手だったが、90 年代には彼の脚本により 3 本の長編劇映画が製作された。遺作となった『辺境』(98)は彼自身が監督しているが、その物語内容は石油成金と土地を奪われた農民達との闘争である。62 年生まれのサモリャードフは『辺境』の共同脚本家でもあるが、ルツィクより早く 94 年に 31 歳で死んでいる。

45 この点に関しては「映画芸術」誌上でクレバノフ自身が述べている。См.: Клебвнов,С., «Артхаус в нокауте» / «Искусство Кино»,№8,2010,М.,С.23.

46 「カルメン・フィルム」の HP を参照。
http://www.drugoekino.ru/company.html

[47] 新しいタイプの映画需要創出への意志は、カルメン・フィルムが打ち出した「別の映画」のコンセプトにおいて特に顕著である。彼らはそれを次のように説明している。

「別の映画とは、作家映画やアンダーグラウンドの同義語ではない(……)興行成績のためにジャンルのクリシェや誰にでも分かるテーマを利用するものではない(……)集団的精神の表現として多数派の理想や、あれこれの組織化された少数派の優位性を表現することを主張するものではない。奴隷的に政治的妥当性に従うものでもない。

別の映画は商業的な成功作でもいいが、大衆やローカルな集団さえも操作しない。別の映画に関係があるのは、3人以上で、共通の関心から集まりながら、独立した個人であり続けるような人々である」(http://www.drugoekino.ru/whatdk.html)

ここには観客に対する「非政治性」への呼びかけと、ホームヴィデオ(DVD)の形式を利用した「シネクラブ」的な映画鑑賞への勧誘が読み取れる。

[48] ヴィデオソフト市場は90年代を通じて海賊版がシェアの大半を占めていたが、映画業界誌「映画眼(Кино-глаз)」第18号(97年秋発行)によると、97年には既に60以上の合法的ヴィデオソフト配給会社が活動していた。各社のプロフィールに関する同誌のアンケートには53社が答えている。その中には、本論で後に触れる国立映画大学(ＶＧＩＫ)やゴーリキー映画スタジオ、ＮＴＶプロットといった教育機関、映画スタジオ、映画プロダクションと、ペレストロイカ時代から90年代初頭にヴィデオソフト市場に参入した「クループヌィ・プラーン」(88年創立)や「ソユーズ・ヴィデオ」(88年創立。現在は直販店名となり、社名はコンツェルン「ソユーズ・グループ」である)といったソフト販売中心の配給会社とが含まれている。

См.: «Кино—глаз»,№.18,С.8-13.

[49] 20世紀フォックスが世界配給した『ナイト・ウォッチ』(2004、ティムール・ベクマンベトフ監督)が、ロシア製「ブロックバスター」の最初の作品であろう。『第9中隊』(2005、フョードル・ボンダルチュク監督)、

『デイ・ウォッチ』(2006、T.ベクマンベトフ監督)等がそれに続いた。
これらの大作映画のほとんどは大手テレビ資本が関与している。2000 年
代の人気テレビシジーズの演出から映画に進出したアレクセイ・シード
ロフのような監督もいる。彼は原案・脚本も手がけた TV シリーズ『ブ
リガーダ』(2002)で成功した後、劇映画『影との戦い(日本では『アルテ
ィメットウェポン』のタイトルでソフト化)』(2005)を監督した。

第四章　現代ロシアの映画産業

　映画産業は様々な側面を持つ。高度な専門技術者を多数必要とする文化産業であり、おそらく産業革命以降初めての万国共通の標準規格に基づく国際的ビジネスであったこと[1]、表面上は常に最新の技術的成果を採り入れながら半世紀以上も変わらない物語叙述の基本的手法を維持しており、それがこの産業の存続にとって極めて重要であること、等。

　しかしながら、近年の日本ではその経済学的側面にのみ焦点を当てた研究や言説が散見される。筆者は研究者としても実務家としても、そのような言説から抜け落ちる要素が余りにも多いと感じている。とりわけ、そうした経済学的観点からの言説において、言及されている映画作品の製作者や監督の名前が全く記されていなかったり、ハリウッド映画が普遍的なモデルとなり得るかのような論述が見られたり、ごく最近（主に 90 年代以降）の資料しか参照していない場合はそうである[2]。時には彼ら経済の専門家が、現実の映画製作や映画産業についてではなく、映画館の年間利用回数が 1 回程度の一般観客と同レヴェルの映画観に基づく抽象的モデルについて語っているのではないかとさえ思えることがある。

　本書は、多数の映画作品と映画に関する言説及び統計的資料を含む具体的事象の分析から得られた、現代の映画文化全般に適用可能と思われる概念的モデルを提示している。そのモデルは、絶えず意味や価値の流通・継承・変化が起きている場を示すものである。映画文化の研究者に求められるのは数量的データの解析よりもむしろ、そのようなプロセスを可能にしている諸制度とプロセス自体の分析と解釈である。そして、研究者の分析や解釈が妥当性をもつためには、映画文化の基層をなす価値体系とその歴史的な形成過程も考慮されていなければならない。

本章では、現代の映画製作とそれを取り巻く現実について語るプロデューサー達の言説分析を通じて、映画産業の担い手である彼らが現代ロシアの映画文化において果たした役割を確認したい。勿論、ここで問題にしているのは、興行収入に代表されるような「経済的」役割ではなく、映画文化内のコンテクストの形成や発展に対して、つまり意味と価値の流通・継承・変化に対して果たした役割である。

　分析の対象となる主な言説は、2009 年 6 月 24 日から 26 日にかけてモスクワで 3 人のプロデューサー（セルゲイ・セリヤノフ、イーゴリ・トルストゥノーフ、セルゲイ・チリヤンツ）に対して筆者が行ったインタヴューであるが、それ以前に映画雑誌に掲載された彼らの言説や、彼ら以外の映画人による映画産業や映画政策に対する見解も参照している。上記の 3 人の言葉で出典の断りがないものは、全て筆者がインタヴューした際の発言である。

スタジオ・システム崩壊以降の映画製作

　スタジオ・システムは、既に殆どの映画製作国で消滅した 20 世紀的な映画製作の形態である。アメリカや日本は 1960 年代以降この形態を失い、ロシアでは 80 年代末以降つまりソ連でペレストロイカが進行した際にようやくそうなったが、それから既に 20 年が経過している。スタジオ・システム崩壊後の映画産業は、製作における労働生産性の低さと観客減少、製作費回収のための収益構造複雑化により、ビジネスとしては非常にリスクの高い領域となっている。主要な映画製作国でスタジオ・システムが存在していた頃、映画作品は映画館やそれに類する施設でのみ鑑賞され、観客数は現在よりも遥かに多かった（10〜20 倍）。更に、大作を除けば製作期間が現在よりも短く（2〜6 ヶ月）、一つのスタジオが製作する映画にも多様性が維持できたため、映画製作特有の不確実性というリスク

をある程度まで回避し得ていた。だが、その時代はもはや遠い過去である。ロシアを代表するプロデューサーの一人、セルゲイ・セリヤノフは、2006年に端的にこう述べている。「映画は世界中で、多分ハリウッドを除いては、ビジネスの観点からは効率の悪い分野」であって、本当に成功しているのは全体の3～5％、10％ほどは採算が取れて次の製作につなげられるという「とても古臭いお金儲けの方法」であり、その効率は「蒸気機関車」並みである、と[3]。だが、製作者だけは未だに国家助成なしでは立ち行かない場合が多いことは、私が行ったインタヴューからも確認された。

　彼らの現状認識は、時にシニカルにさえ感じられるほど冷静かつ客観的である。既に述べたように、映画製作は現在ビジネスとしては極めてリスクの高い分野である。その上、これまで多くの研究者や製作者が断言してきたように、映画作品がヒットするための処方箋などは存在せず、ハリウッドの「黄金時代」と言われる1930年代でさえ「映画製作にはかならず賭の要素がつきまとった」[4]。それ故、現代ロシアのプロデューサー達が映画製作に伴うリスクの範囲を限定するための国家支援（助成）の必要性を認めているのは、経済学的な観点から見てさえ当然なのである。

　一方で、彼らは若手の映画創作者の才能や傾向に対して敏感であり、まだ実績のない彼らとの共同作業を厭わない姿勢も共通している。新人と組むことによりリスクは更に高まるはずだが、彼らは自国映画における次世代の育成に無関心ではない。彼らは利潤以外の価値を映画に見出していたからこそ、90年代の経済危機に際しても映画製作をやめることなく、現在に至るまでこの効率の悪い仕事を継続し、若い映画作家の育成に関心を抱いているのであろう。実際、3人とも90年代から2000年代まで、ベテランや中堅監督だけでなく新人監督とも積極的に組んで作品を製作し続けている。そ

のような彼らの動機は、富や経済効率の追求ではありえない。では、それは何なのか？　彼らの言説を分析する上で、その問題を避けて通るわけにはいかないであろう。

　かつてマックス・ヴェーバーは、文化を「実在のうち、価値理念への関係づけによってわれわれに意義あるものとなる」構成部分であると書いた[5]。各地域や国において映画の専門家達は、それぞれの職業活動を通じて映画をあれこれの「価値理念」に関係づけている。私の取材したロシアのプロデューサー達の言説はまさにそうした価値理念への関係づけに満ちているが、そのことは即ち、彼らにとって映画製作が多分に「文化的」側面をもつ職業であることを意味する。つまり、文化的諸要因は、映画製作実務の外部からその環境を制度的に規定しているだけでなく、内在的要因としても（製作者自身の映画観や職業意識を通じて）それを規定しているのである。

ソ連映画産業の興隆とプロデューサー達の映画観

　ソ連時代、当局の公式見解において、映画が「全ての中で最も重要な芸術」とされていたことは周知の事実である。レーニンがルナチャルスキーにこの言葉を述べた時、彼は映画の機能を第一にプロパガンダに見出していた。しかし、第一章で述べたように、スターリン死後のソ連の映画政策は、この公式見解や政治宣伝・思想教育の意図にだけ基づいていたわけでは全くない。既にスターリンの存命中の 1940 年代後半から、ソ連ではアメリカを始めとする「西側」の外国映画が公開されて国産映画をしのぐ興行収入をもたらしていた。そうした映画作品のあるものは、第二次大戦の “戦利品” として、つまり製作国側との正式な輸入契約なしに上映されていたが、1950 年代も後半になると正式に輸入された映画が公開された。映画観客は『ローマの休日』（53）のような “ブルジョワ的” 外国映画を好み、公式主義的な国産映画から離れていった。1950 年代半ばに始まった「雪解け」時代以降、ソ連の映画官僚が映画産業振興の

ために娯楽映画の製作を推進したり、一般観客に対する社会学的調査による需要の研究を行ったり、効率的に多様な映画作品を送り出すために各スタジオにレパートリー決定権を認めたりしたことは、第一章で述べた通りである。

また、「キノフィカーツィヤ（кинофикация）」と呼ばれる、映画メディアそのものの全国普及も行われた（映画館やそれに類する施設が増設されただけでなく、学校や農村の「文化会館」にまで映画上映設備が整備された）。60年代半ば、このキノフィカーツィヤの成果は、農村部の観客が自分自身の姿を国産劇映画の登場人物に見出して共感し、全国的大ヒットをもたらすほどのものであった[6]。こうした様々な施策が功を奏し、1960年代から70年代にかけてソ連の映画産業は、国家予算に頼らずとも、収益性の高い映画と芸術性の高い「作家映画」（現在は「アートハウス映画」と呼ばれる)とを製作できる構造になっていた[7]。

60年代以降、既にスタジオ・システムが崩壊していた資本主義国は勿論、映画が国営事業であった社会主義諸国でも、映画産業が国内市場のみでこれほどの経済効率を実現した国は、おそらくない。マリヤ・ゼージナによれば、60年代のソ連における映画は「安定した、継続的な、ますます増大する収益をもたらした唯一の芸術」になっていたが、ポーランドを除く他の全ての社会主義国では、映画製作が国家助成金に頼っていた[8]。当時ソ連の映画産業が降盛を極めていたことは、セルゲイ・クドリャフツェフが「映画館入場者数のレベルにおいてインドのような国とも競い合っていた」として挙げている、国民一人当たりの年間映画館利用回数（最高で20回）[9]からも明らかである。更に、同時代のインドと違ってソ連の場合には、アンドレイ・タルコフスキー、セルゲイ・パラジャーノフ、マルレン・フツィーエフ、オタール・イオセリアーニといった映画美学上の革新をもたらした映画作家が輩出し、国際的評価を得た。つまり、極めて逆説的なことに、検閲を始めとする表現の不自由の多

かったソ連だけが、芸術としての映画を自らの産業内部で継承しうるスタジオ・システムを維持していたことになる（フランスやイギリスは既にクォーター制や助成金の導入にシフトしていた）。産業と芸術のバランスや内発的発展の可能性という点から見れば、60年代半ばから70年代にかけてのソ連映画は、間違いなく「黄金時代」だった。

　現代ロシアの代表的なプロデューサー達の生年は、1950年代半ばから60年代初頭が多い。この世代の映画人は、まさにソ連映画の黄金時代に思春期を過ごし、映画産業に陰りが出始めた70年代末から80年代後半になってから職業的映画人の道に入っている。前述したように、60年代半ばから70年代にかけてのソ連映画の特殊性は、それが産業的な面で安定していただけでなく、芸術的な面でも顕著な発展が見られたことである。第一章で述べたように、この時代には、映画ファンがある程度まで専門家（映画学者や批評家、映画作家）との双方向的な関係を取り結ぶことのできる言説空間が存在していた（大衆向け映画雑誌「ソヴェート・スクリーン」及び、職場や学校で組織されていったシネクラブ、より専門的なものでは「映画芸術」誌）。若い映画観客の中から次世代の映画人の登場を促すような非政治的な諸要素がそれらの言説中に増大した。作家映画と200万人以上いたと推定される知識人観客との双方向的影響関係は、ブレジネフ政権の「停滞の時代」を通して継続していた。

　この時代の映画文化の内発的発展を理解することは、それが今回取材した現代ロシアのプロデューサー達の映画観形成に少なからぬ影響を与えたと推測される以上、不可欠な作業である。また同様に重要なのは、「雪解け」以降この映画文化の発展過程において映画に結び付けられていった（それ故に非公式的だったわけではない）諸価値が、現在の彼らの言説においても映画に結び付けられていないかどうかを検証してみることである。

実務開始まで―映画観の形成

　セルゲイ・セリヤノフはモスクワから 200 k m 離れた地方都市トゥーリで 1955 年に生まれ、13 歳の時に映画館で観たチャップリンの映画（『モダン・タイムス』や『街の灯』等)に感銘を受けて 16 mmフィルムでアマチュア映画を撮り始めた。ペレストロイカ前の彼は、映画監督になる夢を抱いてモスクワの国立映画大学（ВГИК、 V G I K)に学んだ典型的な監督志望の青年だった。彼は 80 年に同大学脚本科を卒業しているが、入学の際には当時のソ連における映画教育システムの不自由さを知らなかったという（当時は監督になるには、脚本科ではなく必ず監督科で学ばねばならなかった）。

　注目したいのは、彼が地元の地方都市の「映画館」でチャップリンのサイレント時代の代表作を観てすぐに自分の将来を決め、早くもその翌年から 16mmフィルムで映画を作り始めたと回想している事実である。既に述べたように「雪解け」時代には国産映画の製作本数増大やレパートリーの多様化が図られ、鑑賞機会の増大や映画に関する言説の多様化がもたらされた。一般観客の中から、映画を一つの独自な芸術として捉え、その創造を生涯の仕事として選ぶような情熱あふれる若者が登場する文化的環境は整っていたと言えよう。

　セリヤノフがチャップリンの作品を見て映画への道を決意した当時（おそらく 1968 年）、「雪解け」は既に終わっていたが、映画産業は安定し、映画文化の発展は継続していた。その数年後にはタルコフスキーやイオセリアーニのソ連時代の代表作が、当時としては小規模ながら全国公開されている [10]。60 年代末からペレストロイカ直前までは、作家映画に対する当局の検閲が「雪解け」期よりも厳しく、製作されはしたものの公開が許可されない所謂「棚上げ」映画が 250 本にも上ったことは第二章でも触れた。しかし、1958 年以降の約 30 年間に年平均 130 本以上の劇場公開向け映画がコンスタントに製作されていたことを考えれば [11]、検閲によって日の目を見

なかった映画は、全体の約6％に過ぎない。公開されたり禁止されたりしたそのような作家映画は、娯楽映画の公開による収益で製作されていた。映画監督は大小の国営スタジオから給料を支払われていた。

　それ故、国立映画大学に進学してタルコフスキーのような作家映画の監督になることは、同時代の西側諸国と異なり、ボヘミアン的な生活とも貧相な低予算作品とも結びつかなかった筈である。更に、セリヤノフがインタヴューの中でも証言しているように、映画の専門教育は無料だった。だからこそ彼は、13歳の時の感動から出発して国立映画大学への進学、そしてペレストロイカ時代になって監督になるべく2年制の高等脚本家・監督コースに入学するまで、脇目もふらず一つの目標だけを追求できたのである。

　セリヤノフは、国家が経済的側面を保障している映画文化の中で自己の映画観を形成し、映画を自己表現の手段、芸術と見なす「作家映画」の監督になっていった。彼が1980年に映画大学の仲間と密かに非合法的な映画製作を行った理由は、国営映画産業システムへの反逆ではなく、単に創作への熱意からだった。彼の最初の劇映画『名の日』はこうして作られた。だが、非合法の製作であったために、彼は資金集め等で「プロデューサー」としての役目を果たさざるを得なかった、とセリヤノフは語った。彼は、映画における創作の自由の追求が国家による経済的保障の放棄を代償とするという事実を、他の映画作家達に先駆けてペレストロイカ以前に知ったのである。

　しかし彼は、ソ連映画の「黄金時代」に形成された映画観を、現代ロシアを代表するプロデューサーとなった今でも放棄していない。新作映画が全て映画館で観られることを願い、「（ロシア映画のような）大きな映画は、一面的であってはいけない」と述べ、「自力本願」と共に「百花斉放」を自社（ＳＴＶ）のモットーとしている。彼は、映画が芸術として自由であり作者の個性の発露でありながらも、

そのような多様性を保持したまま観客に広く鑑賞されるような状況を理想としている。国家による映画支援に関する質問に対しても、その同じ立場から、「文化大国、映画大国を自認する国はアート映画や新人の映画を支援すべきだ」と答えた。

　映画作家を目指していたセリヤノフと違って、映画大学の経済学科を卒業して製作実務だけに専心していたイーゴリ・トルストゥノーフ（1957年生まれ）の映画観も、主に「黄金時代」の映画文化によってはぐくまれたようである。なぜなら、インタヴューの中で彼が現在ロシア映画に欠けているのが残念な傾向の例として挙げた諸作品は、「雪解け」時代の傑作群だからである[12]。トルストゥノーフが「伝統的な映画言語によって、観客と非常に重要な事柄についての会話を交わす映画」と規定したような作品は、確かに現在のロシアでは僅かである。だがその原因は、彼が語ったように現在の主な観客である若者層にあると言うよりも、むしろソ連の国営映画産業システムの、ペレストロイカ以降の変容と解体にあると思われる。

　彼が映画大学を卒業し、1年半の兵役を経てゴーリキー映画スタジオに入った1979年当時、スタジオ内の製作資格規定と昇進基準は明確で「その後の進路はかなりはっきりしていた」。彼の説明によると、1年1本の割合で合計16本の映画製作を担当すれば、директор（部門の長）の最高位につけることになっていた。つまり、16年かければ、映画作品の長（製作実務担当者）から、創作班（творческое объединение）[13]の長（創作班長）、そして最終的にはスタジオ所長にまで昇進できる可能性があった。1年に約4本の映画を製作していたという「創作班」は、スタジオ内組織でありながら、現在のプロダクションのような役割を果たすものであったという。同様な「創作班」は当時各スタジオにあり、それぞれが専門のジャンルやテーマを扱っていた。こうしたスタジオ内の企画製作分業制度は、多様な個性の監督や脚本家に労働の機会を提供すると同

時に、「雪解け」以降の多様化した映画観客の需要にも応じるものであった。

1980 年代初頭、ソ連の映画産業は全体として赤字化し始めた [14]。しかし、ペレストロイカ時代に市場経済が浸透するまで、映画製作の経済的側面は依然として国営システムに委ねられており、製作のシステムそれ自体は合理的なものであった。映画大学等の専門教育機関は、そのシステムを維持する人材を提供するために機能していた。それ故、トルストゥノーフが語ったように、専門教育を受けた若者達はスタジオに入って映画人として順調にキャリアを重ねてゆくことを予想できたのである。

だが、彼が映画スタジオでの仕事から社会的地位と快適な生活だけを期待したと考えるのは早計である。彼はインタヴュー当時、ロシア映画の新作ショーケースの役割をもつソチ映画祭の運営に関わっていた。その映画祭で最近目立つようになった若い映画作家の「陰鬱な映画」に関して、彼は「映画文化や、特に映画言語を豊かにする」ものとしてその存在意義を認めただけでなく、現在のロシア映画に欠けている「語りの方法が極めて明瞭で平易な」「伝統的な映画言語」を持つ「メインストリーム」についても、そうした映画はまさに「世界中で知られている」19 世紀ロシア文学の伝統に基づくロシア文化の一部であると説明した。

トルストゥノーフが挙げた 19 世紀ロシア文学の代表者は、トルストイ、ドストエフスキー、チェーホフ、プーシキン、ゴーゴリである。彼が「ソヴィエト映画、ロシア映画の誇り」として挙げた「雪解け」時代の傑作の中には、情景描写や心理描写、主観的ヴィジョンの挿入や、時に感傷的でさえある抒情性という点で、初期や中期のトルストイやドストエフスキーを想起させる部分が多い。だが、彼は具体的な作品における手法の類似性を指摘したのではなく、芸術性の高さと一般大衆による理解可能性の両立、そして普遍的な人間関係を描いている点に最大の共通性を見ている。ここにも、セリ

ヤノフの場合と同じく、芸術としての映画を自明のものと見なし、ロシアにおける内発的発展を確信するような映画観が見て取れる。それはまた、ロシア映画の海外市場への展開よりもむしろ、アメリカのHBOのように、映画的な作りのテレビシリーズ製作を行う有料チャンネルが自国に現れることを期待する姿勢にも反映されている。

　セリヤノフやトルストゥノーフよりも若いセルゲイ・チリヤンツ（1961年生まれ）は、オデッサの技術工科大学在学中に舞台演出家になることを決心し、大学卒業後はその目的でモスクワに移った。映画での最初の仕事は、児童向け映画スタジオの助監督というものだった。それは生活のための仕事であり、当時熱中していたのは演劇の方だったという。彼がその後、どのような経緯でセルゲイ・ドブラートフの短編小説に基づく長編劇映画『直線距離で』（92）を監督するに至ったか、詳しく聞くことはできなかった。映画の世界に入った理由に関して、何か具体的な作品に感銘を受けたからではない、とはっきり語った彼は、ペレストロイカ時代に誰もが資金さえ集めれば映画監督になれる状況になったことも補足した。おそらく、モスクワに移った当初は映画スタジオで生活費を稼ぐ傍ら劇場での創造的仕事に携わっていたが、1990から91年前後に映画を志したのであろう。というのは、この時期には主に民間会社において、監督志望者の自己表現や企業家の資金洗浄の手段として需要を無視した濫作が行われ、「誰もが映画監督になれる」状況だったからである。

　ソ連末期のこの時代、長らくスタジオの中で築かれ維持されてきた分業による合理的な映画製作のプロセスや、トルストゥノーフが「伝統的な映画言語」と呼んだスタイル上の諸特徴は、その目的は様々であったにせよ、若い映画作家や民間プロデューサー達の意思によって放棄された。だが、チリヤンツがどちらかと言えば伝統的

な映画作法を志向していたことは、彼が映画大学を受験したと語ったことや、唯一の監督作である『直線距離で』の平易なスタイルからも推察される。劇場やスタジオで多くのことを学んだお陰で、「たぶんモンタージュのことも」ある程度分かる、と語った彼の映画観は、監督兼プロデューサーとして製作実務に携わる以前、映画スタジオでの仕事によって形成された部分が大きいと思われる。

　また、彼が「今のところ、文学や音楽、映画なしのロシアは想像できない」と述べ、ロシアでは映画が芸術として残るという「まさにその道を確信している」と答えていることから、映画を何よりも芸術として理解し、そこに価値を見出していることは明らかである。「ある日映画館が全て閉鎖されても、監督達は生まれて仕事の方策を見つけるだろう」と述べた彼は、映画作家による国民映画の継承を主張しているかのようだ。だが、別の箇所では「民衆が愛すれば愛国的映画だ。彼らが拒否すれば、登場人物や主人公が誰でも、不必要な映画だ」とも述べている。後の発言には、国民映画の存続のためには映画作品と観客との相互作用が不可欠だという思想が示されている。映画作家を重視する監督中心主義的な発言は、おそらく彼自身が監督であったことと、2000年以降に製作した何本かのアートハウス映画(キラ・ムラートワの『調律師』とアレクサンドル・ヴェレディンスキーの『生者』)の興行的成功の影響と考えられる。ロシア映画には、映画スターや特殊視覚効果やアクションを売り物にする（製作費の高額な）アメリカ映画とは違う「別の起源」があるという彼の言葉には、トルストゥノーフの場合と同様に、ロシアにおける芸術としての映画の内発的発展への確信が反映されていると見てよかろう。

　3人のプロデューサー達の言説には、次のような共通性が見られた。①芸術としての映画の存在意義への確信、②観客と映画作品との相互作用の必要性の自覚、③国民映画の内発的発展という理想の

信奉。これらはいずれも、ソ連映画に映画人や知識人観客達が映画に結びつけた諸価値と矛盾していないどころか、それらから派生していると言える。

映画産業の変容—2000 年代までの軌跡

　これまでは、3 人のプロデューサー達の言説を、彼らの映画観の共通性及び同時代の文化的諸要因との関連性という観点から分析してきた。その作業を通じて、映画人としての彼らの言説を規定している諸価値を、それらが他でもない映画と結び付けられることになった（映画）文化史的事実と共に、明らかにすることができた。次に、映画製作実務に携わるようになった彼らの映画観が、ソ連解体後の映画産業の変容に適応してどのように修正されて現在に至っているかを検証したい。そのためには、90 年代以降の映画産業と映画文化の変容を跡づけるだけでなく、同時代的ではあるが彼らとは違う視点から映画界のプロセスを考察している言説を参照し、彼らの言説と比較する作業も必要だろう。

　ペレストロイカ時代のソ連の映画界には創作の自由と共に市場経済が導入されたが、その結果は一義的ではなかった。それに続く経済的混乱とソ連の解体は、ロシアにおける映画産業の存続を脅かし、多くの映画製作者達が自発的に志向性を変えるほどの、大きな環境の激変をもたらした。まず、その経緯を簡単に振り返っておきたい。

　1986 年、「棚上げ」映画の公開を始めとして、表現の自由を確保しようとする創作者側からの改革が始まった。それに遅れて製作における市場原理の導入が始まり、1987 年に「レンフィルム」のような大国営スタジオに「独立採算制（хозрасчёт）」が採用された。88 年には共同組合方式の民間会社「フォーラ・フィルム」が創立されて

国営映画スタジオと映画館との間をとりもつ配給業を始め、やがて
その収益によって自社製作に乗り出した。

　製作における民営化への移行は急速に進んだが、配給・興行の面
は民営化への移行が進まなかった。ペレストロイカ時代には、ヴィ
デオデッキの所有やヴィデオによる映画の鑑賞が一般化したため、
映画館の利用は減少傾向にあった。市場経済の導入によって民間資
金や海外からの資金が映画製作に集まりやすくなったが、国内経済
が停滞してゆく中で泡沫的な資金の流入によって生じた 90 年から
91 年にかけての濫作は、国産映画の需給バランスを決定的に狂わ
せた。91 年末のソ連解体の結果、映画館は私営となり、かつての
映画配給網は失われた。インフレによって高騰した映画製作資金の
回収は、ほとんど不可能になった。

　ソ連解体に続く数年間は、国産映画の製作費高騰、粗悪な外国映
画の流入、映画館の閉鎖や転用、海賊ヴィデオの氾濫、国による映
画製作助成の減少といった、マイナス要因ばかりが目立った。映画
産業がやや復活の兆しを見せ始めたのは、90 年代も後半になって
からである。

　1996 年の秋、モスクワで「コダック・キノミール」というドルビ
ー・システムを備えた現代的な映画館が登場した。これは 3 年前か
らロシアに進出して映画フィルムの販売を行っていたコダック社が
開いた映画館で、当時欧米で流行し始めていた「シネコン」ではなく、
スクリーンは一つだけだった。コダック社はロシアにおける現代的
な映画館経営の可能性を試そうとしたのである [15]。観客は最新の映
画館でハリウッド製「ブロックバスター」を観るという初めての経験
をした。

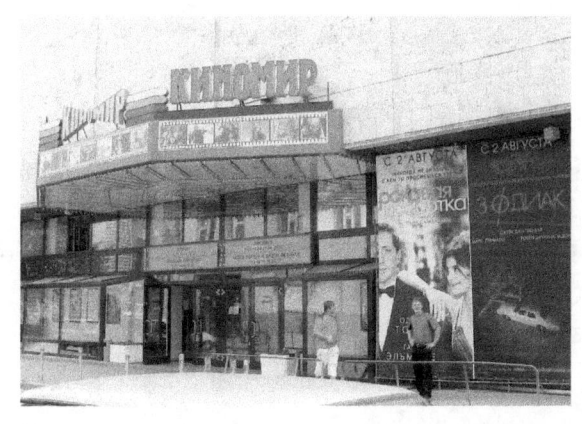

コダック・キノミール（筆者撮影、2007年夏）

　しかし、チケット代はソ連時代と比較にならないほど高額だった。モスクワでは 2000 年代までに、コダック・キノミールに続いて幾つかの現代的な劇場が建設されたが、現代の映画興行における「国際標準」たるドルビー・システムを備えた新しい劇場の登場は、映画館を一握りの人々しか利用できない高価な娯楽施設に変えてしまった。

　ロシアの映画界が本格的に復興するには、一般観客が劇場に戻ってくることが必要だった。そのためにはロシア経済全体の復興も必要だったが、観客が映画の中に自分達の分身としての主人公を見出すことができなければならなかった。90 年代半ばまで、劇場公開の当てが全くなかった「作家映画」はそうした観客の欲求に無関心だった。観客志向の映画を作ろうと試みた人々もいたにはいた（ベテランのリャザーノフやメンショフ、コンチャロフスキー、ドミトリー・アストラハンら）。しかし、ソ連崩壊後のロシアにおいて初めて大きな商業的成功を収めた「民衆映画」であるアレクサンドル・ロゴシキン監督の『民族的な狩の特色』（95）は、その収益をヴィデオ販売及びテレビ放映に頼っていた。テレビ画面でも観客に共感を与えることのできたこの作品の登場人物は、職業や身分の分け隔

てなくウォッカを飲みながら馬鹿話をして休暇を過ごす、中年以上の男性達である。中でも、いつも葉巻をくわえているだんまり屋の「将軍」ミハイルィチ（アレクセイ・ブゥルダコフ）は、国民的な人気を得て、続編、続々編でも映画の中心人物となった。しかし、こうした「民衆映画」の主人公達は、「私たちの古い映画（ナーシェ・スターロエ・キノ）」と総称されるソ連時代の典型的人物達と大して違う訳ではない。『民族的な狩の特色』は、自然の美しい田舎、休暇という、新しい苛酷な社会的現実から逃避できる牧歌的な時空間の中に、「古きよき時代」の人物達を見せただけだった。

　1990 年代後半は、経済復興の困難な時期であると同時に、一般観客と映画作家がそれぞれ手探りで、映画とその主人公を探し求めていた時代だった。1918 年から 1920 年代初頭のように、探究の時代に特有の真摯さがあり、まだ数は少なかったにせよ、時代に相応しい新人の登場もあった [16]。そして 2000 年代に入ってロシア経済が復興すると、ようやく彼らが映画作家として活躍できる状況になった。90 年代後半から 2000 年代前半にかけて彼らが作品を発表できたのは、国家の助成金だけでなくプロデューサーによる彼らの発見があったからである。

世代的体験としての「世界観」の変化

　現在に至るまでの四半世紀の間に、映画産業の内部構造も外的環境もこれほど大きく変化したからには、プロデューサー達も価値観や世界観の変化を経験せずはいられないだろう。

　ペレストロイカ時代に創作の自由が実現したこと、従来のスタジオ内外に民間製作会社が設立されて製作への規制がなくなったことに関して、セリヤノフ、トルストゥノーフ、チリヤンツの証言は一致している。セリヤノフは、国立映画大学の脚本家を既に卒業していたが、ペレストロイカが始まっていたにもかかわらずそれが信じられず、従来の制度下で監督の資格を得るため、87 年に 2 年制の

高等監督・脚本家コースに入学し直した。そして「突然、同年か或いは少し遅くに、変化が実際に起きたこと、我々は別の国に住むことになることが分かった」。彼がそれを幸福な瞬間として記憶しているのは、「本当に自由を得た」と分かったからだった。

　同時代のソ連映画界における関連事項を補足するなら、86 年 12月にテンギス・アブラーゼ監督の『ざんげ』（84)が公開されて政治的・歴史的なテーマに関するタブーが廃止され、88 年にはヴェネチア映画祭で国際批評家連盟賞を受賞した『小さなヴェーラ』（88)の公開によって性的なタブーも廃止されて、映画の内容に関する検閲は事実上、無くなった。89 年から 91 年には、映画作家達がまさに自由を謳歌するかのように作った多種多様な、現在見直しても実験的と言えるような諸作品が登場した 17。

　トルストゥノーフが語ったように、各スタジオ内に複数あった「創作班」は独立採算制の民間企業に変化した。かつての国営スタジオは事実上、共通の製作基盤を持つ小さな「スタジオ」の集合体となっていったが、ペレストロイカが破綻しソ連が崩壊するまでは、国家から製作費が「かつてのスキームで」流入していた。しかも、「モスフィルム」や「レンフィルム」のようなかつての大スタジオは、「キノコンツェルン」や「映画協会」という名称で小スタジオとは別に製作を行う権利も維持した。そのようなスタジオで働いていた監督達は、もしも作家主義的な「創作班」に所属していたり大スタジオを代表する国際的評価を得たりすれば、製作の経済的リスクをほとんど考えずに創作の自由を謳歌できる時期があったのである 18。

　セリヤノフはペレストロイカ時代を振り返って、それは「奇跡だった」と述べ、映画人としての将来への楽天的見通しと希望を感じたと回想している。仲間と共に非合法的に映画を製作・監督したほど創作への情熱が強かった彼が、ペレストロイカの意義を経済的自由よりも表現の自由に見出したのは当然であろう。彼が当時、映画

産業の来るべき危機を予測し得ず、様々な将来の夢を想い描いたことを、彼の楽天性にのみ帰すことはできない。87年から89年初めにかけてはまだ、『カプチーノ街から来た人』（87、アッラ・スーリコワ監督）や『令嬢ターニャ』（89、ピョートル・トドロフスキー監督）のようなヒット作が公開される一方で、『死者からの手紙』（86、コンスタンチン・ロプシャンスキー監督）や『日陽はしづかに発酵し・・・』（88、アレクサンドル・ソクーロフ監督)のような作家映画の製作にも国家から資金が回されていた。当時、ソ連の映画産業はまだ、「蒸気機関車」並みの効率ではなかった。

　非合法的に製作された『名の日』は、88年に「レンフィルム」スタジオで最終的な仕上げが行われ、同年に公開されている。その2年後に同スタジオで製作されたセリヤノフの第2回監督作品『聖神降臨祭』（90）は、ジャンル映画やアマチュア映画から様々な手法や設定を取り入れ、視覚的には『名の日』よりも見世物性が強い。ジャンル映画（特にミステリー）の要素を採り入れたのは商業性を意識してのことかもしれない。だが、ヴィクトル・セルゲーエフの『天才』（91）ほど娯楽に徹しているわけでもなく、ソクーロフの『セカンド・サークル』（90）ほどに映画美学の探求に専心しているわけでもないセリヤノフの映画は、海外の映画祭に招待されても配給業者から注目されるまでには至らず、国内では同業者である映画人達から評価を受けたにとどまった。だが、92年初めの段階で、セリヤノフにはまだ、同国人から自分が成功を達成したと思うかと聞かれて「例えば、タルコフスキーに、成功があったと言えるだろうか。この概念は彼の人生や情熱や創造には相応しくない」と語ることができた[19]。彼には当時まだ製作者よりも映画作家としての意識が強かったのである。

　トルストゥノーフがセルゲイ・リヴネフやヴァレーリー・トドロフスキーと共に、3人の頭文字を取った会社TTLを創立したのは、1990年である。リヴネフとトドロフスキーはそれぞれ新人監督と

して自分の作品を発表したが、トルストゥノーフは製作業務に専心した。ＴＴＬの作品は製作基盤としてのゴーリキー映画スタジオを前提としたものであり、その４年間の活動の後期には、フランスの民間資金や国家助成金に頼らざるを得なくなっていた。それらの映画は「当時の基準からすれば、かなり成功した」映画だった[20]と言うが、国内の映画興行による製作費回収が見込めない状況で、次の製作には結びつかなかった。

　セリヤノフ、トルストゥノーフ、チリヤンツの３人は、如何にして90年代の困難な状況を克服することができたのか？　それが何らかの「方法論」や「戦略」、或いは無意識的なものであるにせよ類似した行動様式の結果であるなら、所謂「形式知」に変換することも可能であろう。

　しかし、彼らのインタヴューから窺うことのできた90年代の経験は、「形式知」には決して還元し得ないものである。セリヤノフは、自分が監督として作家映画を作り、会社を設立し、プロデュース業を始めることができたのは「映画への愛」のお陰であり、他の説明はできないと語った。トルストゥノーフは、ソ連解体後のＴＴＬの活動に関して「正直言って、今でもどうやって会社が２年間存続できたのか正確に説明できない」と語った。彼がＴＴＬの解体後に創立した会社プロフィットも、95年に新興財閥ウラジーミル・グシンスキー率いる"メディア・モスト"から映画製作業務の委託を受けなければ、その後存続したかどうかは怪しい。何故なら、彼らはそれまで、「"カオス"とさえ呼べず」「要領の得た行動が不可能」の状況下で、「誰にも必要のない商品を生産」していたからである。チリヤンツは、第１回監督作品の後は自分の企画を実現することができず、ゴーリキー映画スタジオの製作部門に採用された後は監督業を断念した。そこで彼らが遂行した「低予算映画」のプロジェクトは、

あくまでも国家助成金を映画作家の世代交代のために用いる試みで
しかなかった。「どんな需要もなかった」と彼自身が語っている通り、
ベテラン監督の映画であっても興行されず「どうせ誰も見ない」ため、
製作費の回収は前提できなかった。だからこそ、ベテラン監督1人
の代わりに若者5人に機会を与えよという主張が成立しえたのであ
る。

　90年代半ばに「どんな需要もなかった」というチリヤンツの言葉
が事実と言いうるのは、国産の新作映画についてだけである。ソ連
時代の旧作や外国映画に関しては、VHSソフトやテレビ放映に対
する需要が常にあった。先に、89年始めまではソ連の映画産業は
効率的であったと述べた。しかし、それはあくまで、映画の配給と
興行のシステム（система проката）がまだ従来の形を維持してい
たからに過ぎない。国産映画への観客の需要は、その国営システム
のお陰で支えられていた面があった。当局が思想的理由により西側
からの映画輸入を制限していたからである。

　観客はソ連末期から90年代前半にかけて、時代の混沌や知識人
の困惑を反映した陰鬱な自国製作家映画から離れ、肯定的な人生観
を明快に提示したり夢想的な世界を見せて現実を忘れさせてくれた
りするハリウッド映画や、海賊版の流入もあって多様化した嗜好に
応えてくれるヴィデオソフトや、ソ連時代の旧作も含めて質の高い
国内外の映画を無料で見せてくれるテレビに移っていったのである。
93年以来ロシアの代表的映画雑誌「映画芸術」を務めてきたダニー
ル・ドンドゥレイは、2000年代に入ってから、こう述べている。

　　「40歳以上の創作家が未だに理解していないことがある。監督
　がハリウッドから完全に保護されている時代は終わったというこ
　とだ（……）アブドラシートフ、クリモフ、ゲルマンだけで
　なく、ある程度はガイダイやリャザーノフも、（ソ連共産党）中
　央委員会によってハリウッドの製品から守られていた[21]」。

アメリカ映画を年に7本までしか輸入しなかったソ連型クォーター制が廃止されたことでロシア映画がハリウッドの脅威に対して無防備になったというドンドゥレイの指摘は、全く正しい。しかし、筆者がインタヴューしたプロデューサー達と同世代の映画作家達に対する批判は、正しいとは言えない。

90年代後半から、監督も含めて映画人の中には事態を理解した人々がいた。チリヤンツが語ったように、90年代にロシア映画の世代交代を引き起こした彼らの世代には徐々に「世界観」の変化が起きて、「映画は観客のために作るべきだ」と理解した。映画生誕百年を迎えた1995年には、「レンフィルム」スタジオでアレクサンドル・ロゴシキン監督のコメディ映画『民族的な狩の特色』が製作されて一般観客にも批評家にも支持され、その後続編も作られた。セリヤノフが製作したアレクセイ・バラバノフ監督『ロシアン・ブラザー』（97）は海外の著名な映画祭で上映され日本公開もされたが、国内ではヴィデオソフトで流通しただけだった。「映画の家は映画館だ。我々は映画館のために映像や音を作っている」と語った彼は、そのことを「とても残念だ」と述べた。だが彼は、ヴィデオソフトのお陰でこの映画が一般観客に愛されてヒットしたことも認め、何もないよりは良かったと語っている。

ロゴシキンもバラバノフも、2000年代に多少ガイダイ風のコメディ映画『コペイカ』（02）を監督したイワン・ディホヴィチヌィも、90年代前半までは完全に「作家映画」の監督だった。彼らの意識が変化したのは、プロデューサー達の示唆によるというよりも、むしろ批評家達や映画学者による映画に関する言説に変化が現れたためだと思われる。なぜなら、既に90年代半ばには「映画芸術」誌上でも、アメリカのプロデューサー主義の長所に関する記事やソ連時代のヒット作に関して観客動員数を引いた分析が行われたりしているからである[22]。「映画芸術」誌にはプロデューサー達の対談やイ

ンタヴューもしばしば掲載されていたので、彼ら自身がその影響を
受けた可能性は高い。

映画政策との連携と映画文化理解

　これまでの分析から明らかなように、ペレストロイカ以降のロシ
ア映画産業の激変を経験して現在に至ったプロデューサー達の言説
からは、映画製作に関する万能の処方箋も、国境や時代を超える職
業上の「形式知」も、引き出すことはできない。トルストゥノーフは、
メディア財閥から映画製作業務を委託されたことで、チリヤンツは
国家助成金を使って新人達に創作の機会を与えたことで、セリヤノ
フは「映画への愛」と彼自身の表現によれば「脊髄かもしれない」器官
によって「非理性的な」決定を下すことで、それぞれプロデューサー
としての経験や実績を積み重ねた。彼らの言説には、文化論的に解
明できる映画観の共通性と、90 年代以降の世代的な体験を踏まえ
たその観客寄りの修正、そして映画産業と映画文化への国家助成の
役割を重視する姿勢以外には、共通する要素がない。

　ロシアにおける映画製作は、トルストゥノーフが回想しているよ
うに、97 年から回復に向かった。これは政府が導入した税制優遇
策によって民間資金が流入したためである。この政策自体は 96 年
8 月 22 日にエリツィン大統領が署名した「ロシア連邦の映画に対す
る国家支援に関する法案」に基づくものであるが [23]、脱税の温床と
なったためにプーチン政権誕生後の 2001 年に停止された [24]。90 年
代末から 2000 年代初頭にかけて、ロシアの新作テレビシリーズ製
作に映画人達も少なからず参加し、またそこから映画に進出した脚
本家や監督達もいる。そして、ＯＲＴのような国営テレビや新興民
放テレビ局が、プロフィットのような製作会社と共同で映画を作る
時代に入った。石油やガスの輸出が経済を潤し始めた。『ナイト・
ウォッチ』（04）や『第 9 中隊』（05)に代表されるロシア製 "ブ
ロックバスター" は、そのような新時代の産物である。

2000 年代半ばには、同時代の日本の 3 倍にも及ぶ国の映画関連予算[25]から、少なからぬ新人監督や脚本家が製作会社を通じて助成金を獲得することができた。彼らのアートハウス映画はカンヌやヴェネチアやベルリン等の国際映画祭で受賞し、最良のものは少なくともヨーロッパでは公開或いはソフト化された。そのような状況のもと、セリヤノフもトルストゥノーフもチリヤンツも、一方で作家映画や新人のデビュー作をプロデュースし、他方では娯楽映画を製作しつつ、自分の会社の経営を安定させることが可能になった。つまり、新人にチャンスを与えるための映画政策が、同時に彼らの映画製作に対するセーフティネットの役割も果たしたわけである。それが可能だったのは、両者（映画政策の策定者と映画製作者）の間に、文化、芸術としての映画の存続条件に関する共通の理解があったからである。

　ソ連解体後の彼らの製作活動は、程度の差はあれ、常に国家による助成金や税制優遇策に支えられていた。「映画は一つひとつが個別的なもの（штучная вещь）だ」（セリヤノフ）とか、「個々の具体的プロジェクトで（芸術性と娯楽性の）優先順位を決めることが不可欠だ」（チリヤンツ）とかいう発言は、彼ら成功しているプロデューサー達でさえ、自由市場における普遍的な成功の法則など信じていないことを示している。彼らは普遍性よりもむしろ多様性（「百花斉放」というセリヤノフのモットーを参照）や国民映画（ロシア映画）の伝統を重視している。だが、現在の世界の主要映画製作国を見渡せば、全体として国産映画がハリウッド映画よりも高い経済効率を示しているような国はほとんどない。ロシアもその例外ではなく、プロデューサー達もそれを理解している。そこから彼らの、映画全盛期に形成された諸理念への献身とも取れる行動や言説が出てくる。

　だが、本書で筆者が提示してきた映画文化の概念モデルに基づき、彼らが映画産業の中で果たしてきた「意味論的」な役割を評価するこ

とはできる。彼らの言説を分析して確かに言えるのは、彼らが3人とも、芸術として、文化としての映画の存続を自分の製作活動＝ビジネスの前提としていることである。プロデューサーとしてのキャリアを認められている彼らの口からは、映画産業が「娯楽」だけに集中すべきだとか、非効率な「作家の映画」を製作するつもりはないとか、観客が映画に芸術を求めないのは当然だとか、それに類する言葉は一度も聞かれなかった。逆に、芸術や「作家映画」の話になると彼らの言葉は次第に熱を帯びてくるのが感じられた。彼らプロデューサー達のそのような姿勢が、90年代から2000年代にかけてのロシアにおいて国産映画の多様性や芸術的水準を保証した。そのことを通じて彼らは、映画産業と他の構成要素との双方向的な相互作用の持続させ、映画文化の意味論的更新に貢献したと言えるのである。

注

[1] 映画の制度的な存在形態はこの百年間、どの国でも同じである。それは映画館という専用施設と映画作品の標準的フォーマット(1秒24コマで映写される35mmフィルム)に基づいている。この存在形態は、映画産業の歴史的展開過程において、映像の品質や平均的な上映時間、スクリーンサイズをほぼ世界共通にしたのみならず、劇映画の場合にはジャンルやスタイルにまである程度の共通性をもたらした。

[2] そうした「経済学至上主義的」とでも言いうる言説が、例えば次の論集に散見される。菅谷・中村・内山編『映像コンテンツ産業とフィルム政策』（丸善、2009年）尚、筆者が別の機会に述べたように(2010年1月10日、日本文化政策学会第3回大会における報告)、この文献の「はしがき」に「専門用語」であると書かれている「制作」と「製作」の区別は、業界内格差を助長するような日本の商習慣でしかないため、本論では全て「製作」に統一した。

[3] 2006年春にロシアの映画祭「キノタヴル」で開催された映画人の座談会における発言から。次の邦訳と原典を参照。「ファンファーレは時期尚早か？」、「映画プロデュース研究」第1号、2007年、映画プロデュース研究会、20頁。«Искусство Кино»,№9,2006,М.,С.5-21.

[4] 次の文献を参照。ロバート・スクラー『アメリカ映画の文化史（下）』、鈴木主税訳、講談社、1995年、138頁。

[5] ヴェーバー「社会科学と社会政策にかかわる認識の『客観性』」、富永祐治・立野保男訳、折原浩補訳、岩波文庫、1998年、83頁。

[6] 戦後の農村を舞台とした劇映画『議長』«Председатель» (64)に関する次の論文を参照。 Димони,"Председатель":судьбы послевоенной деревни в кинокартине первой половины 1960-х годов--в кн. «История страны/История кино»,Знак,М.,С.281-282.

[7] See:Beumers, B.,A History of Russian Cinema, "Berg",Oxford New York,p149,298.

[8] См.: Зезина,М.,Кинопрокат и массовый эритель в годы «оттепели»--в кн. «История страны/История кино»,Знак,М.,С.395.

[9] См.:Кудрявцев,С., «Свое кино», Дубль-Д,М.,1998,С.336.

[10] 「小規模」とは言え現在では考えられない規模である。70年代初頭、彼らの作品のソ連全土におけるプリント本数と観客数は、次の通りだった。イオセリアーニ『歌つぐみが生きていた』(70)—320本、260万人。タルコフスキー『アンドレイ・ルブリョフ』(71)—277本、290万人。См.:Кудрявцев,С., «Свое кино», Дубль-Д,М.,1998,С.15,66.

[11] Кудрявцев,там же,С.332.

[12] 具体的には、次の諸作品である。『鶴は翔んでゆく』(57、ミハイル・カラトーゾフ監督)、『人間の運命』(セルゲイ・ボンダルチュク監督)、『誓いの休暇』(59、グリゴリー・チュフライ監督)。トルストゥノーフは「まだ百でも挙げられる」と続けている。

[13] 映画のレパートリー多様化のために各スタジオに複数設けられていた企画部門。

[14]См.:Кудрявцев,С., «Свое кино», Дубль-Д,М.,1998,С.332.

[15] «НОВЕЙШАЯ ИСТОРИЯ ОТЕЧЕСТВЕННОГО КИНО, Часть 2. КИНО И КОНТЕКСТ том 6. 1992-1996»,СЕАНС,СПб.,2004, ст.738-741.

[16] 本書第三章を参照。

[17] 86 年から 91 年にかけて製作された、テーマ的にも表現的にも「百花繚乱」と呼ぶに相応しいそれらの諸作品に関しては、第二章を参照。

[18] 「レンフィルム」スタジオにおいて斬新な作品を監督して国際的評価を得ていた映画作家の多くは、そのような特殊な状況と、当時所長だったアレクサンドル・ゴルトヴァの作家主義的な方針の恩恵を被っていた。西欧の映画祭で度々回顧上映が行われたこのスタジオも、間もなく経営的な危機に陥り、90 年代半ばには人員削減により閑散としていた。

[19] См.:Сельянов, С., «По ту сторону высокого и низкого» /Искусство кино,№.2,1992.ст.101

[20] リヴネフの『キクス』(91)やトドロフスキーの『愛』(91)を指すと思われる。

[21] См.: «90-е.Кино,которое мы потеряли»(сост.Малюкова, Л.),Зебра-Е,М.,2007,С.5. 尚、ここで挙げられているワジーム・アブドラシートフ、エレム・クリモフ、アレクセイ・ゲルマンは「雪解け」以降にデビューした「作家映画」の代表者達であり、ガイダイとリャザーノフは「雪解け」期からソ連末期まで一貫して大衆的人気を保った喜劇映画監督である。

[22] 例えば、1995 年 4 月号には、ソ連時代からのリャザーノフ監督に関する 23 頁の特集に続いて、「ビジネスとしての映画」と名付けられた 63 頁にも渡る特集がある。また、同年 11 月号には、ネーヤ・ゾールカヤによるソ連時代の大ヒット作の観客動員数と「作家映画」のそれを比較した論説が掲載されている。См.: «Искусство кино»,№.4,1995,С.28-115, №.11,1995,С.118-127.

[23] См.: «Новейшая История Отечественного Кино, Часть 2. КИНО И КОНТЕКСТ том 6. 1992-1996»,СЕАНС,СПб.,2004,С.725-726.

[24] См.: «90-е.Кино,которое мы потеряли»(сост.Малюкова, Л.),Зебра-Е,М.,2007,С.6. ダニール・ドンドゥレイによれば、先進国において映

画製作への税制優遇を利用したマネーロンダリングの資金比率は全体の2－3％に過ぎないが、2001年のロシアにおいては平均して90－92％だったという。

25 2002年から2005年、及び2006年から2010年までのロシアの映画関連予算内訳に関しては、ロシア文化省ＨＰの次の各ページを参照(2011年1月14日確認)。
http://mkrf.ru/documentations/583/detail.php?ID=61441
http://fcpkultura.ru/fcp_main/docs/supplement2.html

日本における平成20年(2008年)度、21年(2009年)度の映画関連予算内訳に関しては、文化庁ＨＰの次の各ファイルを参照(2011年1月14日確認)。
http://www.bunka.go.jp/bunka_gyousei/yosan/pdf/20_shuyoujikou.pdf
http://www.bunka.go.jp/bunka_gyousei/yosan/pdf/21_shuyoujikou.pdf

結びに代えて—日本の映画文化への教訓

　ロシアの映画製作者や映画作家にとって比較的快適だった時代は、世界同時不況の到来と共に終わったようである。有名な脚本家で90年代から国立映画大学の脚本科主任を務めているユーリィ・アラボフは、2009年末「映画芸術」誌に掲載された鼎談でこう語っている。「この7〜8年間、我が国の状況は好ましかった。（……）映画を作りたい者は誰でも作れた」。「だから、もうすぐ我々は皆、"肥沃な石油の時代"にアートハウス映画の最盛期があったという結論に達するだろう。それなのに我々は、罵って、満足せず、愚痴を言っていたのだ」[1]。アラボフの懸念を裏づける客観的データがある。

　それは、1990年代末からロシアでアートハウス映画を専門に配給してきた「国境なき映画」の創設者サム・クレバノフが「映画芸術」誌の2010年8月号に発表した、アートハウス映画の興行成績の国際比較を中心とする統計資料である[2]。それによれば、現在ロシアには十分なスクリーン数があり、興行自体は全体として主要な映画製作国にそれほど劣らないにもかかわらず、アートハウス映画を映画館で見る観客の比率は北米諸国やスペイン、南米の一部の国々、アメリカ、韓国よりも低いのである。

　今後のロシア映画がどのような展開を見せるか、予測は難しい。しかし、90年代の、スターリン時代末期よりも製作本数が落ち込んだ時代を乗り切った人々が映画産業の中核をなしている事実や、映画雑誌を中心に観客や映画政策、映画教育を含めた映画の諸領域を分した言説が途絶えていない事実は、ある程度の希望を与えてくれる。

世界の主要な映画製作国では、スタジオ・システム崩壊後も、産業としては非効率になってしまった映画のあり方（他の文化的商品と比べて格段に高い製作費と宣伝費、スペクタクル性、大劇場での興行）を維持している。それはなぜだろうか。

　半透明のフィルムに映写機の光を透過させて専用施設で上映する「映画」の制度的な存在形態は、この百年間変わっていない。1970年代末以降は、70mmフィルムが殆ど使用されることがなくなり、35mmフィルムと幾つかの主要なスクリーン・サイズ（スタンダード、アメリカ式及びヨーロッパ式ヴィスタ、シネスコ）、ドルビー・サウンドが世界標準的な規格となった。ワイドスクリーンや多チャンネル音声によって多様化するかに見えた映画の存在形態は、スタンダード・サイズの減少やモノラル音声の事実上の消滅によって、再び均一化に向かった。

　ＤＶＤやＢＤといった記録メディアと、多チャンネルとワイドスクリーン・モニターを備えた「ホームシアター」システムの登場は、映画の消費形態を多様化させただけであり、映画の伝統的な存在形態への人々の信頼感は逆に高まったと思われる。「ホームシアター」における、16：9の比率を持つ横長画面と高解像度、サラウンド音声との結合は、映画館が「映画の家」（セリヤノフ）であるという共通の認識を強化しただけだった。おそらくこの認識こそが、映画文化においてブルデューの言う「イルーシオ」の基礎となっている。それは芸術か娯楽か、ハリウッド映画か国民映画か、といった区別を超えた、映画文化の本質的な「共同幻想」である。だからこそ、「文化産業」である映画産業は、経済的には既に非効率になってしまった、大集団による暗いホールでの鑑賞を前提とする映画製作や映画興行をやめることができないのだ。

　この20年間、シネマコンプレックスの普及やアメリカ製ブロックバスターの商業的成功によって一般観客の目に触れやすい映画の相貌はますます均一化し、このメディア及び芸術に対するある種の

錯覚を普及させることになった。それは、映画が世界中どこでも程度の差はあれ同じ産業形態のもとで製作され、同じ基準に基づいて消費されている、それ故に世界市場を制覇したハリウッド映画がモデルになり得るという錯覚である。

　第四章で分析したプロデューサー達のインタヴューからも明らかなように、プロの映画製作者達はそのような錯覚には陥ってはいない。彼らは、映画観客の嗜好や映画人達の価値観には、国や地域によってかなり差異があることを知っている。彼ら自身が、意識的にその差異を担い、継承しているのである。

　映画文化が上記のようなものである以上、その研究から実利的な（経済的利益を保証するような）結論を期待するのは難しいであろう。そもそも学問に実利だけを求めるのは、卑しい思想である。しかし、本研究から日本の映画製作（及び政策）への教訓が全く得られないわけではないので、それをもって本書の結論に代えたい。

　私達は、ハリウッド製ブロックバスターの世界的成功が極めて例外的な現象であることを、まず認めねばならない。北米では現在でも国民1人が平均して4回映画館を利用するが[3]、これは日本人の1回強に比べて非常に多く、ヨーロッパ主要映画製作国よりも多い。ブロックバスターと呼ばれる映画の成功は、そのような国内需要があった上で、一握りのプロデューサーや監督達が、ハリウッド映画に関する神話や使用言語が国際公用語である利点、世界市場での優位性を利用し、膨大な製作費をかけた大作を世界に送り出した結果である。ヨーロッパの主要映画製作国の映画政策が、程度の差はあれ保護主義的であったりアートハウス映画の製作や普及を推進したりしているのは、偶然ではない。ハリウッド映画と同じ土俵に立って勝負することは、そもそも無謀であり、国民映画を崩壊に導くからである。

極端な低予算映画で世界に乗り出す戦略もまた、世界市場における優位性があればこそ成立する。ロシアや日本の映画にはそれがない。チリヤンツによると、ゴーリキー映画スタジオで90年代後半に実施された「低予算映画」プロジェクトでは、長編劇映画1本当り平均して30,000ドルの予算があったという。96年以降2000年代に入る前までのドル円レートを考えれば、日本円で3千万円以上に相当する。この予算は、アメリカの低予算映画『ブレアウィッチ・プロジェクト』（99）の10倍以上であり、当時も現在も日本映画では特別に「低予算」とは言えない。トルストゥノーフがインタヴューで具体的数字を挙げているので分かりやすいが、ロシアで「普通の」映画（商業映画でもアートハウス映画でも大体同じだとされる）の予算は、150万ドルつまり1億円以上である。これは日本においても普通の映画の予算であり、両国の映画は平均予算においては近いと言えるのである。少なくとも、最近のアメリカ映画におけるほど極端な低予算映画とブロックバスターとの落差は、ロシアや日本の映画にはない。

　現在ロシア映画が陥っている苦境の主因は、監督やプロデューサー達の意識変革だけでは解決しえない。特に問題なのは、2000年代に入ってから製作へはかなりの助成金が出たにもかかわらず、配給・興行の面がほとんど市場原理だけに委ねられてきたことであろう。そして、日本の場合と同じく、90年代後半から2000年代前半にかけてその「野蛮な市場」で製作の中心となったのは、映画の新参者でありながら身の丈に合わない大作と、しばしば内容空疎な「娯楽」作品を連打したテレビ局だった。セリヤノフが「予想が外れた」ことを残念がっていた映画産業復興後のアートハウス映画の観客数横ばい状態も、トルストゥノーフが「仲間と過ごす余暇の一部」でしかなくなったと嘆いていた現代の若者の鑑賞態度も、原因の一つはそこに見出せる（もう一つの大きな原因は、作家映画を愛好していた知識人達の国外流出である）。

観客や配給業者や興行者が、技術的な面でもまたスタイルの面で
もハリウッド製大作映画を理想的な映画のモデルとして想定するよ
うになれば、中小の製作会社は低予算作品への需要減少の結果困窮
し、国産映画の独自性や多様性が急速に失われる。現在の日本やロ
シアのように、スタジオ・システム全盛時代と比べて映画館の利用
者が 10 分の 1 かそれ以下にまで激減してしまった国では、少数の
大手による映画市場の寡占が起きるであろう。映画史が豊富な実例
をもって示しているように、寡占は映画の内容と表現まで凡庸に
「規格化」する。その結果予想されるのは、スターリン時代末期のソ
連や 90 年代のロシアのような、観客の映画離れと映画文化の長期
的停滞である。日本映画にとってロシア映画の現状は、対岸の火事
ではないのである。

注

[1] Арабов,Ю., «Долго ли мы будем заниматься не своим
делом?»/Искусство кино,№.12,2009.С.6.

[2] Клебвнов,С., «Артхаус в нокауте» /Искусство кино,№.8,2010.С.23-31.

[3] 次のＵＲＬにあるＭＰＡＡ(Motion Picture Accosiation of America)の
2010 年度報告書を参照。6 頁(2011 年 3 月 2 日確認)。
http://www.mpaa.org/Resources/653b11ee-ee84-4b56-8ef1-
3c17de30df1e.pdf

参考文献一覧

1. 板垣鷹穂「映畫の『眼と耳』―發達史的考察の序章―」、「キネマ旬報」1950年 4 月上旬号（第 79 号）

2. 関本照夫「文化概念の用法と効果」（『岩波講座　文化人類学　第一三巻　文化という課題』に所収、岩波書店、1998 年）

3. 田村克己「政治のなかの文化―文化政策の背景を考える―」（同上）

4. 増成隆士「『映像の時代』の映像のステイタス」（大森康宏編『二〇世紀における諸民族文化の伝統と変容 2　映像文化』、ドメス出版、2000 年）

5. 藤井仁子「文化する映画―昭和十年代における文化映画の言説分析」、「映像学」第 66 号、2001 年、2 – 55 頁

6. 森岩雄「第八藝術一噺夕」、「キネマ旬報」1950 年 4 月上旬号（第 79 号）

7. 米山リサ「文化という罪―「多文化主義」の問題点と人類学的知―」（『岩波講座　文化人類学　第一三巻　文化という課題』に所収、岩波書店、1998 年）

8. 『映畫文化論』、第一藝文社、1941 年

9. 『映像コンテンツ産業とフィルム政策』、丸善、2009 年

10. 『国際映画新聞　第 4 巻　第 20〜第 22 号』、ゆまに書房、2005 年

11. 『全集　黒澤明』第二巻、岩波書店、1987 年

12. エドガール・モラン『映画　あるいは想像上の人間〔第 2 版〕』、渡邉淳訳、法政大学出版局、1983 年

13. エドガール・モラン『スター』、渡辺淳・山崎正巳訳、法政大学出版局、1976 年

14. グイド・アリスタルコ『映画理論史』、吉村信次郎・松尾朗訳、みすず書房、1962 年

15. ニコライ・ベルジャエフ『ロシヤ思想史』、田口貞夫訳、ペリカン社、1974 年

16. ピエール・ブルデュー『ディスタンクシオン〔社会的判断力批判〕Ⅰ』、石井洋二郎訳、藤原書店、1990 年

17. ブルデュー『実践感覚　1』、今村仁司・港道隆　訳、みすず書房、1988 年

18. ベラ・バラージュ『視覚的人間』、佐々木基一・高村宏訳、岩波書店、1986 年

19. マックス・ヴェーバー「社会科学と社会政策にかかわる認識の『客観性』」、富永祐治・立野保男訳、折原浩補訳、岩波文庫、1998 年

20. ミハイール・バフチーン『フランソワ・ラブレーの作品と中世・ルネッサンスの民衆文化』（川端香男里訳）、せりか書房、1980 年

21. ヤン・ムカジョフスキー「社会的事実としての美的機能、規範および価値」（平井正・千野栄一訳『チェコ構造美学論集』、せりか書房、1975 年

22. リュボーフィ・アルクス（編）『ソクーロフ』、西周成訳、パンドラ・現代書館、1996 年

23. ルドルフ・アルンハイム『芸術としての映画』、志賀信夫訳、みすず書房、1960 年

24. ローランド・ロバートソン『グローバリゼーション』、阿部美哉訳、東京大学出版会、1997 年

25. ロバート・スクラー『映画がつくったアメリカ』、鈴木主税訳、平凡社、1980 年

26. ロラン・バルト「現代における食品摂取の社会心理学のために」（『物語の構造分析』、花輪光訳、みすず書房、1979 年に所収）

27. Beumers, B.,"A History of Russian Cinema", Oxford-New York, 2009.

28. Clifford,J., "The Predicament of Culture", Harvard University Press,1988.

29. Golovskoy,V.,"Behind the Soviet Screen",.Ardis:Ann Arbor,1986.

30. Harbord,J.,"Film Cultures",SAGE publications,2004.

31. Harbord,J.,"The Evolution of Film",Polity,Cambridge,2007.

32. Kenez, P.,"Cinema and Soviet Society:From the Revolution to the Death of Stalin", I.B.Tauris: London,2001.

33. Lawton,A., "Kinoglasnost:Soviet cinema in our time,Cambridge University Press:Cambridge,1992.

34. Lawton,A., "Before the Fall Soviet cinema in the Gorbachev Years, New Academia Publishing: Washington,DC,2002.

35. Lawton,A.,"Imaging Russia Film and Facts", New Academia Publishing, Washington,DC;2004.

36. Shlapentokh, V.,"Public and Private Life in Soviet People, Oxford University Press:New York, 1989.

37. Stites, R., "Russian popular culture", Cambridge University Press: Cambridge,1992.

38. Taylor, R.and Christie I.(ed.), "The Film Factory ", Routledge:London and New York,,1994.

39. Plakhov, A., "IKO SHASHVI MGALOBELI/LIVED ONCE A SONG-THRUSH"in "The Cinema of Russia and The Former Soviet Union" ed. by Birgit Beumers, Wallflower Press:London,2007.

40. Prokhorova,E.,SVOI SREDI CHUZHIKH,CHUZHOI SREDI SVOIKH in "The Cinema of Russia and The Former Soviet Union"ed. by Birgit Beumers, Wallflower Press:London,2007.

41. Selianov,S.,Cinema and Life" in "Russia on Reels The Russian Idea in Post-Soviet Cinema", B.T.Tauris: London,1999 and 2006.

42. Stevens, B., From art-house to our house in "International Film Guide 2008" ed. By Ian Hayden Smith, Wallflower Press, London & New York.

43. "Cinemagoing Russia", Dodona Research,2003.

44. Изволов Н., ФЕНОМЕН КИНО История и теория. 2-й изд., М., "Материк", 2005.

45. Кудрявцев,С., «Свое кино», Дубль-Д,М.,1998.

46. Масленников, И.,Бейкер-Стрит на Петроградадской, СЕАНС/Амфора, СПб., 2007

47. Параджанов, С.,«Дремлющий дворец»:Киносценарии,Азбука-классика, СПб.,2006.

48. Салтыков-Щедрин М.Е., «История одного города Господа Головлевы Сказки», Мир книги,М.,2007.

49. Фрейлив, С., «Теория кино:От Эйзнштейна до Тарковского»,Искусство, М.,1992.

50. Арабов, Ю., «Долго ли мы будем заниматься не своим делом?»/Искусство кино,2009,№.12.

51. Балабанов, А., «Всегда живем в России» // «Искусство кино», 2007.№.7.

52. Бердяев,Н.,Новое средневековье—в кн. «Смысл творчества»,АСТ,М,2002.

53. Волкова,П.,Объяснение необъяснимого—в кн. «Профессия— кинематографист: Высшие курсы сценаристов и режиссеров эа 40 лет»,У-Фактория, Екатеринбург, 2004.

54. Волобуев , О.,После XX съеъзда: «Карнавальная ночь» --в кн. «История страны/История кино»,Знак, М.,2004.

55. Голутва, А., Пора привыкать // «СЕАНС» №.4, Л.,1991,ст.13.

56. Гройс, Б.,Играем в чужую игру. // «Искусство кино»,1994 ,№ 10

57. Дандурей,Д.,Местоблюститель—в кн.«90-е.Кино, которые мы потеряли »(сост.Лариса Малюкова), Зебра Е,М.,2007.

58. Дашкова,Т,Любовь и быт в кинофильмах 1930- начала 1950-х годов--в кн. «История страны/История кино»,Знак,М.,2004.

59. Димони, Т.,«Председатель»:судбы послевоенной деревни в кинокартине первой половины 1960-х годов--в кн. «История страны/История кино»,Знак, М.,2004.

60. Дондурей, Д.,Благо разорения. // «Киноведческие записни» №.9,М.,1991.

61. Дондурей, Д.,Щаг вперед,два шага назад. // «Искусство кино»,1994 ,№ 7.

62. Дубин, Б.,Формула успеха// «Искусство кино»,1995,№ 4.

63. Ерофеев, А., Десоветизация искусства// «Искусство кино»,2008,№9.

64. Зезина,М.,Кинопрокат и массовый эритель в годы «оттепели»--в кн. «История страны/История кино»,Знак, М.,2004.

65. Зоркая, Н.,Советский кинотеатр, или Что там было на самом деле в прошлые годы// «Искусство кино», 1995.№.11.

66. Клебанов, С., «Артхаус в нокауте» /Искусство кино,2010,№.8,2010.

67. Кречетова,Р.,В поисках гармонии// «Искусство кино», 1980.№.5.

68. Манцов,И.,Дурно пахнут мертвые слова—в кн.Молодое pro кино,М.,2008.

69. Масленников,И.,Идеализм модели // «СЕАНС» №.1, киностудия «Ленфильм», Л.,1990.

70. Озерова, Н., НЕ вчера, сегодня, завтра // «СЕАНС» №1, Л.,1990.

71. Панфилов, Г., Тарковский А., Итальянский диалог: разговор, записанный Ольгой Сурковой в 1982 году в Риме // «Искусство кино», 1995.№11.

72. Плахов, А.,Антонони—постмодернист? // «Искусство кино», 1992.№.10.

73. Розовская, М., «Неродиська»—наше все // «Искусство кино», 2007.№.4.

74. Руднев, О.,«Совэкспортфильм;Если все займутся коммерцией,кто будет делать искусство?» // «Советский фильм», №.8,1989.

75. Савельев, Д.,С ярмарки. // «СЕАНС» №.6, СПб.,1992.

76. Сулькин, О.,И другие долгие дела—в ки «Молодые pro кино», Эльф ИПР,М.,2008.

77. Трегубович,В., Хозрасчет должен попасть в цель// «СЕАНС» №.1,Л.,1990.

78. Трофименков,М. Правила игры для игры без правил// «СЕАНС» №.6, СПб.,1992.

79. Туровская, М., Фильмы "холодной войны"как документ эмоции времени--в кн. «История страны/История кино»,Знак, М.,2004.

80. Шилова, И.,О звуковом строе современного фильма—в кн. «Что такое язык кино», «Искусство»,М.,1989.

81. Шилова, И.,Посмотрены и забыты—в кн.«90-е.Кино,которое мы потеряли» (сост.Малюкова, Л.), Зебра Е,М.,2007.

82. О массовых киновкусах и кинопредпочтениях// «Искусство кино»,1995,№ 4.

83. Ленинград, ноябрь и больше никогда // «СЕАНС» №.6, СПб.,1992.

84. Служба Новостей Сеанса// «СЕАНС» №.6, СПб.,1992.

85. «Андрей Тарковский»(сост.П.Д.Волкова), «Подкова»,М., 2002.

86. «Полка»:Документы.Свидетельства.Комментарии.Выпуск 3 (сост.В.И.Фомин),Материк,М.,2006.

87. «НОВЕЙШАЯ ИСТОРИЯ ОТЕЧЕСТВЕННОГО КИНО, Часть 2. КИНО И КОНТЕКСТ том 4. 1986-1988», СЕАНС,СПб.,2002.

88. «НОВЕЙШАЯ ИСТОРИЯ ОТЕЧЕСТВЕННОГО КИНО, Часть 2. КИНО И КОНТЕКСТ том 5. 1989-1991», СЕАНС,СПб.,2004.

89. «НОВЕЙШАЯ ИСТОРИЯ ОТЕЧЕСТВЕННОГО КИНО, Часть 2. КИНО И КОНТЕКСТ том 6. 1992-1996»,СЕАНС,СПб.,2004.

90. «НОВЕЙШАЯ ИСТОРИЯ ОТЕЧЕСТВЕННОГО КИНО, Часть 2. КИНО И КОНТЕКСТ том 7. 1997-2000», СЕАНС,СПб., 2004.

91. «КИНО Энциклопедический словарь»,Советская энциклопедия, М.,1987.

92.   «Кино—глаз», 1997,№.18.

93.   Масленников,И.,«Прикючения Шарлока Холмса и доктора Ватсона. Король шантажа Смертельная схватка Охота на тигра»,Торнадо видео,М.,2002.

94.   Масленников,И., «Двадцатый век начинается»,Торнадо видео,М.,2003.

95.   Seilyan N.,B., Nuri Bilge Seylan : The Early Works,Artificial Eye,ART 297DVD

96.   Seilyan N.,B.,«Отчуждение(UZAK)», DVD land,DL-003,2005.

97.   Seilyan N.,B.,"CLIMET",Zeitgeist Films, Z10990,2007.

映画題名一覧 （ロシア、ソ連及びＣＩＳ諸国の映画のみ）

（　）内は製作年（公開年又は国内外での映画祭での上映年が大きく異なる場合は／の後に併記）、原題（複数ある場合は併記）、監督名の順。

1. 『赤い子悪魔』(1923、«Красные деяволята». «Tsiteli eshmakunebi »、イワン・ペレスチアーニ)

2. 『戦艦ポチョムキン』(1925、«Броненосец Потёмкин»、セルゲイ・エイゼンシュテイン)

3. 『イワン』（1932、«Иван»、アレクサンドル・ドヴジェンコ）

4. 『脂肪の塊』（1934、«Пышка»、ミハイル・ロンム）

5. 『陽気な連中』（1934、«Весёлые ребята»、グリゴリー・アレクサンドロフ）

6. 『チャパーエフ』(1934、«Чапаев»、ゲオルギー＆セルゲイ・ワシーリエフ)

7. 『幸福』（1935、«Счастье»、アレクサンドル・メドヴェトキン）

8. 『サーカス』（1936、«Цырк»、グリゴリー・アレクサンドロフ）

9. 『アレクサンドル・ネフスキー』(1938、«Александр Невский»、セルゲイ・エイゼンシュテイン)

10. 『イワン雷帝』第一部（1944、«Иван Грозный»、セルゲイ・エイゼンシュテイン）

11. 『カーニヴァルの夜』(1956、«Карнавальная ночь»、エリダル・リャザーノフ)

12. 『鶴は翔んでゆく』(1957、«Летят журавли»、ミハイル・カラトーゾフ)

13. 『人間の運命』（1959、«Судьба человека»、セルゲイ・ボンダルチュク）

14. 『誓いの休暇』（1959、«Баллада о солдате»、グリゴリー・チュフライ）

15. 『一年の九日』(1962、«Девять дней одного года»、ミハイル・ロンム)

16. 『私はモスクワを歩く』(1963、«Я шагаю по Москве»、ゲオルギー・ダネーリヤ)

17. 『私は二〇歳』(1964、«Мне двадцать лет»、マルレン・フツィーエフ)

18. 『コーカサスの女囚、或いはシューリクの新たな冒険』(1966、«Кавказская пленница, или Новые приключения Шурика»、レオニード・ガイダイ)

19. 『マリノフカでの婚礼』(1967、«Свадьба в Малиновке»、アンドレイ・トゥ
    ィシキン)

20. 『トレンビータ』(1968、«Трембита»、オレーグ・ニコラーエフスキー)

21. 『閑散期』(1968、«Мёртвый сезон»、サーヴァ・クリシ)

22. 『荒野の白い太陽』(1969、«Белое солнце пустыни»、ウラジーミル・モテ
    ィル)

23. 『アンドレイ・ルブリョフ』(1966／71、«Андрей Рублев»、アンドレイ・タ
    ルコフスキー)

24. 『歌つぐみが生きていた』(1971、«Жил певчий дрозд»、オタール・イオセ
    リアーニ)

25. 『チェブラーシカ』(1971、«Чебурашка»、ロマン・カチャーノフ)

26. 『思いがけぬ喜び』(1972、«Нечаянные радости»、ルスタム・ハムダーモ
    フ)

27. 『レーサー達』(1972、«Гонщики»、イーゴリ・マスレンニコフ)

28. 『惑星ソラリス』(1972、«Солярис»、アンドレイ・タルコフスキー)

29. 『赤いカリーナ』(1973、«Калина красная»、ワシーリー・シュクシーン)

30. 『ざくろの色』(1970／73、«Цвет граната»、セルゲイ・パラジャーノフ)

31. 『光と影のバラード』(1974、«Свой среди чужих,чужой среди своих»、ニ
    キータ・ミハルコフ)

32. 『恋人たちのロマンス』(1974、«Романс о влюбленных»、アンドレイ・コン
    チャロフスキー)

33. 『鏡』(1974、«Зеркало»、アンドレイ・タルコフスキー)

34. 『きつつきの頭は痛まない』(1974、«Не болит голова у дятла»、ディナ
    ラ・アサーノワ)

35. 『愛の奴隷』(1975、«Раба любви»、ニキータ・ミハルコフ)

36. 『思い出の夏休み』(1975、«Сто дней после детства»、セルゲイ・ソロヴィ
    ヨフ)

37. 『田園詩』 (1976、«Пастраль»、オタール・イオセリアーニ)

38. 『処刑の丘』(1976、«Восхождение»、ラリーサ・シェピチコ)

39. 『ミミノ』(1977、«Мимино»、ゲオルギー・ダネーリヤ)

40. 『干草の上の犬』(1977、«Собака на сене»、ヤン・フリード)

41. 『神父セルギー』(1978、«Отец Сергий»、イーゴリ・タランキン)

42. 『待ち合わせ場所、変えるべからず』（1979、«Место встречи изменить нельзя»、スタニスラフ・ゴヴォルーヒン）

43. 『これがあのミュンヒハウゼン』（1979、«Тот самый Мюнхгаузен»、マルク・ザハーロフ）

44. 『秋のマラソン』（1979、«Осенний марафон»、ゲオルギー・ダネーリヤ）

45. 『ガレージ』（1979、«Гараж»、エリダル・リャザーノフ）

46. 『ストーカー』（1979、«Сталкер»、アンドレイ・タルコフスキー）

47. 『モスクワは涙を信じない』（1979、«Москва слезам не верит»、ウラジーミル・メンショフ）

48. 『搭乗員』（1980、«Экипаж»、アレクサンドル・ミッタ）

49. 『テヘラン 43 』（1980、«Тегеран-43»、ウラジーミル・ナウーモフ＆アレクサンドル・アーロフ）

50. 『降格者』（1980、«Разжалованный»、アレクサンドル・ソクーロフ）

51. 『ロマノフ王朝の最期』（1975／81、«Агония»、エレム・クリモフ）

52. 『田舎の物語』（1981、«Деревенская история»、ヴィターリー・カネフスキー）

53. 『絆』（1981、«Родня»、ニキータ・ミハルコフ）

54. 『ふたりの駅』（1982、«Вокзал для двоих»、エリダル・リャザーノフ）

55. 『列車は止まった』（1982、«Остановился поезд»、ワジーム・アブドラシートフ）

56. 『涙がこぼれた』（1982、«Слезы капали»、ゲオルギー・ダネーリヤ）

57. 『直系の後継者』（1982、«Наследница по прямой»、セルゲイ・ソロヴィョフ）

58. 『夢と現での飛翔』（1982、«Полет во сне и наяву»、ロマン・バラヤン）

59. 『声』（1982、«Голос»、イリヤ・アヴェルバフ）

60. 『嘘のような話』（1983、«Небывальщина»、セルゲイ・オフチャロフ）

61. 『ジャズメン』（1983、«Мы из джаза»、カレン・シャフナザーロフ）

62. 『選良達』（1983、«Избранные»、セルゲイ・ソロヴィョフ）

63. 『パッツァーニ』（1983、«Пацаны»、ディナラ・アサーノワ）

64. 『戦場のロマンス』（1983、«Военно-полевой роман»、ピョートル・トドロフスキー）

65. 『シャーロック・ホームズとワトソン博士の冒険　アグラの財宝』(1983、
「Приключения Шерлока Холмса и доктора Ватсона:Сокровища Агры」、
イーゴリ・マスレンニコフ)

66. 『街角のブロンド女』(1983、「Блондинка за углом」、ウラジーミル・ボル
ツコ)

67. 『惑星直列』(1984、「Парад планет」、ワジーム・アブドラシートフ)

68. 『青い山』(1984、「Голубые горы, или Неправдоподобная история」、エリ
ダル・シェンゲラーヤ)

69. 『愛しい、大切な、最愛の、ただ一人の』(1984、「Милый,дорогой,
любимый,единственный...」、ディナラ・アサーノワ)

70. 『わが友イワン・ラプシン』(1984、「Мой друг Иван Лапшин」)

71. 『ガーグラの冬の晩』(1985、「Зимний вечер в Гаграх」、カレン・シャフナ
ザーロフ)

72. 『単純な死』（1985、「Простая смерть」、アレクサンドル・カイダノフスキ
ー)

73. 『ヒレ肉のためのレクイエム』(1985／88、「Реквием по филею」、エフゲニ
ー・ツィムバル)

74. 『冬のチェリー』(1985、「Зимняя вишня」、イーゴリ・マスレンニコフ)

75. 『シャーロック・ホームズとワトソン博士の冒険　二〇世紀が始まる』(1986、
「Приключения Шерлока Холмса и доктора Ватсона:Двадцать век
начинается」、イーゴリ・マスレンニコフ)

76. 『М.Е.』(1986、「М.Е.」、イーゴリ＆グレープ・アレイニコフ)

77. 『白い鳩』(1986、「Чужая,Белая и Рябой」、セルゲイ・ソロヴィヨフ)

78. 『死者からの手紙』(1986、「Письма мертвого человека」、コンスタンチ
ン・ロプシャンスキー)

79. 『ネプチューン祭』(1986、「Праздник Нептуна」、ユーリィ・マミン)

80. 『左利き』(1986、「Левша」、セルゲイ・オフチャロフ)

81. 『魔除けよ、私を守ってくれ』(1986、「Храни меня,мой талисман」、ロマ
ン・バラヤン)

82. 『ざんげ』(1984／1987、「Покаяние」、テンギス・アブラーゼ)

83. 『主人公のための鏡』(1987、「Зеркало для героя」、ウラジーミル・ホチネ
ンコ)

84. 『メッセンジャー・ボーイ』(1987、「Курьер」、カレン・シャフナザーロフ)

85.　『テスト・パイロット』（1987、«Испытатель»、イワン・ディホヴィチヌイ）

86.　『強盗』（1987、«Взломщик»、ヴァレーリー・オゴロドニコフ）

87.　『ロック』（1987、«Рок»、アレクセイ・ウチーチェリ）

88.　『翌日戦争が始まった』（1987、«Завтра была война»、ユーリィ・カラ）

89.　『黒い瞳』（1987、"Oci ciornie" «Очи черные»、ニキータ・ミハルコフ）

90.　『カプチーノ街から来た人』（1987、«Человек с бульвара Капуцинов»、アッラ・スーリコワ）

91.　『フルートのための忘れられたメロディ』（1987、«Забытая мелодия для флейты»、エリダル・リャザーノフ）

92.　『そして誰もいなくなった』（1987、«Десять негритят»、スタニスラフ・ゴヴォルーヒン）

93.　『アッサ』（1987、«Acca»、セルゲイ・ソロヴィヨフ）

94.　『孤独な声』（1978／87、«Одинокий голос человека»、アレクサンドル・ソクーロフ）

95.　『痛ましき無関心』（1983／87、«Скорбное бесчувствие»、アレクサンドル・ソクーロフ）

96.　『夜の犠牲』（1984／87、«Жертва вечерняя»、アレクサンドル・ソクーロフ）

97.　『革命的エチュード』（1987、«Революционный этюд»、イーゴリ＆グレープ・アレイニコフ、エフゲニー・コンドラチェフ）

98.　『五十三年の寒い夏』（1988、«Холодное лето пятьдесят третьего...»、アレクサンドル・プロシキン）

99.　『地域規模の非常事態』（1988、«ЧП районного масштаба»、セルゲイ・スニェシキン）

100.　『小さなヴェーラ』（1988、«Маленькая Вера»、ワシーリー・ピチュル）

101.　『竜を殺す』（1988、«Убить дракона»、マルク・ザハーロフ）

102.　『名の日』（1980／1988、«День ангела»、セルゲイ・セリヤノフ＆ニコライ・マカーロフ）

103.　『黒衣の僧』（1988、　«Чёрны монах»、イワン・ディホヴィチヌィ）

104.　『僕の無事を祈ってくれ』（1988、«Игла»、ラシッド・ヌグマノフ）

105.　『日陽はしづかに発酵し・・・』（1988、«Дни затмения»、　アレクサンドル・ソクーロフ）

106.　『合法的泥棒』（1988、«Воры в законе»、ユーリィ・カラ）

107. 『泉』(1988、«Фонтан»、ユーリィ・マミン)

108. 『ミスター・デザイナー』(1988、«Господин оформитель»、オレーグ・テプ
ツォフ)

109. 『ロック・スタイルの悲劇』(1988、«Трагедия в стиле рок»、サーヴァ・ク
リシ)

110. 『下僕』(1988、«Слуга»、ワジーム・アブドラシートフ)

111. 『灯油売りの妻』(1988、«Жена керосинщика»、アレクサンドル・カイダノ
フスキー)

112. 『弁護人セドーフ』(1988、«Защитник Седов»、エフゲニー・ツィムバル)

113. 『令嬢ターニャ』 (1989、«Интердевочка»、ピョートル・トドロフスキー)

114. 『それ』(1989、«Оно»、セルゲイ・オフチャロフ)

115. 『黒バラは悲しみの印、赤バラは愛の印』(1989、«Черная роза— эмблема
печали, красная роза— эмблема любви»、セルゲイ・ソロヴィョフ)

116. 『ミュージアム・ビジター』(1989、«Посетитель музея»、コンスタンチン・
ロプシャンスキー)

117. 『ここに誰かがいた』(1989、«Здесь кто-то был»、イーゴリ&グレープ・ア
レイニコフ)

118. 『プリシヴィンの紙の目』(1989、«Бумажные глаза Пришвина»、ヴァレー
リー・オゴロドニコフ)

119. 『救い、守りたまえ』(1989、«Спаси и сохрани»、アレクサンドル・ソクー
ロフ)

120. 『バルタザールの饗宴、或いはスターリンとの一夜』(1989、«Пиры
Бальтазара,или Ночь со Сталиным»、ユーリィ・カラ)

121. 『叙聖されし者』(1989、«Посвященный»、オレーグ・テプツォフ)

122. 『無気力症シンドローム』(1989、«Астенический синдром»、キラ・ムラー
トワ)

123. 『ヘ単調』(1989、«Фа минор»、アンドレイ・チョールヌィフ)

124. 『動くな、死ね、甦れ』(1989、«Замри—умри—воскресни!»、ヴィターリ
ー・カネフスキー)

125. 『さまよえるバス』 (1989、«Бродячий автобус»、イオシフ・ヘイフィッ
ツ)

126. 『偶然のワルツ』(1989、«Случайный вальс»、スヴェトラーナ・プロスクー
リナ)

127. 『ソヴィエト・エレジー』(1989、«Советская элегия»、アレクサンドル・ソ
　　　クーロフ)

128. 『あの顔』(1990、«Мордашка»、アンドレイ・ラズモフスキー)

129. 『パスポート』（1990、«Паспорт»、ゲオルギー・ダネーリヤ)

130. 『こんな風に生きてはいけない』（1990、«Так жить нельзя»、スタニスラ
　　　フ・ゴヴォルーヒン)

131. 『タクシー・ブルース』(1990、«Такси-блюз»、パーヴェル・ルンギン)

132. 『セカンドサークル』(1990、«Круг второй»、アレクサンドル・ソクーロフ)

133. 『ヒッチハイク』(1990、«Автостоп»、ニキータ・ミハルコフ)

134. 『頬髭たち』(1990、«Бакенбарды»、ユーリィ・マミン)

135. 『少年たち』(1990、«Мальчики»、レナータ・グリゴーリエワ&ユーリィ・
　　　グリゴーリエフ)

136. 『悪魔』(1990、«Сатана»、ヴィクトル・アリストフ)

137. 『君はどこにいるの？』（1990、«Облако-рай»、ニコライ・ドスタリ)

138. 『聖神降臨祭』（1990、«Духов день»、セルゲイ・セリヤノフ)

139. 『同志チカーロフの北極越え』（1990、«Переход товарища Чкалова через
　　　Северный полюс»、マクシム・ペジェムスキー)

140. 『アルマヴィール』(1991、«Армавир»、ワジーム・アブドラシートフ)

141. 『約束の空』（1991、«Небеса обетованные»、エリダル・リャザーノフ)

142. 『アンナ・カラマーゾフ』(1991、«Анна Карамазофф»、"Anna
　　　Karamazoff"ルスタム・ハムダーモフ)

143. 『皇帝の暗殺者』(1991、«Цареубийца»、カレン・シャフナザーロフ)

144. 『チェキスト』（1991、«Чекист»、アレクサンドル・ロゴシキン)

145. 『アフガンの屈曲』(1991、«Афганский излом»、ウラジーミル・ボルツコ)

146. 『海辺を走るまだらの犬』(1990／91、«Пегий пес,бегущий краем моря»、
　　　カレン・ゲヴォルキャン)

147. 『ウルガ』(1991、«Урга—территория любви»、ニキータ・ミハルコフ)

148. 『鮭―水の勝利者』（1991、«Лох—победитель воды»、アルカジー・ティガ
　　　イ)

149. 『天才』(1991、«Гений»、ヴィクトル・セルゲーエフ)

150. 『帰国せぬ者』（1991、«Невозвращенец»、セルゲイ・スニェシキン)

151. 『足』（1991、«Нога»、ニキータ・チャグーノフ）

152. 『幸福な日々』（1991、«Счастливые дни»、アレクセイ・バラバノフ）

153. 『愛』（1991、«Любовь»、ヴァレーリー・トドロフスキー）

154. 『キクス』（1991、«Кикс»、セルゲイ・リヴネフ）

155. 『蠍の庭』（1991、«Сады скорпиона»、オレーグ・コヴァロフ）

156. 『虐げられた人々』（1990／1991、«Униженные и оскорбленные»、アンド
レイ・エシパイ）

157. 『インナーサークル―映写技師は見ていた』（1992、«Ближний круг»、
"Inner circle"、アンドレイ・コンチャロフスキー）

158. 『私たちが失ったロシア』（1992、«Россия, которую мы потеряли» スタニ
スラフ・ゴヴォルーヒン）

159. 『ルナ・パーク』（1992、«Луна-парк»、パーヴェル・ルンギン）

160. 『アンコール、もっとアンコール！』（1992、«Анкор, еще анкор!»、ピョ
ートル・トドロフスキー）

161. 『トラクター運転手達　2』（1992、«Трактаристы-2»、イーゴリ＆グレー
プ・アレイニコフ）

162. 『デリバーソフ通りは晴れ、或いはブライトン＝ビーチはまたしても雨』
（1992、«На Дерибасовской хорошая погода, или На Брайтон-бич
опять идут дожди»、レオニード・ガイダイ）

163. 『奈落（モスクワ・パレード）』（1992、«Прорва»、"Moscow Parade" イ
ワン・ディホヴィチヌィ）

164. 『愛国的コメディ』（1992、«Патриотическая комедия»、ウラジーミル・
ホチネンコ）

165. 『悪霊／ニコライ・スタヴローギン』（1992、«Бесы (Николай
Ставрогин)» イーゴリ・タランキン）

166. 『2人の船長II』（1992、«Два капитана II» セルゲイ・デビジェフ）

167. 『パリを見てから死ね』（1992、«Увидеть Париж и умереть» アレクサンド
ル・プロシキン）

168. 『君を当てにしている』（1992、«Я тебя уповаю»、エレーナ・ツィプラコ
ワ）

169. 『ストーン』（1992、«Камень»、アレクサンドル・ソクーロフ）

170. 『直線距離で』（1992、«По прямой»、セルゲイ・チリヤンツ）

171. 『パリへの窓』（1993、«Окно в Париж»、ユーリィ・マミン）

172. 『太鼓物語』(1993、«Барабаниада»、セルゲイ・オフチャロフ)

173. 『6歳から18歳までのアンナ』(1993、«Анна. От 6 до 18»、ニキータ・ミハルコフ)

174. 『ロシアン・ラグタイム』(1993、«Русский регтайм»、セルゲイ・ウルスリャク)

175. 『マカーロフ』(1993、«Макаров»、ウラジーミル・ホチネンコ)

176. 『静かなる一頁』(1993、«Тихие страницы»、アレクサンドル・ソクーロフ)

177. 『城』(1994、«Замок»、アレクセイ・バラバノフ)

178. 『リミター』(1994、«Лимита»、デニス・エフスティグネーエフ)

179. 『ロシア交響曲』(1994、«Русская симфония»、コンスタンチン・ロプシャンスキー)

180. 『三人姉妹』(1994、«Три сестры»、セルゲイ・ソロヴィヨフ)

181. 『乗客たちのための戯曲』(1995、«Пьеса для пассажиров»、ワジーム・アブドラシートフ)

182. 『小悪魔』(1995、«Мелкий бес»、ニコライ・ドスタリ)

183. 『悲しみの時はまだ来ていない』(1995、«Время печали еще не пришло»、セルゲイ・セリヤノフ)

184. 『何と素晴らしいゲーム』(1995、«Какая чудная игра»、ピョートル・トドロフスキー)

185. 『偽百姓娘』(1995、«Барышня-крестьянка»、アレクセイ・サハロフ)

186. 『民族的な狩の特色』(1995、«Особенности национальной охоты»、アレクサンドル・ロゴシキン)

187. 『黒いヴェール』(1995、«Черная вуаль»、アレクサンドル・プロシキン)

188. 『ロシアの理念』(1995、«Русская идея»、セルゲイ・セリヤノフ)

189. 『全てうまく行く』(1995、«Всё будет хорошо»、ドミトリー・アストラハン)

190. 『コインの裏表』(1995、«Орёл и решка»、ゲオルギー・ダネーリヤ)

191. 『12月のための音楽』(1995、«Музыка для декабря»、イワン・ディホヴィチヌィ)

192. 『木の部屋』(1995、«Деревянная комната»、エフゲニー・ユフィト)

193. 『コーカサスの虜』(1996、«Кавказский пленник»、セルゲイ・ボドロフ)

217. 『ナイト・ウォッチ』（2004、«Ночной дозор»、ティムール・ベクマンベトフ）

218. 『調律師』（2004、«Настройщик»、キラ・ムラートワ）

219. 『生者』（2005、«Живой»、アレクサンドル・ヴェレディンスキー）

220. 『第9中隊』（2005、«9 рота»、フョードル・ボンダルチュク）

221. 『塵』（2005、«Пыль»、セルゲイ・ロバン）

222. 『積荷200』（2007、«Груз 200»、アレクセイ・バラバノフ）

映画文化と現代ロシア映画

2012 年 12 月 27 日　ペーパーバック版　初版発行

著者　　西　周成

発行　　合同会社アルトアーツ

〒359-1131　埼玉県所沢市久米 588 - 1 - 105

Tel:04-2997-0011

Fax:04-2997-0012

E-mail:niko@alt-arts.com